职业教育"十四五"规划教材·**数智财经系列**

智能会计核算

胡群英　费金华 / 主　审

杨　健　梁　华 / 主　编

赵　菲　闵　龙　程昱沁 / 副主编

图书在版编目(CIP)数据

智能会计核算 / 杨健主编. —上海：立信会计出版社，2023.6
职业教育"十四五"规划教材数智财经系列
ISBN 978-7-5429-7388-7

Ⅰ.①智… Ⅱ.①杨… Ⅲ.①会计信息-财务管理系统-职业教育-教材 Ⅳ.①F232

中国国家版本馆CIP数据核字(2023)第138745号

策划编辑　陈　旻
责任编辑　陈　旻
美术编辑　吴博闻

智能会计核算
ZHINENG KUAIJI HESUAN

出版发行	立信会计出版社			
地　　址	上海市中山西路2230号	邮政编码	200235	
电　　话	(021)64411389	传　　真	(021)64411325	
网　　址	www.lixinaph.com	电子邮箱	lixinaph2019@126.com	
网上书店	http://lixin.jd.com		http://lxkjcbs.tmall.com	
经　　销	各地新华书店			
印　　刷	常熟市人民印刷有限公司			
开　　本	787毫米×1092毫米　1/16			
印　　张	14.5			
字　　数	353千字			
版　　次	2023年6月第1版			
印　　次	2023年6月第1次			
书　　号	ISBN 978-7-5429-7388-7/F			
定　　价	48.00元			

如有印订差错,请与本社联系调换

前　　言

党的二十大将"推进教育数字化"写进报告,推进教育数字化转型是贯彻落实科教兴国战略、人才强国战略、创新驱动发展战略的重要先手棋。由此,培养大量具有数字化素养和能力的中高端技术人才,成为职业教育高质量发展的目标。职业学校的专业建设、课程建设和教材建设需要主动应变,积极推进人才培养的数字化转型。

为适应智能会计转型发展需要,我们依据《会计改革与发展"十四五"规划纲要》,结合业财融合、财务共享、大数据、云计算、区块链和人工智能等理论,依托厦门九九网智科技有限公司开发的智能财税云平台,将当前行业里应用"财务机器人""人工智能"实现会计和业务流程管理自动化的真实场景还原到智能财税云平台中来,模拟智能建账、智能核算、智能分析的财务工作流程,编写了《智能会计核算》一书。本书适用于中高职院校大数据与会计专业实训课程教学,有助于提高学生适应人机协同的会计工作环境的能力和智能会计核算技能,推动会计信息化人才培养,提升学生的职业竞争力。

《智能会计核算》一书共分为五个项目,项目一智能会计核算认知,包括会计信息化的发展认知、智能会计核算运用的信息技术认知和智能会计核算云平台的框架认知等内容。项目二初始化设置,以常州凯祥家电有限责任公司为例,就企业基本信息、适用的会计政策、各科目期初余额和企业基础资料等进行初始化设置。项目三智能凭证管理,包括票据上传与智能审核、票据整理与凭证生成、成本核算与期末处理、机器学习与模型训练。项目四智能账表管理,包括智能账簿生成与管理、智能报表生成。项目五智能数据分析,包括智能财务报表分析和智能经营数据分析。

《智能会计核算》一书特色鲜明。一是操作性强。项目一简要介绍智能会计核算的理论基础,项目二至项目五围绕案例企业的经济业务,利用智能财税云平台开展智能会计核算实训,与大数据与会计专业实训课程对接,精炼实用。二是体系完整。实训部分围绕厦门九九网智科技有限公司开发的智能财税云平台的会计核算与数据分析模块编写,模块之间联系紧密,遵循了会计核算的内在逻辑,业务流程部分体现内部控制的思路。三是紧扣"智能"主题。将会计核算中应用人工智能、大数据技术的部分清晰地展示给读者。比如,智能生成记账凭证和 OCR 识别票据模块,都有清晰的操作流程。四是遵循认知规律。本书各项目前导部分包括了思维导图、学习目标和案例导入。思维导图方便学生了解章节核心知识点和知识脉络框架;学习目标有助于学生带着明确的知识、能力、素质目标进入项目学习;案例导入,起到触类旁通的作用,激发学生学习兴趣。各项目正文部分包括相关知识点的介绍、业务操作流程以及案例企业相关业务在实操平台的应用。

本书经江苏理工学院胡群英和费金华等专家指导和主审,依托厦门九九网智科技有限公司开发的智能财税云平台,由无锡立信高等职业技术学校江苏省职业教育杨健会计名师工作室团队(杨健、赵菲、闵龙、程昱沁、刘亮、严恺、于靖、李铭薇)和厦门九九网智科技有限公司技术团队(梁华、肖红玉、阳嫔虹、张红英)共同编写。本书由杨健、梁华任主编,共同提出体系框架、开发思路与方案,编写内容提纲,并修改定稿;由赵菲、闵龙、程昱沁任副主编。本书的执笔人员如下:项目一为杨健、刘亮、于靖、赵菲、李铭薇、程昱沁、严恺;项目二至项目五为梁华、杨健、赵菲、肖红玉、阳嫔虹、张红英、闵龙、程昱沁。

由于时间与编者水平有限,本书如有不当之处,恳请广大读者批评指正。

编者

2023 年 7 月

目 录

项目一　智能会计核算认知 …………………………………………………………… 001
　　任务一　会计信息化的发展认知 ………………………………………………… 002
　　任务二　智能会计核算运用的信息技术认知 …………………………………… 006
　　任务三　智能会计核算云平台的框架认知 ……………………………………… 009

项目二　初始化设置 …………………………………………………………………… 012
　　任务一　案例企业初始账套设置 ………………………………………………… 013
　　任务二　案例企业基础资料设置 ………………………………………………… 027

项目三　智能凭证管理 ………………………………………………………………… 047
　　任务一　票据上传与智能审核 …………………………………………………… 047
　　任务二　票据整理与凭证生成 …………………………………………………… 054
　　任务三　成本核算与期末处理 …………………………………………………… 159
　　任务四　机器学习与模型训练 …………………………………………………… 182

项目四　智能账表管理 ………………………………………………………………… 192
　　任务一　智能账簿生成与管理 …………………………………………………… 192
　　任务二　智能报表生成 …………………………………………………………… 195

项目五　智能数据分析 ………………………………………………………………… 199
　　任务一　智能财务报表分析 ……………………………………………………… 199
　　任务二　智能经营数据分析 ……………………………………………………… 215

项目一　智能会计核算认知

思维导图

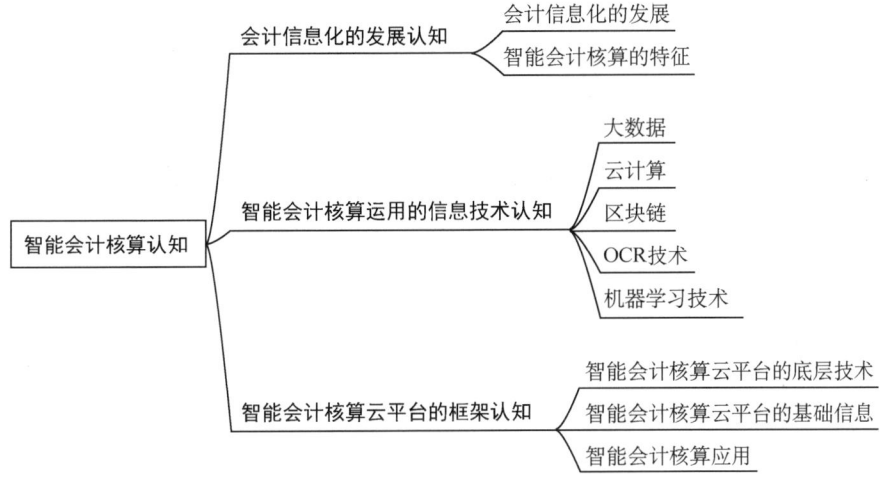

图 1-1　智能会计核算认知思维导图

知识目标

1. 了解智能会计核算的发展阶段；
2. 认识智能会计核算特征；
3. 理解智能会计核算云平台的框架体系。

能力目标

1. 识别信息技术在会计核算中发挥的作用及其原理；
2. 能分辨智能会计核算云平台的模块构成。

素质目标

1. 培养学生会计工作信息化素养；
2. 增强建设数字中国的政治认同。

 **案例导入**

"财务机器人"会取代会计吗

2017年财务机器人由概念变为现实,德勤、安永推出财务机器人产品后,毕马威财务机器人直接在银行开始试点,普华财务机器人更是在央企开工。财务机器人能够高效、准确地开展会计核算工作,实现识别发票类型、辨别发票真伪、自动填制记账凭证、自动生成账簿和自动生成报表等会计基本核算功能,这意味着会计基础性岗位将会被机器取代。

在"大智移云物区"时代,互联网技术正改变着会计工作方式,人工智能技术正改变着会计工作岗位,大数据技术可以提高会计工作价值,区块链技术将防止会计工作舞弊,财务工作将会朝着智能化、无纸化、自动化的方向发展,越来越多的财务基础工作会被计算机或财务机器人替代。面临这场技术革新,会计人将何去何从?

任务一　会计信息化的发展认知

党的二十大报告提出,坚持把发展经济的着力点放在实体经济上,推进新型工业化,加快建设制造强国、质量强国、航天强国、交通强国、网络强国、数字中国。实施产业基础再造工程和重大技术装备攻关工程,支持专精特新企业发展,推动制造业高端化、智能化、绿色化发展。

一、会计信息化的发展

我国会计信息化的发展经历了会计电算化、会计信息化(狭义)和会计智能化三个阶段。会计信息化发展历程,如图1-2所示。

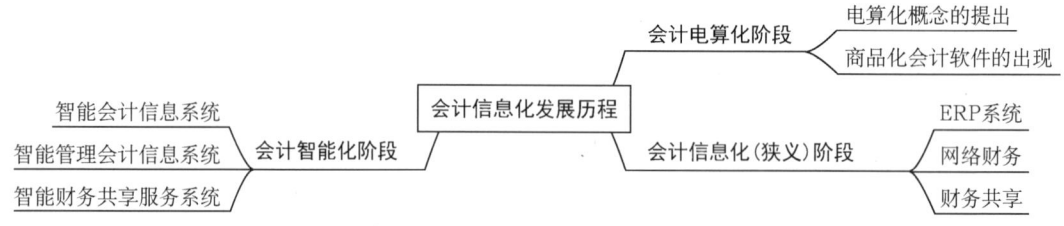

图1-2　会计信息化发展历程

随着会计信息化的发展,会计核算手段发生了质的飞跃,会计信息系统得到普遍推广应用,推动了会计工作创新发展,优化了会计机构组织形式,拓展了会计人员工作职能,提升了会计人员对会计数据的获取和处理能力。

1. 会计电算化阶段(1979—1997年)

我国会计信息化以1979年财政部资助长春一汽500万元用于在会计工作中应用电子计算机、对会计核算进行试点为起始点。1981年,"财务、会计、成本应用电子计算机问题研讨会"首次提出会计电算化概念,随后几年,广州、上海、北京等地的企业开始定制开发会计软件产品,主要是基于DOS平台的核算型单机软件。1988年开始,市场出现了商品化会计软件产品,主要侧重会计核算。1989年,财政部颁布了《会计核算软件管理的几项规定(试行)》,明确了对商品化会计软件的基本要求。

会计软件是指企业使用的,专门用于会计核算、财务管理的计算机软件、软件系统或者其功能模块。

在会计电算化阶段，会计记账的载体由账簿变成了计算机，会计人员实现了从手工记账到使用会计软件记账的转变。会计软件根据会计人员人工记录的会计凭证生成总账和分类账等，继而生成报表，提高了数据的准确性和核算效率，但会计人员仍需进行大量的操作和职业判断。

2. 会计信息化（狭义）阶段（1998—2015年）

1998年，中国软件行业协会财务及企业管理软件分会召开了"向ERP进军"发布会，会计软件从核算型向管理型发展。企业资源计划（ERP）管理软件把会计信息化、财务信息系统融入整个企业信息化和企业管理系统，会计信息化和企业信息化走向融合。

ERP是一个集成的系统，一般分成生产、材料、销售、采购、市场和财务等几个部分，根据行业不同，还有其他部分可以加入其中。财务软件仅是ERP系统中的一个应用部分，是专门为财务部门提供的信息化解决方案，分为会计核算与财务管理两部分，可以满足企业财务上的无纸化、流程化和信息化的要求，提高会计核算的工作效率，有效提升企业服务管理效能和经营管理水平。

1999年4月，深圳市财政局和金蝶公司联合举办的"会计信息化理论专家座谈会"首次提出会计信息化概念。会计信息化是指企业利用计算机、网络通信等现代信息技术手段开展会计核算，以及利用上述技术手段将会计核算与其他经营管理活动有机结合的过程。

2000年，随着网络的发展和电子商务的兴起，用友和金蝶分别推出了自己的网络会计软件服务，由此，我国开始进入网络财务阶段。

网络财务是依托互联网环境对各种交易和事项进行确认、计量和披露的会计活动。同时，它也是建立在网络环境基础上的会计信息系统，是电子商务的重要组成部分。它能够帮助企业实现财务与业务的协同远程报表、报账、查账和审计等，事中动态会计核算与在线财务管理，支持电子单据与电子货币，改变财务信息的获取与利用方式，使企业财务工作实现无纸化。

自2005年起，随着经济全球化，财务共享服务模式开始在集团企业得到应用。分公司、子公司数量多、分布广的大型企业、企业集团探索利用信息技术促进会计工作的集中，逐步建立财务共享服务中心。

财务共享又称财务共享服务（Shared Services），是指通过对人员、技术和流程的有效整合，实现组织内公共流程的标准化和精简化的创新手段。财务共享中心（Finance Shared Service Centre，简称FSSC）是基于ERP系统而建立的一种新的财务管理模式，目的是解决大型企业财务管理职能重复化、效率低下的问题。企业通过财务共享中心可以将不同地点的实体会计业务集中到一个地方来记账和报告，保证会计记录和报告的规范、结构统一，节省人力成本，精简财务部门，提高效率。

2008年，我国开始进入会计信息化标准建设阶段，大量基于可扩展商业报告语言（Extensible Business Reporting Language）的产品得到快速应用，企业开始应用财务云、智能决策系统、机器人流程自动化（Robotic Process Automation，简称RPA）等产品。

3. 会计智能化阶段（2016年至今）

2016年，德勤和人工智能企业（Kira Systems）宣布将人工智能引入会计、税务和审计等工作中，随后以德勤、安永、普华永道和毕马威为代表的会计师事务所和以金蝶、用友和元年为代表的软件厂商纷纷推出了自己的财务机器人方案,我国会计信息化的发展逐步走向会计智能化阶段。

大数据、人工智能、移动互联、云计算、物联网和区块链等新技术在会计工作中得到初步应用,体现人工智能先进算法的 RPA 以及新型的智能会计信息系统、智能管理会计信息系统和智能财务共享服务系统等产品将成为市场的主流,智能会计时代已经来临。

企业借助人工智能技术开展智能会计核算,智能化地处理会计工作,实现业务结构流程化、账务处理自动化和信息提供精准化,及时、高效地实现各类主体业务、财务、税务和管理高度融合。通过开展智能会计核算,企业利用数据挖掘技术分析、洞察数据的价值和辅助管理决策,实现管理决策智能化。

二、智能会计核算的特征

作为传统财务会计结合人工智能形成的新兴产物,智能会计借助物联网、区块链和大数据等高新技术对财务信息数据的取得、生成、处理以及最终出具报告的整个流程进行严格把控,以其智能性、实时性、开放性和创造性强化了传统会计信息质量特征。智能会计核算的特征,如图 1-3 所示。

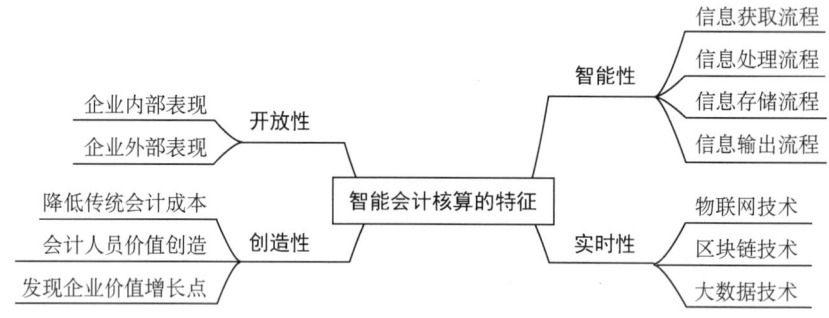

图 1-3 智能会计核算的特征

1. 智能性

智能会计的智能性不仅表现在其将人工智能应用到会计领域,而且体现在从信息的获取、处理到存储与输出的会计全流程智能化。智能会计核算的智能性体现,如图 1-4 所示。

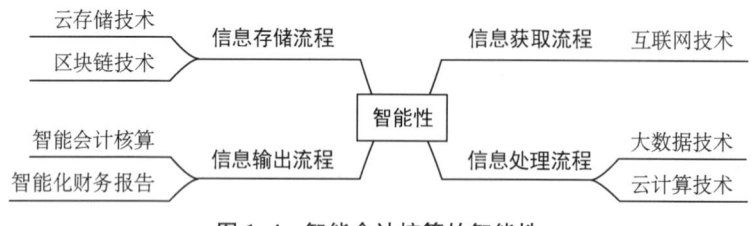

图 1-4 智能会计核算的智能性

在信息获取流程,借助物联网技术,所有进入企业的物品都会载有电子标签。企业通过将电子标签所载的信息与智能会计系统相连,可以实现在会计信息系统中实时反映相应物品现状,减少了信息获取时的人为操作,提高了会计信息获取的效率和质量。在信息处理流程,基于大数据、云计算等技术和程序,机器即可进行数据处理,实现会计核算、账务处理自动化。在信息存储流程,云存储为企业提供了海量的信息存储空间,提高了企业从外部获取信息的能力。同时,区块链技术的应用也大大增强了信息存储系统的安全性和保密性。在信息输出流程,智能会计核算实现了智能化出具财务报告。可扩展商业报告语言能够依据财务信息自动生成财务报告和简单的财务分析报告,并将财务报告内容分解成各种不同的数据元,赋予每个数据元唯一的数据标记,实现了财务报告标准化,在一定程度上降低了信息供给成本,提高了财务报告编制效率。

2. 实时性

会计信息具有一定的时效性,智能会计利用物联网、大数据和云计算等新技术,使会计从较为死板的静态事后核算转化为较灵活的事前或事中核算,企业对财务数据的需求能够得到即时满足,会计信息的获得更加及时,信息的时效性更强。

物联网条件下的会计信息处理系统可以在业务发生时就获取以及更新数据,实现信息实时共享,保证了数据的及时性,便于企业在最短的时间内做出最正确的决定。区块链技术的应用突破了传统会计的会计分期假设,倘若管理层需要某一方面的数据信息,只需要选中相关信息,并根据系统提示进行操作,即可得到企业即时的数据,不必等到月末结账就能看到企业经营的有关信息。大数据技术使会计信息可以被及时地处理,并形成较为直观的结果供管理层应用,节省了会计信息在传播和加工方面的时间,让会计信息能够被及时归纳整理,使会计信息使用者对会计信息的获取更加便利,对会计信息的利用效率更高。

3. 开放性

在智能会计时代,云计算、大数据、人工智能等科学技术的应用使企业实现了万物互联互通、信息共享,也使组织边界柔性化和模糊化。智能会计的开放性在企业内部表现为各部门之间的边界性减弱,财务部门通过共享财务资源,增强与其他部门的协调性;在企业外部表现为企业整体与外部组织之间的边界被打破。

企业内部部门之间的边界是指组织内部纵向的管理层级之间的垂直边界和由分工带来的组织内部横向部门之间的壁垒。在智能会计时代,企业实现对业务数据、财务数据进行一体化归集,跨部门、多类型报表数据的共享和透明展现,方便了企业财务处理,简化了账务处理流程,降低了部门之间的信息不对称,部门之间沟通的便捷性增强,有利于提升组织效率,降低交易成本。

企业与外部组织之间的边界涉及产业链上下游、金融机构、税务以及具有其他相关性的不同类型的合作伙伴,如供应商、渠道商以及外包服务商等。应用物联网技术可以加深企业与供应商、金融机构以及会计师事务所之间的联系,实现信息共享,使有限的资源产生更多利用价值;而区块链技术对涉及商业机密的数据进行加密,可以实现参与同一交易过程的各方之间对该项交易信息的开放共享。

4. 创造性

智能会计的创造性,一方面,表现为智能会计借助人工智能实现高效率和准确性,相对于传统会计而言,极大地降低了企业的成本;另一方面,从冗杂的记账工作中解放出来的财务人员对智能财务系统出具的财务报告进行深入的分析和运用,深入挖掘企业底层数据的价值,为企业决策提供有力支持。此外,智能制造和智能财务相结合,还提高了企业资源配置的效率,有利于企业发现价值增长点,提高企业竞争力。

从降低传统会计成本角度看,智能会计系统实现了整个业务流程的智能化,人工智能具有强大的学习与计算能力,能快速地将数据自动进行整合分析、深度学习,也能通过对已有数据的分析结果做出预测、调整,在效率和准确性上远超过人类。此外,人工智能可以24小时全天候工作,且维护成本相对更低。智能会计时代会计核算的高效率、低成本以及高准确性降低了决策风险,成本的节约本身就是一种价值的增值。

从会计人员价值创造的角度看,在智能会计时代,人工智能技术作为一种辅助工具帮助财务会计人员更高效地工作。财务机器人替代了传统会计人员部分的核算工作,使财务人员从繁琐的会计核算工作中脱离出来。财务人员由财务信息的收集者与提供者转换为信息的解释者和分析者,通过分析业务信息为企业提供决策支持,及时发现企业业务中存在的问题和风险,为问题的解决提出创造性的可行方案和优化建议,为企业创造价值。

从发现企业价值增长点的角度看,智能会计系统实现了企业业务、财务、税务和管理的高效融合,以及不同财务岗位、各级财务组织、业财税管各部门之间的深度协同。智能会计系统使交易数据和过程数据的采集更细化,企业借助智能化的预测和管理系统可以实现基层业务单元层面和流程环节层面的精细化管理。在已有数据的基础上,企业可以借助大数据处理技术,分析企业的融资弹性,按照既定企业成长模型分析和预测企业发展路径。

任务二 智能会计核算运用的信息技术认知

以计算机、互联网和信息通信等为标志,由数字技术引发的第四次工业革命通过改变信息的获取、检索以及储存方式,掀起了商业世界的巨大变革。注重核算的传统会计依托移动互联网、大数据、云计算、物联网、区块链和人工智能等数字信息技术,正处于快速转型期,以智能核算、智能预算、智能共享与智能分析为核心的智能会计体系正在形成。当前,"上云用数赋智"成为主导经济发展的新动能,智能化技术(5G、物联网技术、OCR文本识别、机器学习等)在财务会计工作领域的应用,给会计工作提供了"智慧大脑",令会计工作更加数据化、流程化、便捷化和共享化。

一、大数据

1. 大数据的概念

根据《国务院关于印发促进大数据发展行动纲要的通知》给出的定义,大数据是以容量大、类型多、存取速度快、应用价值高为主要特征的数据集合,正快速发展为对数量巨大、来源分散和格式多样的数据进行采集、存储和关联分析,从而发现新知识、创造新价值、提升新能力的新一代信息技术和服务业态。简而言之,大数据就是利用新的手段存储并分析海量数据、挖掘其数据价值的过程。

2. 大数据在会计中的应用

在大数据时代背景下,智能财税云平台收集企业大量的数据与信息,推进业财融合,推动财务会计向管理会计转型。

(1) 提高企业风险管控能力。过去企业的财务风险识别与预警工作,主要依赖于财务人员的经验与判断,智能会计利用大数据进行分析后,能大概率发现风险事件并进行预警,提高了企业风险管控水平,加强了企业风险应对能力。

(2) 提升智能会计运营能力。大数据可以在流程管理与绩效管理两个方面提高管理会计的运营能力。在流程管理方面,大数据利用挖掘技术和相关性分析"识别"拥堵环节,进行业财流程优化;在绩效管理方面,大数据可以对员工进行多维度考核,有效促进员工持续学习与发展。

(3) 支持预算管理。利用大数据技术,企业可根据历史数据与经营现状,结合行业发展、企业成长和竞争对手的情况,编制出更精准的预算,辅助业务部门进行更科学有效的决策。

二、云计算

1. 云计算的概念

通常来说,"云"指的就是云计算。"云"通过网络"存储"和"计算"从有形的产品变为无形的、可以配送的服务。这对企业而言,意味着不用投入大量的资金购买服务器和软件,云计算的本质是通过网络按需提供IT资源。

2. 云计算在会计中的作用

云作为企业数字化转型与新旧动能转换的重要手段,开启了企业财务服务的新模式。随着数字化的加速,企业上云是大趋势,"财务上云,共享先行"。

(1) 降低企业数字化成本。企业引入云计算打造智能财税云平台,有利于实现财务资源共享,只需向云计算服务商购买服务,从而降低总体运营成本与信息化成本。

(2) 促进企业内外部协同。企业借助云计算平台建立的智能会计共享中心,连接企业内部的主要信息系统,快速、便捷地对接发票云、采购云等平台,实现企业信息的全互联,构建企业"智慧大脑"。此外,企业也能够与企业外部的银行、税务机关、客户、供应商的业务、资金、信息对接,实现企业边界模糊化、业务智能化、流程一体化和组织扁平化。

(3) 创新财务"众包"模式。企业通过互联网平台,把本应由企业内部员工和外部合作伙伴完成的任务,分包给网络大众群体完成,有效地解决了财务资源时间、空间难以协同的困境,运营效率大大提升。

(4) 助力企业构建风险管理体系。在技术层面,云计算通过全程监控并寻找经营管理的薄弱环节,提升整体抗风险能力。在流程方面,云计算通过深度的业财税管一体化,推动会计活动从注重结果到注重过程、从以管控为主到管控与服务并重、从编制格式报表到智能决策,完成从业务记录到价值创造的全过程。

三、区块链

1. 区块链的概念

区块链的概念分为狭义与广义两个层面。从狭义上讲,区块链是一种按照时间顺序将数据区块以顺序相连的方式,组合成的一种链式数据结构,并以密码学方式保存的不可篡改和不可伪造的分布式账本。从广义上讲,区块链是利用块链状数据结构来验证和存储数据,利用分布式节点共识算法来生成和更新数据,利用密码学的方式保证数据传输与访问的安全性,利用由自动化脚本代码组成的智能合约来编程和处理数据的一种全新的分布式基础架构与计算范式。

2. 区块链的类型

区块链系统具有信息透明可信、防篡改可追溯、交易成本低和隐私安全保护四个特征。区块链根据参与的网络范围与节点特征,可分为公有链(Public Blockchain)、私有链(Private Blockchain)和联盟链(Consortium Blockchain)三种类型。公有链对所有人开放,节点可以随意加入。私有链只对单独的个人或实体开放,如公司内部的部门或个人。联盟链会对一个特定的组织开放。

3. 区块链对会计业务与信息的影响

(1) 保证信息准确性。区块链技术可以重构会计业务模式,区块链模式下的交易各方都是独立记账,参与者相互监督,不需要第三方参与,保证了会计信息的准确性,信息使用者可以在公有链上提取自己需要的信息,判断企业的运营情况,生成精准的会计报告,提高了会计报告的灵活性与实效性。

(2) 有效促进业财融合。区块链的时间戳技术实现了发票全流程管理,将每条记录写入时间加入区块,使数据不可篡改,然后将数据加密传送到各交易节点,实现了交易各方的信息连接与信息传递,简化了以前"证-账-表"的核算过程,核算可以从"凭证"环节直接进入"账簿"环节。

(3) 增强内部控制效果。区块链基于分布式记录与密码学算法构建了去中心化的全网监督网络,利用节点的平衡性使交易各方互相校验与确认,有效地防止了会计舞弊与造假,同时降低了会计监督成本。另外,区块链技术的编程和协议机制形成了无层级全方位监管模式,从源头上减少了会计信息错报舞弊的机会与行为。

四、OCR 技术

1. OCR 技术的概念

光学字符识别(Optical Character Recognition,简称 OCR)是指将手写或打印的图像转换为可由计算机读取编辑的数据文字的技术。当前 OCR 技术包括图像预处理、文字特征抽取、数据库对比识别和字词后处理等。

2. OCR 技术在会计中的应用

OCR 技术在会计上的应用主要是凭证识别,如增值税发票识别、支票识别、银行票据识别和营业执照识别等。

(1) 拓展财会数据来源,丰富完善数据维度。OCR 技术应用到智能会计中,可将所有业务活动电子化以建立数据库,实现重复筛查以全面反映财会问题,并依靠辅助系统提取会计数据进而建立模型。

(2) 促进会计核算模式创新,加快企业财务转型升级。当前,企业生产经营强调信息的综合性、信息颗粒度的精细化、反馈时间的实时化,倒逼财务融入业务,由事后监督转向事前预测、事中控制、事后监督一体化。OCR 技术融合 5G 技术助力业财融合、实时核算、精益管理,为企业经营及业务管控提供全面、精准、智能的决策信息。

(3) 提高财会服务水平,降低企业内部风险。OCR 技术不仅提高了业务财务的自动化水平,也提高了财会工作效率。企业利用OCR技术,不断地优化企业的工作流程,降低运营管理成本,通过将结构化数据、半结构化数据转换为可识别的文本数据,开放业务财务数据的接口服务,提高了用户体验效果,提升了财会服务质量。

五、机器学习技术

1. 机器学习技术的概念

机器学习是人工智能中发展最快的分支之一,也是人工智能领域中最能体现智能的分支。以机器学习技术为核心的人工智能,有助于推进智能财税云平台建设,通过深度学习与进化计算,推进业务驱动财务、管理规范业务和数据驱动管理,实现大共享、大集成、大数据和大管理。

2. 机器学习技术在会计中的应用

机器学习促进企业财务会计向数字化、智能化转型,并与业务发展、税务筹划、管理决策紧密交融。其在会计中的应用主要有以下几点:

(1) 再造业务财务流程。基于机器学习及深度学习的算法平台,通过大量高效的机器算法组件,企业可以快速实现业务流程优化,解决业务财务中的信息不对称问题,实现会计信息的高速传递与整合,提供及时、准确、全面的会计信息。智能会计系统同步处理财务数据,将企业的生产经营与账务处理紧密结合,根据需要随时出具各种业务的动态指标与财务报表。

(2) 变革智能账务模式。人工智能技术赋能智能账务,使账务处理软件根据发生的业务,自动匹配会计科目、自动生成摘要凭证、自动审核,最后生成各类账表。影像扫描技术使原始凭证电子化后,智能会计引擎能从业务系统中提取信息并进行转换,通过机器学习中的监督学习算法,提高记账效率与准确性。

(3) 强化决策支持功能。机器学习技术助力智能会计获取有效、丰富的数据信息。机器学习对会计系统中端的智能化改进,可以兼容结构化程度较高的财务数据、半结构化与非结构化特征突出的非财务数据,优化智能会计在业财税融合、经营预测和风险管控等方面的职能。

任务三 智能会计核算云平台的框架认知

会计核算模块是企业财务会计处理的核心模块,也是财务信息平台和数智化平台中最基本的应用模块。下文结合厦门九九网智智能财税云平台,一起来了解智能会计核算云平台的基本框架。

一、智能会计核算云平台的底层技术

整个平台以OCR识别、RPA自动检索与记录、大数据、机器学习及自然语言处理(NLP)为底层技术。

二、智能会计核算云平台的基础信息

首先,在基础信息层面,企业建立核算主体相关的初始信息。初次使用平台的企业需要进行初始化账套的相关设置。其次,企业对会计核算所涉及的基础资料进行设置,包括企业基本信息、会计政策、会计科目、期初余额、部门及人员信息、往来单位、存货和固定资产等信息。

三、智能会计核算应用

设置好基础信息后,企业可以使用智能会计核算应用部分。

1. 票据智能管理

财务人员通过扫描、上传电子图片和获取电子票据等方式,将外部原始凭证和自制原始凭证等票据上传到票据库,平台通过OCR技术智能识别票据信息,对票据信息进行结构化处理并将结果存储到数据库中。财务人员可通过平台提供的智能票据审核功能,对票据进行合法性、合规性和完整性审核。审核后,对于不合格的票据,可以退回处理。平台通过票据审核规则模型,自动匹配票据退回原因及处理意见。

平台审核票据后,财务人员对票据按经济业务进行整理,在整理过程中,可借助平台提供的检索功能,通过日期、金额和关键信息等票据上的信息字段实现快速检索,从而实现整理票据工作。

2. 智能记账凭证管理

智能记账凭证的管理主要包括票据整理、业务审核、凭证生成、成本核算和期末处理等几个环节。

(1) 票据整理。对于每月固定发生的业务和简单的经济业务,平台会根据机器学习模型库自动整理,财务人员也可根据需要,查看机器整理的结果是否准确无误。对于机器未能自动整理的业务,财务人员需要判断每笔经济业务发生时可能涉及的原始凭证,结合经济业务的逻辑关系进行筛选,归整出每一笔经济业务的原始凭证。

(2) 业务审核。平台内置了业务审核规则及模型,对于每月固定发生的常见的经济业务,平台会自动进行业务审核,财务人员可以对审核结果进行查看。对于审核不合格的业务,平台会给出审核问题提示,财务人员可以根据提示查看并重新进行票据整理及业务审核。

(3) 凭证生成。财务人员对审核后的业务,确认生成记账凭证;平台会根据机器学习模型自动生成已有样本数据的记账凭证,对于部分还没有样本数据的业务,财务人员需要手工录入凭证,并交给机器学习训练。在完成相关的业务整理和凭证生成后,财务人员可以应用平台机器训练模型,智能生成期末处理业务的记账凭证。

(4) 成本核算。在成本核算模块,财务人员需要对企业成本费用进行归集、分配和计算。成本核算所需要的原始凭证和核算方法等信息,需要财务人员通过票据整理及从企业会计政策等相关资料中获取。成本核算完成后,财务人员可对成本核算业务进行审核,并由平台根据机器学习模型库自动生成记账凭证。

(5) 期末处理。在完成相关的业务整理和凭证生成后,财务人员可以应用平台机器训练模型智能生成期末处理业务的记账凭证。

3. 智能账簿管理

智能会计核算云平台可以根据审核后的记账凭证实时生成账簿,财务人员可以进行账簿的实时查询;同时,平台也提供自动对账功能,如将银行存款日记账与银行对账单进行核对,系统可以自主地完成对账工作,并列示出对账不符的情况。财务人员可以据此编制银行存款余额调节表,系统也可以根据未达账项自动生成银行存款余额调节表。

4. 智能报表管理

智能会计核算云平台可自动生成标准格式财务报表及个性化管理分析用报表,提供报表模板设置功能,财务人员可以根据管理需要设置报表模板并根据取数规则生成管理分析用报表。

5. 智能数据分析

智能财务分析是从企业的盈利能力、营运能力、偿债能力和发展能力指标进行的分析。指标的计算由系统根据报表数据等结合公式的运算自动完成。财务人员根据本期的财务指标与经验值指标相比较,从而形成分析结论。

智能会计核算云平台框架,如图1-5所示。

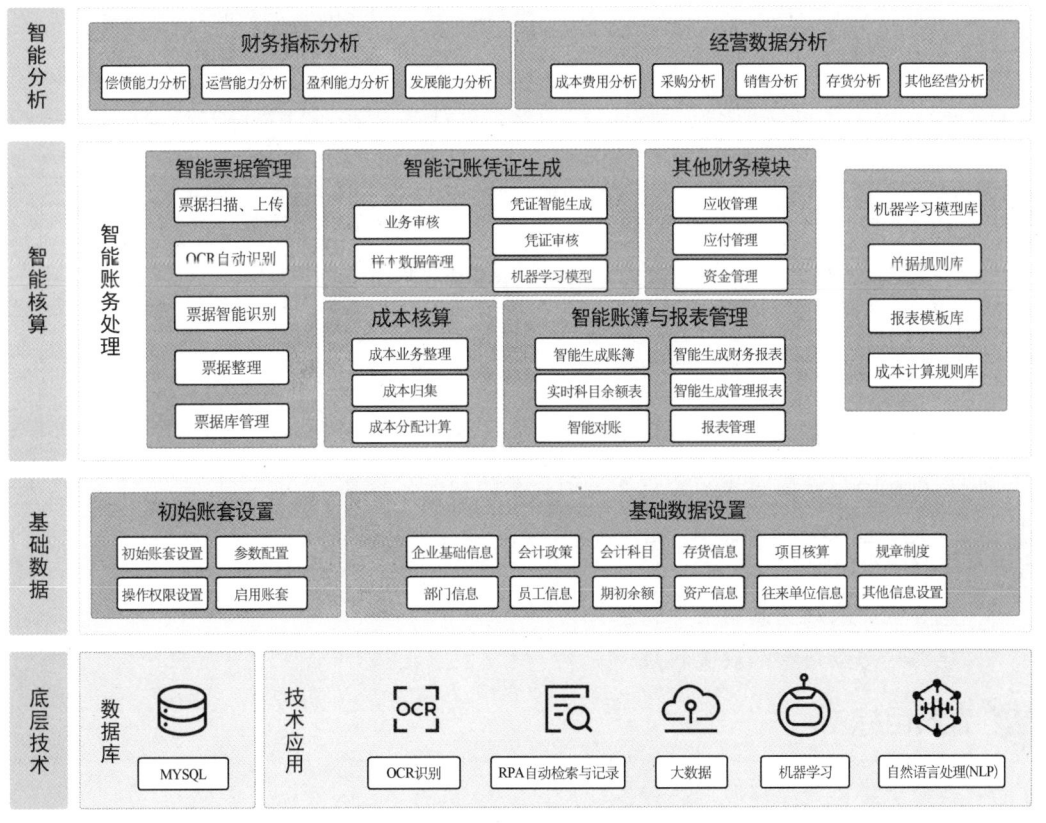

图1-5 智能会计核算云平台框架图

项目二　初始化设置

思维导图

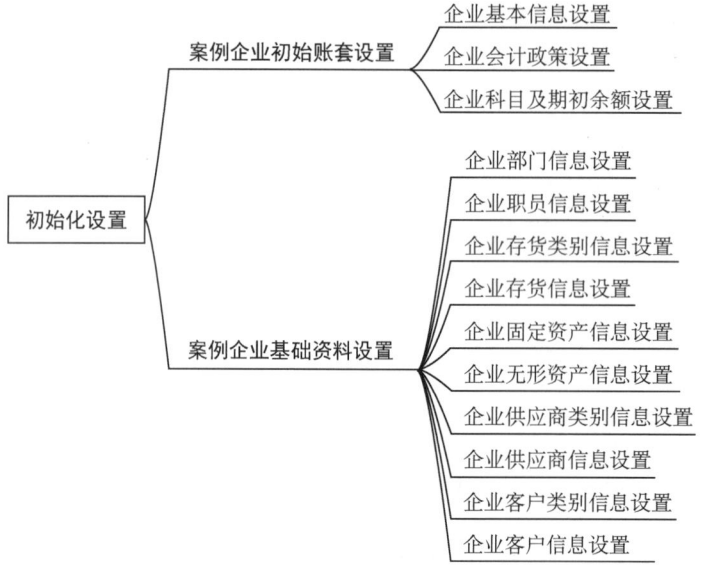

图 2-1　初始化设置思维导图

实训目标

1. 了解智能财税云平台初始化设置的操作方法；
2. 应用初始化设置模块功能设置案例企业的初始化信息。

能力目标

1. 能够区分基础信息与业务信息；
2. 能够熟练应用初始设置模块。

素质目标

1. 培养学生认真严谨的职业态度；
2. 引导学生树立法律责任意识。

任务一　案例企业初始账套设置

党的二十大报告提出,构建优质高效的服务业新体系,推动现代服务业同先进制造业、现代农业深度融合。加快发展数字经济,促进数字经济和实体经济深度融合,打造具有国际竞争力的数字产业集群。优化基础设施布局、结构、功能和系统集成,构建现代化基础设施体系。

【任务描述】

常州凯祥家电有限责任公司(以下简称凯祥公司)初次使用智能财税云平台,首先需要财务人员对企业进行初始账套设置。初始账套设置包括企业基本信息设置、会计政策选择和会计科目及期初余额设置三个内容。

一、企业基本信息设置

【业务流程】

企业基本信息设置流程,如图 2-2 所示。

图 2-2　企业基本信息设置流程

【业务操作】

1. 登录系统

实训开始前,教师在教师端设置系统管理员(学生)登录账号。实训开始后,学生以系统管理员身份登录系统,输入系统管理员账号及密码,点击"立即登录"。系统管理员登录页面,如图 2-3 所示。

2. 选择登录的平台

系统管理员登录系统后,选择智能财税云平台,点击"进入系统"。选择登录的平台页面如图 2-4 所示。

图 2-3　系统管理员登录页面

图 2-4　选择登录的平台页面

3. 进入案例企业账套

进入智能财税云平台主页后，在"自主练习"页面下，选择案例企业凯祥公司，并点击"进入企业"。进入案例企业账套页面，如图2-5所示。

图 2-5 进入案例企业账套页面

4. 基本信息设置

进入案例企业账套后，系统管理员根据企业注册登记信息和增值税类型等内容录入企业基本信息。本案例中凯祥公司基本信息，如表2-1所示。

表 2-1 凯祥公司基本信息表

企业名称	常州凯祥家电有限责任公司
社会信用代码	913204117527805265
企业地址	江苏省常州市新北区杨红街刘海路35号
企业电话号码	0519-05592056
企业增值税类型	一般纳税人
预留银行印鉴	常州凯祥家电有限责任公司财务专用章和法定代表人私章
基本户银行账号	41535944818476
一般存款户账号	62901948308653
企业法定代表人	张田玉
企业主要人员	总经理：林天一；财务部经理：钱月平

进入案例企业账套后，系统管理员打开"初始化设置"-"基础设置"-"企业基本信息设置"菜单，根据表2-1依次录入企业基本信息，录入页面，如图2-6所示。

图 2-6 录入凯祥公司基本信息页面

二、企业会计政策设置

【业务流程】

企业会计政策设置流程,如图 2-7 所示。

图 2-7 企业会计政策设置流程

【业务操作】

企业会计政策是指企业在会计核算时所遵循的具体原则以及企业所采用的具体会计处理方法。企业所选择的会计政策,将构成企业会计制度的一个重要方面。只有对同一经济业务允许采用的会计处理方法存在多种选择时,会计政策才具有实际意义,所以,会计政策会存在一个"选择"问题。会计政策的选择将影响到经济业务在账务上的处理,因此,需将企业的会计政策信息设置在核算平台中。

案例企业会计政策资料及相关说明如下。

1. 基本信息

凯祥公司是一家加工制造业企业,是增值税一般纳税人。公司下设办公室、财务部、采购部、专设销售机构和生产车间,执行《企业会计准则》(新的金融工具、收入准则和新租赁准则)。公司对外报送财务报告相关负责人如下:单位负责人为张田玉(法定代表人);主管会计工作负责人为林天一(总经理);会计机构负责人为钱月平(财务经理)。

2. 记账本位币

公司以人民币为记账本位币。

3. 账务处理程序

公司采用科目汇总表账务处理程序进行账务处理。

4. 应收款项

应收款项(应收账款及其他应收款)按照相当于整个存续期内预计信用损失的金额计量其损失准备,即预期信用损失为企业应收取的合同现金流量与预期收取的现金流量之间差额的现值。公司基于历史信用损失经验,考虑有关过去事项、当前状况以及对未来经济状况的预测,在资产负债表日根据应收款项逾期天数与预期信用损失率预计坏账准备。公司应收款项逾期天数均在 1 年以内,未逾期的以及逾期 1 年以内的应收款项预期信用损失率均为 5%。

5. 存货

第一,公司存货按实际成本法核算,原材料及包装物发出计价采用月末一次加权平均法,材料的共同运费按数量分配,分配率保留 2 位小数,尾差计入 T540 材料中。库存商品发出计价采用月末一次加权平均法,工程物资发出计价采用月末一次加权平均法。委托加工发出材料计价采用先进先出法。发出存货单位成本保留 2 位小数,如有尾差计入结存存货成本。低值易耗品价值摊销采用一次摊销法。存货的盘存制度采用永续盘存制。原材料及周转材料发生盘盈时,按最近一次不含税买价作为入账价值;库存商品发生盘盈时,按当月完工入库的该库存商品的单位成本作为入账价值。

第二,公司主要生产 E01 和 E02 产品,生产每件 E01、E02 产品需耗用 T330、T445 和 T540 三种原材料。公司将 T586 材料委托外单位加工成 E03 产品进行销售。

第三,公司产品成本计算采用品种法,设置直接材料、直接人工和制造费用三个成本项目,其中:①原材料在生产开始时一次性投入;共同耗用的材料采用定额耗用量比例分配法进行分配,分配率保留 4 位小数,尾差计入 E02 产品中。②工资及四险一金分配采用实际生产工时进行分配,分配率保留 4 位小数,尾差计入 E02 产品中。四险一金的承担和计提比例如下:企业承担部分为养老保险金 16%,医疗保险金 8.8%,失业保险金 0.5%,工伤保险金 0.4%,住房公积金 10%。个人承担部分为养老保险金 8%,医疗保险金 2%,失业保险金 0.5%,住房公积金 10%。社保最低基数 2 100.00 元,最高基数 10 500.00 元,住房公积金最低基数 1 650.00 元,最高基数 9 580.00 元。计提工会费、计提职工教育经费,根据不同部门分别记入相应的会计科目,计提工会经费和职工教育经费的比例分别为 2% 和 8%。

第四,公司制造费用按生产工时比例法在各种产品之间分配,分配率保留 4 位小数,尾差计入 E02 产品中。车间生产工人发生的职工薪酬以外的费用记入制造费用科目。生产费用在完工产品与在产品之间的分配采用约当产量法,分配率保留 6 位小数,尾差计入月末在产品成本。

6. 固定资产

公司固定资产以取得该资产时的实际成本入账,如房屋的购置成本包括买价、契税、交易手续费、工本费及印花税等。固定资产分为房屋及建筑物、生产设备、运输工具和电子设备四种类型。其中,房屋及建筑物预计使用年限为 20 年,生产设备预计使用年限为 10 年,运输工具预计使用年限为 4 年,电子设备预计使用年限为 3 年。固定资产不包括研发用固定资产,资产专用于生产经营。固定资产折旧从达到预定可使用状态的次月起,采用年限平均法计提折旧,计算折旧时月折旧率保留 4 位小数。

7. 投资性房地产

公司投资性房地产按成本模式计量。

8. 无形资产

公司无形资产的摊销采用直线法。土地使用权的摊销期限为 50 年,其他无形资产摊销期限为 10 年。

9. 水电费

公司电费按实际用量进行分摊,电费分配率保留 2 位小数,水费、电费分配尾差计入生产车间。

10. 金融资产

公司交易性金融资产、其他权益工具投资以公允价值计量,按月确认公允价值变动。金融商品转让以盈亏相抵后的余额作为销售额,即卖出价减去买入价后的余额,卖出价和买入价均按照交割单上注明的成交金额确定。涉及金融资产、股权投资的公允价值变动损益、资本公积、其他综合收益的结转均与相关业务合并做一张记账凭证,涉及其他权益工具投资转让的,先计算盈余公积,差额计入未分配利润。

11. 增值税

公司适用的增值税税率为13%,按月申报,公司取得的增值税专用发票已于当天在增值税发票综合服务平台确认发票用途,取得的海关专用缴款书已于当天在增值税发票综合服务平台确认发票用途并取得回执。

12. 附加税

公司城市维护建设税按流转税额的7%计缴,城市维护建设税按月申报。教育费附加按流转税额的5%计缴,其中,教育费附加征收率为3%,地方教育附加征收率为2%,教育费附加按月申报。

13. 企业所得税

公司企业所得税税率为25%,采用查账征收方式,月度按实际利润额计算预缴企业所得税。截至上年年末,以前各年度应纳税所得额均大于零,不存在不征税收入、免税收入、加计扣除和所得税减免等税基类减免应纳税所得额、减免所得税额。且截至本年度上月月末各月会计利润总额均大于零,无欠缴及多缴所得税情况。

14. 个人所得税

公司个人所得税每月根据职工岗位工资等计算预缴,年度终了,全年个人所得税应由职工与税务机关在规定期间内进行汇算清缴。

15. 房产税及城镇土地使用税

公司自用房产税按季度申报,出租房产税按月申报。自用房屋房产税按照房屋原值的70%为计税基数,房产税税率为1.2%;出租房屋房产税按照租金收入的12%计缴。城镇土地使用税按季申报,公司办公楼用地面积为3 000平方米,年单位税额为15元/平方米。

16. 销售退货及折让政策

公司涉及销售退货的业务,暂不考虑相关包装物的会计处理,做红字记账凭证,销售退回与结转退货成本编制一张复合记账凭证。涉及附有销售退回条款的销售业务,预估退货率为2%,约定销售退货期限为30天;涉及附有销售折让条款的销售业务,预估折让率为5%,约定销售折让期限为30天。

17. 借款利息

公司每月月末按照实际天数计算提取贷款利息,银行于每月20日收取其发放贷款的利息。涉及同一银行同日扣取多笔利息支出或者偿还本金同时支付利息的,编制一张复合记账凭证。

进入案例企业账套后,系统管理员打开"初始化设置"-"基础设置"-"会计政策设置"菜单,依次录入企业会计政策,录入页面,如图2-8所示。

图 2-8 录入企业会计政策页面

三、企业科目及期初余额设置

【业务流程】

企业科目及期初余额设置流程,如图 2-9 所示。

图 2-9 企业科目及期初余额设置流程

【业务操作】

科目及期初余额的设置包括科目及余额的增加、编辑和删除。设置科目及期初余额信息时,可以采用导入功能按钮,将 Excel 期初余额表数据直接导入系统,也可以根据科目期初余额逐项录入科目及金额。以增设货币资金科目及期初余额为例展开介绍,货币资金增设科目一览表,如表 2-2 所示。

表 2-2　　　　　　　　　　货币资金增设科目一览表　　　　　　　　　　单位:元

科目代码	总账科目	明细科目	期初借方余额	期初贷方余额
1001	库存现金		2 500.00	
1002	银行存款		83 865 000.00	
100201	银行存款	中国工商银行常州市新北区支行——41535944818476	8 3480 000.00	
100202	银行存款	交通银行常州市新北区支行——62901948308653	385 000.00	
1012	其他货币资金		7 200 000.00	
101201	其他货币资金	存出投资款——中国工商银行常州市新北区支行——62591218469784	7 200 000.00	

1. 增设总账科目期初余额

进入案例企业账套后,系统管理员打开"初始化设置"-"科目及期初余额设置"菜单。点击总账科目库存现金行的"编辑"操作按钮,打开编辑界面,在期初借方余额处录入金额"2 500.00",录入完毕后点击右下角"修改"按钮。增设总账科目的期初余额页面,如图 2-10 所示。

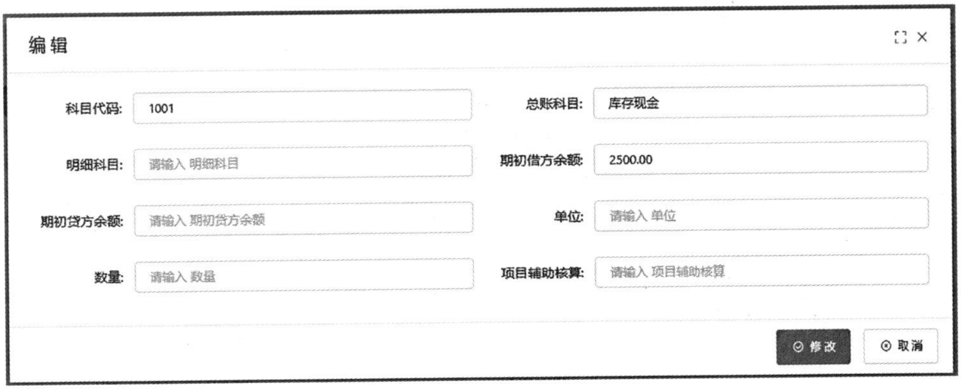

图 2-10　增设总账科目的期初余额页面

2. 增设下级明细科目及期初余额

以银行存款增设明细科目及期初余额为例,根据表 2-2,系统管理员点击银行存款总账科目行的"插入"操作按钮,打开插入二级明细科目界面,科目代码无需录入,系统自动生成,录入二级明细科目"中国工商银行常州市新北区支行",点击"确定"操作按钮,并再次点击

"中国工商银行常州市新北区支行"明细科目行的"插入",进入明细科目界面,录入三级明细科目"41535944818476",期初借方余额录入"83 480 000.00"。录入完毕后点击右下角"确定"按钮。插入三级明细科目及设置期初余额页面,如图2-11所示。

图 2-11 插入三级明细科目及设置期初余额页面

需要说明的是:

(1)当会计科目只有总账科目时,直接在总账科目行点击编辑操作按钮录入期初余额。

(2)不涉及数量金额式核算的会计科目,无需录入"单位"和"数量"。

(3)当公司对会计科目采用项目辅助核算时,则考虑将会计科目设置为项目辅助核算,比如成本项目核算和部门项目核算等。

(4)若需要增加三级明细科目,则点击二级明细科目行的插入操作按钮,插入三级明细科目和设置三级科目的期初余额。

(5)在最末级科目录入期初余额,系统根据科目的隶属关系自动汇总下级科目的期初余额。

(6)导出功能按钮,可将编辑好的期初余额表的数据导出到Excel上,便于后面业务题的使用;试算平衡功能按钮,可快速计算出借方余额与贷方余额的差额。

按照上述设置的方法依次录入凯祥公司的会计科目及期初余额,该公司2023年3月31日的科目余额表如表2-3所示。该公司原材料、库存商品、应收退货成本、周转材料和预计负债的明细科目余额表,如表2-4至表2-8所示。

表 2-3　　　　　　　　　凯祥公司的科目余额表

2023年3月31日　　　　　　　　　　　　　　　　　　　　　　单位:元

科目代码	总账科目	明细科目	借方余额	贷方余额
1001	库存现金		2 500.00	
1002	银行存款		83 865 000.00	
100201	银行存款	中国工商银行常州市新北区支行	83 480 000.00	
10020101	银行存款	中国工商银行常州市新北区支行——41535944818476	83 480 000.00	
100202	银行存款	交通银行常州市新北区支行	385 000.00	

(续表)

科目代码	总账科目	明细科目	借方余额	贷方余额
10020201	银行存款	交通银行常州市新北区支行——62901948308653	385 000.00	
1012	其他货币资金		7 200 000.00	
101201	其他货币资金	存出投资款	7 200 000.00	
10120101	其他货币资金	存出投资款——中国工商银行常州市新北区支行	7 200 000.00	
1012010101	其他货币资金	存出投资款——中国工商银行常州市新北区支行——62591218469784	7 200 000.00	
1101	交易性金融资产		0.00	
110101	交易性金融资产	股票	0.00	
11010101	交易性金融资产	股票——轻化股份	0.00	
1101010101	交易性金融资产	股票——轻化股份——成本	0.00	
1101010102	交易性金融资产	股票——轻化股份——公允价值变动	0.00	
1121	应收票据		711 900.00	
112101	应收票据	常州久发百货有限责任公司	711 900.00	
1122	应收账款		3 403 560.00	
112201	应收账款	常州华美百货有限责任公司	1 328 880.00	
112202	应收账款	常州信达百货有限责任公司	2 074 680.00	
112203	应收账款	常州国益百货有限责任公司	0.00	
112204	应收账款	常州新佳百货有限责任公司	0.00	
1123	预付账款		12 000.00	
112301	预付账款	常州电力股份有限公司	12 000.00	
112302	预付账款	常州和康电子有限责任公司	0.00	
1221	其他应收款		0.00	
122101	其他应收款	王俊伟	0.00	
1231	坏账准备			170 178.00
123101	坏账准备	应收账款坏账准备		170 178.00
1402	在途物资			0.00
140201	在途物资	T330		0.00
140202	在途物资	T445		0.00
140203	在途物资	T540		0.00

(续表)

科目代码	总账科目	明细科目	借方余额	贷方余额
1403	原材料		1 262 000.00	
140301	原材料	T330	540 000.00	
140302	原材料	T445	304 000.00	
140303	原材料	T540	112 000.00	
140304	原材料	T586	306 000.00	
1405	库存商品		1 773 200.00	
140501	库存商品	E01	1 039 600.00	
140502	库存商品	E02	733 600.00	
140503	库存商品	E03	0.00	
1406	发出商品		0.00	
1407	应收退货成本		39 924.00	
140701	应收退货成本	E01	15 820.00	
140702	应收退货成本	E02	24 104.00	
1408	委托加工物资		0.00	
140801	委托加工物资	E03	0.00	
14080101	委托加工物资	E03——材料费	0.00	
14080102	委托加工物资	E03——加工费	0.00	
14080103	委托加工物资	E03——运费	0.00	
1411	周转材料		396 000.00	
141101	周转材料	包装物	396 000.00	
14110101	周转材料	包装物——包装箱	396 000.00	
1601	固定资产		9 289 200.00	
160101	固定资产	房屋及建筑物	6 000 000.00	
16010101	固定资产	房屋及建筑物——办公楼	6 000 000.00	
160102	固定资产	生产设备	3 130 000.00	
16010201	固定资产	生产设备——N	1 200 000.00	
16010202	固定资产	生产设备——R	180 000.00	
16010203	固定资产	生产设备——Y	150 000.00	
16010204	固定资产	生产设备——M	1 600 000.00	
160103	固定资产	运输工具	100 000.00	
16010301	固定资产	运输工具——大众轿车	100 000.00	

(续表)

科目代码	总账科目	明细科目	借方余额	贷方余额
160104	固定资产	电子设备	59 200.00	
16010401	固定资产	电子设备——美的空调	8 000.00	
16010402	固定资产	电子设备——美的空调	4 200.00	
16010403	固定资产	电子设备——联想电脑	7 000.00	
16010404	固定资产	电子设备——电脑HP	12 000.00	
16010405	固定资产	电子设备——电脑DELL	18 000.00	
16010406	固定资产	电子设备——电脑DELL	10 000.00	
1602	累计折旧			4 542 469.98
1604	在建工程		0.00	
160401	在建工程	在安装设备	0.00	
16040101	在建工程	在安装设备——S	0.00	
1604010101	在建工程	在安装设备——S——买价	0.00	
1604010102	在建工程	在安装设备——S——安装成本	0.00	
1606	固定资产清理		0.00	
160601	固定资产清理	生产设备	0.00	
16060101	固定资产清理	生产设备——Y	0.00	
1701	无形资产		1 200 000.00	
170101	无形资产	土地使用权	1 200 000.00	
1702	累计摊销			16 000.00
170201	累计摊销	土地使用权		16 000.00
1901	待处理财产损溢		0.00	
190101	待处理财产损溢	待处理流动资产损溢	0.00	
2001	短期借款			300 000.00
200101	短期借款	交通银行常州市新北区支行		300 000.00
2202	应付账款			104 000.00
220201	应付账款	常州协成电子有限责任公司		104 000.00
220202	应付账款	常州顺安电子有限责任公司		0.00
220203	应付账款	常州祥泰家电有限责任公司		0.00
2204	合同负债			0.00
220401	合同负债	常州国益百货有限责任公司		0.00
2211	应付职工薪酬			211 489.76

(续表)

科目代码	总账科目	明细科目	借方余额	贷方余额
221101	应付职工薪酬	工资		152 480.00
221102	应付职工薪酬	职工福利费		0.00
221103	应付职工薪酬	社会保险费		39 187.36
22110301	应付职工薪酬	社会保险费——医疗保险		13 418.24
22110302	应付职工薪酬	社会保险费——工伤保险		609.92
221104	应付职工薪酬	设定提存计划		25 159.20
22110401	应付职工薪酬	设定提存计划——养老保险		24 396.80
22110402	应付职工薪酬	设定提存计划——失业保险		762.40
221105	应付职工薪酬	住房公积金		15 248.00
221106	应付职工薪酬	工会经费		4 574.40
221107	应付职工薪酬	职工教育经费		0.00
221108	应付职工薪酬	非货币性福利		0.00
2221	应交税费			753 393.98
222101	应交税费	应交增值税		753 393.98
22210101	应交税费	应交增值税——进项税额		0.00
22210102	应交税费	应交增值税——减免税额		0.00
22210103	应交税费	应交增值税——转出未交增值税		0.00
22210104	应交税费	应交增值税——销项税额		0.00
222102	应交税费	未交增值税		423 903.68
222103	应交税费	应交企业所得税		253 260.00
222104	应交税费	应交土地增值税		0.00
222105	应交税费	应交城市维护建设税		29 673.26
222106	应交税费	应交教育费附加		12 717.11
222107	应交税费	应交地方教育附加		8 478.07
222108	应交税费	应交房产税		12 600.00
222109	应交税费	应交城镇土地使用税		11 250.00
222110	应交税费	应交个人所得税		292.02
222111	应交税费	应交工会经费		1 219.84
2231	应付利息			550.00
223101	应付利息	短期借款		550.00

(续表)

科目代码	总账科目	明细科目	借方余额	贷方余额
22310101	应付利息	短期借款——交通银行常州市新北区支行		550.00
2241	其他应付款			0.00
224101	其他应付款	社会保险费		0.00
22410101	其他应付款	社会保险费——医疗保险		0.00
224102	其他应付款	设定提存计划		
22410201	其他应付款	设定提存计划——养老保险		0.00
22410202	其他应付款	设定提存计划——失业保险		0.00
224103	其他应付款	住房公积金		0.00
2801	预计负债			76 320.00
280101	预计负债	应付退货款		76 320.00
28010101	预计负债	应付退货款——E01		29 400.00
28010102	预计负债	应付退货款——E02		46 920.00
280102	预计负债	应付折让款		0.00
28010201	预计负债	应付折让款——E01		0.00
28010202	预计负债	应付折让款——E02		0.00
4001	实收资本			30 000 000.00
400101	实收资本	苏州联和机械制造有限责任公司		17 500 000.00
400102	实收资本	苏州林道机械制造有限责任公司		12 500 000.00
4101	盈余公积			8 600 000.00
410101	盈余公积	法定盈余公积		8 600 000.00
410102	盈余公积	任意盈余公积		
4103	本年利润			3 985 080.00
4104	利润分配			60 426 382.28
410401	利润分配	未分配利润		60 426 382.28
5001	生产成本		30 580.00	
500101	生产成本	基本生产成本	30 580.00	
50010101	生产成本	基本生产成本——E01	18 100.00	
5001010101	生产成本	基本生产成本——E01——直接材料	16 000.00	
5001010102	生产成本	基本生产成本——E01——直接人工	1 250.00	

(续表)

科目代码	总账科目	明细科目	借方余额	贷方余额
5001010103	生产成本	基本生产成本——E01——制造费用	850.00	
50010102	生产成本	基本生产成本——E02	12 480.00	
5001010201	生产成本	基本生产成本——E02——直接材料	12 000.00	
5001010202	生产成本	基本生产成本——E02——直接人工	410.00	
5001010203	生产成本	基本生产成本——E02——制造费用	70.00	

表 2-4　　　　　　　　　凯祥公司原材料明细科目余额表
2023 年 3 月 31 日

科目代码	总账科目	明细科目	单位	数量	借方余额
140301	原材料	T330	千克	4 500	540 000.00
140302	原材料	T445	千克	3 800	304 000.00
140303	原材料	T540	千克	3 200	112 000.00
140304	原材料	T586	千克	4 500	306 000.00

表 2-5　　　　　　　　　凯祥公司库存商品明细科目余额表
2023 年 3 月 31 日

科目代码	总账科目	明细科目	单位	数量	借方余额
140501	库存商品	E01	台	4 600	1 039 600.00
140502	库存商品	E02	台	2 800	733 600.00
140503	库存商品	E03	台		0.00

表 2-6　　　　　　　　凯祥公司应收退货成本明细科目余额表
2023 年 3 月 31 日

科目代码	总账科目	明细科目	单位	数量	借方余额
140701	应收退货成本	E01	台	70	15 820.00
140702	应收退货成本	E02	台	92	24 104.00

表 2-7　　　　　　　　凯祥公司周转材料明细科目余额表
2023 年 3 月 31 日

科目代码	总账科目	明细科目	单位	数量	借方余额
14110101	周转材料	包装物——包装箱	只	22 000	396 000.00

表 2-8　　　　　　　　　　凯祥公司预计负债明细科目余额表
　　　　　　　　　　　　　　　　　2023 年 3 月 31 日

科目代码	总账科目	明细科目	单位	数量	贷方余额
28010101	预计负债	应付退货款——E01	台	70	29 400.00
28010102	预计负债	应付退货款——E02	台	90	46 920.00
28010201	预计负债	应付折让款——E01			0.00
28010202	预计负债	应付折让款——E02			0.00

任务二　案例企业基础资料设置

【任务描述】

凯祥公司对部门、职员、存货、固定资产、无形资产、供应商和客户等进行分门别类管理，请依次完成企业基础资料及相关信息的设置。

一、企业部门信息设置

【业务流程】

企业部门信息设置流程，如图 2-12 所示。

图 2-12　企业部门信息设置流程

【业务操作】

凯祥公司下设办公室、财务部、采购部、专设销售机构和生产车间五个部门。其中，办公室、财务部和采购部隶属于管理部门，专设销售机构隶属于专门设置的销售机构管理，生产车间隶属于基本生产部门。截至 2023 年 3 月 31 日，公司部门档案，如表 2-9 所示。

表 2-9　　　　　　　　　　　　公司部门档案表

编码	部门名称	部门属性
001	办公室	管理部门
002	财务部	管理部门
003	采购部	管理部门
004	专设销售机构	专设销售机构
005	生产车间	基本生产部门

进入案例企业账套后，系统管理员打开"初始化设置"-"基础设置"-"部门设置"菜单。

点击左上角"新增"按钮，打开设置部门信息界面，部门编码录入"001"，部门名称录入"办公室"，部门属性下拉选择"管理部门"，录入完毕后点击右下角"保存"按钮，按照上述设置的方法依次录入其他部门档案。新增部门信息页面，如图2-13所示。

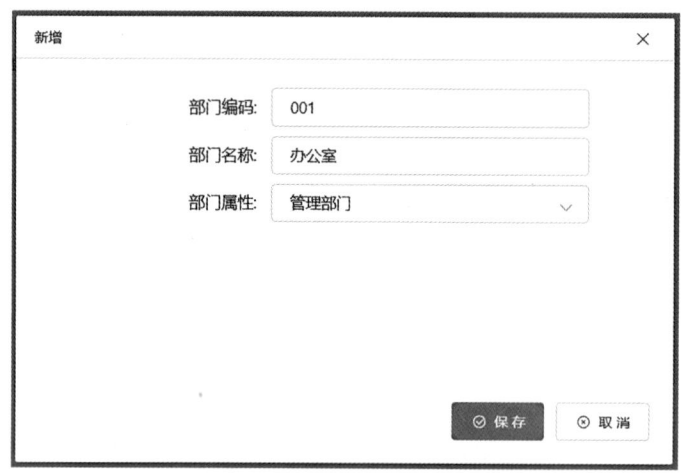

图2-13　新增部门信息页面

需要说明的是：

（1）选择需要修改的部门，点击操作处的"编辑"按钮，修改部门信息，并点击"保存"按钮。

（2）选择需要删除的部门，点击操作处的"删除"按钮，删除部门信息。删除部门前要求该部门没有被使用过。

（3）后续修改和删除数据，同此说明，不再赘述。

二、企业职员信息设置

【业务流程】

企业职员信息设置流程，如图2-14所示。

图2-14　企业职员信息设置流程

【业务操作】

凯祥公司截至2023年3月31日的职员档案，如表2-10所示。

进入案例企业账套后，系统管理员打开"初始化设置"-"基础设置"-"职员设置"菜单。点击左上角"新增"按钮，打开设置职员信息界面，员工编码录入"001001"，员工姓名录入"张田玉"，员工所属部门下拉选择"办公室"，员工岗位下拉选择"法定代表人"，员工岗位属性下拉选择"管理人员"，员工身份证号码录入"320505197106114420"，员工电话号码录入"17689320005"，员工银行账号录入"9558822810538749237"，员工银行名称录入"中国工商银行常州市新北区支行"。录入完毕后点击右下角"保存"按钮，按照上述设置的方法依次录入其他员工档案。新增员工信息页面，如图2-15所示。

表2-10 公司职员档案表

编码	员工姓名	员工所属部门	员工岗位	员工岗位属性	员工身份证号码	员工电话号码	员工银行账号	员工银行名称
001001	张田玉	办公室	法定代表人	管理人员	320505171061144420	17689320005	9558822810538749237	中国工商银行常州市新北区支行
001002	林天一	办公室	总经理	管理人员	320505138000625431 4	13015930005	9558822810538749238	中国工商银行常州市新北区支行
001003	赵雪丽	办公室	仓管员	普通职员	320505139002086929	15651213312	9558822810538749238	中国工商银行常州市新北区支行
002001	钱月平	财务部	财务经理	管理人员	320505138910012570	15601506189	9558822810538749240	中国工商银行常州市新北区支行
002002	李康杰	财务部	会计	普通职员	320505199207021453	19538777673	9558822810538749241	中国工商银行常州市新北区支行
002003	张弘文	财务部	出纳	普通职员	320505198409245437	19538775112	9558822810538749242	中国工商银行常州市新北区支行
003001	王俊伟	采购部	采购经理	管理人员	320505199310255985	15601506913	9558822810538749243	中国工商银行常州市新北区支行
003002	孙心怡	采购部	采购员	普通职员	320505198108101759	18551071072	9558822810538749244	中国工商银行常州市新北区支行
004001	陆文豪	专设销售机构	销售经理	管理人员	320505198310242169	17551903175	9558822810538749245	中国工商银行常州市新北区支行
004002	高明哲	专设销售机构	销售员	普通职员	320505198507049887	13291309750	9558822810538749246	中国工商银行常州市新北区支行
005001	林伟	生产车间	生产车间主任	管理人员	320505199410068872	18551912519	9558822810538749247	中国工商银行常州市新北区支行
005002	李雨梅	生产车间	车间工人	普通职员	320505199401069929	15601500932	9558822810538749248	中国工商银行常州市新北区支行
005003	王怡宁	生产车间	车间工人	普通职员	320505197209058018	13270872872	9558822810538749249	中国工商银行常州市新北区支行

(续表)

编码	员工姓名	员工所属部门	员工岗位	员工岗位属性	员工身份证号码	员工电话号码	员工银行账号	员工银行名称
005004	刘新荣	生产车间	车间工人	普通职员	320505198701274125	13072587558	9558822810538749250	中国工商银行常州市新北区支行
005005	刘富展	生产车间	车间工人	普通职员	320505199211156733	18651826826	9558822810538749251	中国工商银行常州市新北区支行
005006	张开明	生产车间	车间工人	普通职员	320505197805100165	17315157297	9558822810538749252	中国工商银行常州市新北区支行
005007	郑和瑞	生产车间	车间工人	普通职员	320505198304048063	17315156707	9558822810538749253	中国工商银行常州市新北区支行
005008	冯立诚	生产车间	车间工人	普通职员	320505197104036137	17315156730	9558822810538749254	中国工商银行常州市新北区支行
005009	赵天佑	生产车间	车间工人	普通职员	320505199002143735	17315157389	9558822810538749255	中国工商银行常州市新北区支行
005010	陈量	生产车间	车间工人	普通职员	320505198109073561	13022511655	9558822810538749256	中国工商银行常州市新北区支行
005011	陈洋洋	生产车间	车间工人	普通职员	320505199507053264	13022555837	9558822810538749257	中国工商银行常州市新北区支行
005012	许文龙	生产车间	车间工人	普通职员	320402198004250524	17512516516	9558822810538749258	中国工商银行常州市新北区支行
005013	徐丽	生产车间	车间工人	普通职员	320402197603159765	17626039039	9558822810538749259	中国工商银行常州市新北区支行
005014	陈希	生产车间	车间工人	普通职员	320402198808069101	15651086086	9558822810538749260	中国工商银行常州市新北区支行
005015	李雨婷	生产车间	车间工人	普通职员	320402197204112039	17625900788	9558822810538749261	中国工商银行常州市新北区支行
005016	诗韵	生产车间	车间工人	普通职员	320402198911025734	13022555807	9558822810538749262	中国工商银行常州市新北区支行
005017	何云舒	生产车间	车间工人	普通职员	320402198508059540	16651375173	9558822810538749263	中国工商银行常州市新北区支行
005018	张素菲	生产车间	车间工人	普通职员	320402198601045915	16652760527	9558822810538749264	中国工商银行常州市新北区支行

| 新增 | × |

员工编码：001001
员工姓名：张田玉
员工所属部门：办公室
员工岗位：法定代表人
员工岗位属性：管理人员
员工身份证号码：320505197106114420
员工电话号码：17689320005
员工银行账号：9558822810538749237
员工银行名称：中国工商银行常州市新北区支行

保存　取消

图 2-15　新增员工信息页面

三、企业存货类别信息设置

企业存货类别信息设置流程，如图 2-16 所示。

图 2-16　企业存货类别信息设置流程

【业务流程】

【业务操作】

凯祥公司对存货进行类别管理，主要分为原材料类别、周转材料类别和库存商品类别。公司截至 2023 年 3 月 31 日的存货类别档案，如表 2-11 所示。

表 2-11　　　　　　　　　　公司存货类别档案表

编码	类别名称
1	原材料
2	周转材料
3	库存商品

进入案例企业账套后,系统管理员打开"初始化设置"-"基础设置"-"存货类型设置"菜单。点击左上角"新增"按钮,打开设置存货类别界面,类别编码录入"1",类别名称录入"原材料"。录入完毕后点击右下角"保存"按钮,按照上述设置的方法依次录入其他存货类别档案。新增存货类别信息页面,如图 2-17 所示。

图 2-17　新增存货类别信息页面

四、企业存货信息设置

【业务流程】

企业存货信息设置流程,如图 2-18 所示。

图 2-18　企业存货信息设置流程

【业务操作】

凯祥公司主要销售 E01、E02 和 E03 三种产品。其中,E01 和 E02 产品由本公司自制,E03 产品则委托外部单位加工。生产每件 E01、E02 产品均需耗用 T330、T445 和 T540 三种材料,公司将 T586 材料委托外部单位加工成 E03 产品。公司截至 2023 年 3 月 31 日的存货信息档案,如表 2-12 所示。

表 2-12　公司存货信息档案表

编码	存货名称	计量单位	不含税单价	所属分类	存货用途	增值税税率	所属行业及分类简称
101	T330	千克	120.00	原材料	外购、生产耗用	13%	制造/金属制品制造/金属制品
102	T445	千克	80.00	原材料	外购、生产耗用	13%	
103	T540	千克	35.00	原材料	外购、生产耗用	13%	
104	T586	千克	68.00	原材料	外购、生产耗用	13%	
201	E01	台	420.00	库存商品	销售、自制	13%	制造/家电制造/家用厨房电器具
202	E02	台	510.00	库存商品	销售、自制	13%	
203	E03	台	350.00	库存商品	销售、非自制	13%	

进入案例企业账套后,系统管理员打开"初始化设置"-"基础设置"-"存货设置"菜单。点击左上角"新增"按钮,打开设置存货界面,存货编码录入"101",存货名称录入"T330",计量单位录入"千克",不含税单价录入"120.00",增值税税目下拉选择"增值税-销售或者进口货物",增值税税率自动根据税目跳转,所属分类下拉选择"原材料",所属行业下拉选择"制造/金属制品制造/金属制品",也可以录入"金属制品"进行选择,商品和服务分类简称下拉选择"制造/金属制品制造/金属制品",也可以录入"金属制品"进行选择,是否属于销售下拉选择"否",是否属于外购下拉选择"是",是否属于生产耗用下拉选择"是",是否属于自制下拉选择"否",是否保质期管理下拉选择"否",是否现金折扣下拉选择"否",是否商业折扣管理下拉选择"否",是否预计退货管理下拉选择"否",是否预计折让管理下拉选择"否",是否停用下拉选择"否"。录入完毕后点击右下角"保存"按钮,按照上述设置的方法依次录入其他存货信息档案。新增存货信息页面(部分),如图2-19所示。

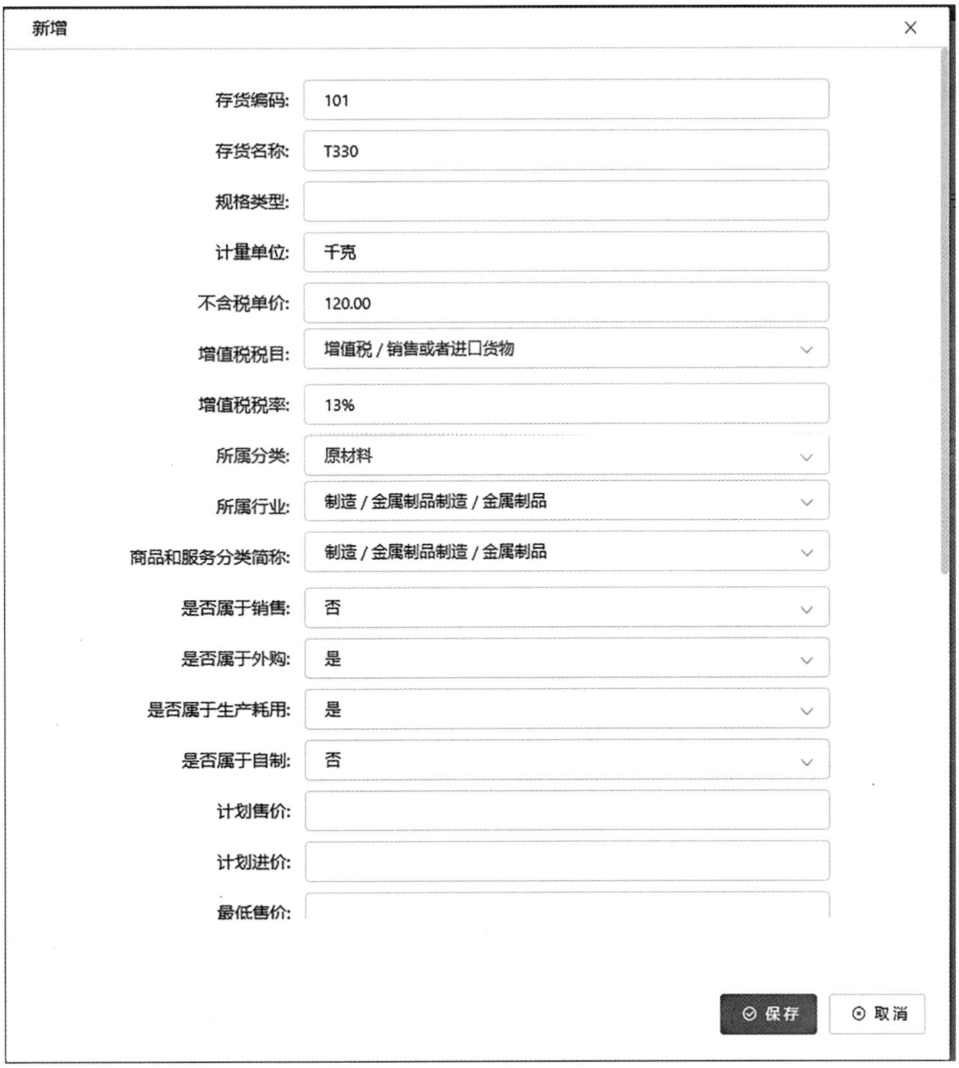

图2-19 新增存货信息页面(部分)

需要说明的是：

（1）计划售价、计划进价、最低售价、最高进价设置，是当公司对采购业务、销售业务进行严格管控时，可利用该参数对采购材料及用品的价格、销售产品的价格进行管理。

（2）最高库存、最低库存、安全库存设置，是对公司的存货库存数量进行管理。当公司的存货库存量高于最高库存时，可提示公司相应负责人员停止采购，避免存货积压。当低于安全库存时，可提示采购人员安排采购等。

（3）图2-19是新增存货信息页面的部分截图，在录入存货信息时，可拖动右侧滚动条完成下半部分的存货信息的录入。

五、企业固定资产信息设置

【业务流程】

企业固定资产信息设置流程，如图2-20所示。

图 2-20　企业固定资产信息设置流程

【业务操作】

凯祥公司的固定资产分为房屋及建筑物、生产设备、电子设备和运输工具四种类型管理。房屋及建筑物的预计使用年限为20年，生产设备的预计使用年限为10年，电子设备的预计使用年限为3年，运输工具预计使用年限为4年。资产净残值率统一为4%，折旧方法统一采用年限平均法。资产的增加方式设置为直接购入，减少方式设置为出售，资产的用途均专用于生产经营。公司截至2023年3月31日的固定资产档案，如表2-13所示。

进入案例企业账套后，系统管理员打开"初始化设置"-"基础设置"-"固定资产设置"菜单。点击左上角"新增"按钮，打开设置固定资产界面，资产编码录入"G0001"，资产名称录入"办公楼"，单位录入"幢"，数量录入"1"，单位成本录入"6 000 000.00"，原值录入"6 000 000.00"，预计使用年限录入"20"，投入使用日期下拉选择"2012-04-01"，折旧方法下拉选择"年限平均法"，净残值率录入"4%"，净残值经过计算后并录入金额"240 000.00"，月折旧率经计算后保留4位小数，并录入"0.004"，月折旧额经计算后并录入金额"24 000.00"，累计折旧额经计算后并录入金额"2 544 000.00"，净值经计算后并录入金额"3 456 000.00"，资产使用部门下拉选择"办公室"，折旧对方科目录入"管理费用"，增加方式下拉选择"直接购入"，减少方式下拉选择"出售"，所属类型下拉选择"房屋及建筑物"，资产用途下拉选择"专用于生产经营"。录入完毕后点击右下角"保存"按钮，按照上述设置的方法依次录入其他固定资产档案。新增固定资产信息页面（部分），如图2-21所示。

表 2-13　公司固定资产档案表

金额单位:元

编号	资产名称	单位	数量	单位成本	原值	预计使用年限	投入使用日期	资产使用部门	所属类型	折旧额	净残值率	增减方式及用途
G0001	办公楼	幢	1	6 000 000.00	6 000 000.00	20	2012-04-01	办公室	房屋及建筑物	24 000.00		
G0002	N	台	4	300 000.00	1 200 000.00	10	2014-07-01	生产车间	生产设备	9 600.00		
G0003	R	台	6	30 000.00	180 000.00	10	2013-10-01	生产车间	生产设备	1 440.00		
G0004	Y	台	1	150 000.00	150 000.00	10	2011-01-01	生产车间	生产设备	1 200.00		
G0005	M	台	2	800 000.00	1 600 000.00	10	2014-12-01	生产车间	生产设备	12 800.00		
G0006	美的空调	台	2	4 000.00	8 000.00	3	2018-08-01	办公室	电子设备	213.60	4%	直接购入,出售,专用于生产经营
G0007	大众轿车	辆	1	100 000.00	100 000.00	4	2018-06-01	办公室	运输工具	2 000.00		
G0008	美的空调	台	1	4 200.00	4 200.00	3	2018-12-01	财务部	电子设备	112.14		
G0009	联想电脑	台	2	3 500.00	7 000.00	3	2018-12-01	财务部	电子设备	186.90		
G0010	电脑 HP	台	3	4 000.00	12 000.00	3	2018-06-01	采购部	电子设备	320.40		
G0011	电脑 DELL	台	4	4 500.00	18 000.00	3	2018-11-01	专设销售机构	电子设备	480.60		
G0012	电脑 DELL	台	2	5 000.00	10 000.00	3	2018-11-01	生产车间	电子设备	267.00		

图 2-21　新增固定资产信息页面(部分)

需要说明的是：

（1）当公司对固定资产的折旧方法选用"工作量法"时，需对下列选项录入数据，分别是"工作总量""单位工作量"和"累计工作量"。无需录入"月折旧率"。

（2）图 2-21 是新增固定资产页面的部分截图，在录入固定资产初始信息时，可拖动右侧滚动条完成下半部分的固定资产初始信息的录入。

六、企业无形资产信息设置

【业务流程】

企业无形资产信息设置流程，如图 2-22 所示。

图 2-22　企业无形资产信息设置流程

【业务操作】

凯祥公司的无形资产为一项土地使用权，由办公室统一管理，对无形资产的摊销方法采用直线法摊销。公司截至 2023 年 3 月 31 日的无形资产档案，如表 2-14 所示。

表 2-14　　　　　　　　　　　公司无形资产档案表　　　　　　　　　　　金额单位:元

编码	资产名称	单位	数量	单位成本	原值	投入使用日期	预计使用年限	摊销方法	月摊销额	使用部门	所属类型
W0001	土地使用权	项	1	1 200 000.00	1 200 000.00	2020-08-16	50	直线法	2 000.00	办公室	土地使用权

进入案例企业账套后,系统管理员打开"初始化设置"-"基础设置"-"无形资产设置"菜单。点击左上角"新增"按钮,打开设置无形资产界面,资产编码录入"W0001",资产名称录入"土地使用权",单位录入"项",数量录入"1",单位成本录入"1 200 000.00",原值录入"1 200 000.00",投入使用日期下拉选择"2020 年 08 月 16 日",预计使用年限录入"50",摊销方法下拉选择"直线法",月摊销额录入"2 000.00",累计摊销额经计算后录入金额"16 000.00",净值经计算后录入"1 184 000.00",资产使用部门下拉选择"办公室",摊销对方科目录入"管理费用",所属类型下拉选择"土地使用权"。录入完毕后点击右下角"保存"按钮。新增无形资产信息页面(部分),如图 2-23 所示。

图 2-23　新增无形资产信息页面(部分)

需要说明的是:

图 2-23 是新增无形资产页面的部分截图,在录入无形资产初始信息时,可拖动右侧滚动条完成下半部分的无形资产初始信息的录入。

七、企业供应商类别信息设置

【业务流程】

企业供应商类别信息设置流程,如图 2-24 所示。

图 2-24　企业供应商类别信息设置流程

【业务操作】

凯祥公司对供应商实行类别管理,主要分为重要供应商和一般供应商。公司截至 2023 年 3 月 31 日的供应商类别档案,如表 2-15 所示。

表 2-15　　　　　　　　　　　　公司供应商类别档案表

编码	供应商类别名称
1	重要供应商
2	一般供应商

进入案例企业账套后，系统管理员打开"初始化设置"-"供应商往来设置"-"供应商类型"菜单。点击左上角"新增"按钮，打开设置供应商类型页面，供应商类别编码录入"1"，供应商类别名称录入"重要供应商"，录入完毕后点击右下角"保存"按钮，按照上述设置的方法依次录入其他供应商类别档案。新增供应商类别信息页面，如图 2-25 所示。

图 2-25　新增供应商类别信息页面

八、企业供应商信息设置

【业务流程】

企业供应商信息设置流程，如图 2-26 所示。

图 2-26　企业供应商信息设置流程

【业务操作】

凯祥公司应对供应商档案信息进行严格管制，建立公司的供应商档案信息表，对于采购部成员需新添加的供应商，应将其纳入公司的供应商档案中进行统一管理，采购部的成员在进行采购时，应选择表格中的供应商洽谈采购事宜。公司截至 2023 年 3 月 31 日的供应商信息档案，如表 2-16 所示。

表2-16 公司供应商信息档案表

编码	名称	简称	所属地区	所属行业	增值税类型	统一社会信用代码	开户银行	银行账号	所属类别	地址	电话	联系人	信用等级
101	常州协成电子有限责任公司	协成	江苏省常州市天宁区	电子元件	一般纳税人	913204024917015395	中国工商银行常州市天宁区支行	4124007654119	重要供应商	江苏省常州市天宁区荣敏路84号	0519-54558534	周实荣	A
102	南京交电家电有限责任公司	交电	江苏省南京市鼓楼区	家用厨房电器具	一般纳税人	913201066749980646	中国工商银行南京市鼓楼区支行	4146191843861	重要供应商	江苏省南京市鼓楼区刘用街孙武路60号	024-87035763	徐津铭	A
103	无锡吉如机械制造有限责任公司	吉如	江苏省无锡市梁溪区	电子工业设备	一般纳税人	913202025065416766	中国建设银行无锡市梁溪区支行	4187058951 6144	重要供应商	江苏省无锡市梁溪区焦仁街刘志路38号	0510-24212182	邵素云	A
104	常州顺安电子有限责任公司	顺安	江苏省常州市武进区	电子元件	一般纳税人	913204128088114718	中国工商银行常州市武进区支行	4198857107 5874	重要供应商	江苏省常州市武进区荣敏路22号	0519-77047822	何月楼	A
105	常州和康电子有限责任公司	和康	江苏省常州市金坛区	电子元件	一般纳税人	913204828887960426	中国工商银行常州市金坛区支行	4126993952 2924	重要供应商	江苏省常州市金坛区范瑞路64号	0519-78060190	范雪娜	A
106	常州祥泰家电有限责任公司	祥泰	江苏省常州市天宁区	家用厨房电器具	一般纳税人	913204028507769453	中国工商银行常州市天宁区支行	4179445024 2768	重要供应商	江苏省常州市天宁区王斌路70号	0519-56724017	杨现林	A

(续表)

编码	名称	简称	所属地区	所属行业	增值税类型	统一社会信用代码	开户银行	银行账号	所属类别	地址	电话	联系人	信用等级
201	常州圆圆物流有限公司	圆圆	江苏省常州市天宁区	货物运输服务-运输服务	一般纳税人	91320402624156548 2	中国建设银行常州市天宁区支行	4148683593548	一般供应商	江苏省常州市天宁区王建街赵秀路93号	0519-58972184	李京书	A
202	精炼教育服务有限责任公司	精炼	江苏省常州市新北区	生活服务	一般纳税人	91320411409648067	中国建设银行常州市新北区支行	4163398645307	一般供应商	江苏省常州市新北区青街杨玉路01号	0519-69158967	曹国建	A
203	常州顺捷物流运输股份有限公司	顺捷	江苏省常州市天宁区	货物运输服务-运输服务	一般纳税人	91320402961675386	中国工商银行常州市天宁区支行	4195538156 9425	一般供应商	江苏省常州市天宁区邱长路29号	0519-36126426	牛瑞营	A
204	南通迪和机械制造有限责任公司	迪和	江苏省南通市港闸区	电子工业设备	一般纳税人	91320611338638484	中国建设银行南通市港闸区支行	4137921057 2212	一般供应商	江苏省南通市港闸区刘友街张雷路81号	0513-42992651	肖廷华	A
205	盐城旭鼎鉴证咨询服务有限责任公司	旭鼎	江苏省盐城市盐都区	鉴证咨询服务	一般纳税人	91320903882379755 8	中国建设银行盐城市盐都区支行	4155626504 9265	一般供应商	江苏省盐城市盐都街蔡丹路35号	0514-35657209	赵继勇	A
206	宣广传媒服务有限公司	宣广	江苏省常州市新北区	设计服务	一般纳税人	91320411367539358 2	中国建设银行常州市新北区支行	4139721311 4744	一般供应商	江苏省常州市新北区晨街王云路11号	0519-42242410	赵秀平	A

进入案例企业账套后,系统管理员打开"初始化设置"-"供应商往来设置"-"供应商信息"菜单。点击左上角"新增"按钮,打开设置供应商信息页面,供应商编码录入"101",供应商名称录入"常州协成电子有限责任公司",供应商简称录入"协成",所属地区下拉选择"江苏省/常州市/天宁区",也可录入"天宁区"并下拉选择地区,所属行业下拉选择"制造/计算机及电子产品制造/电子元件",也可录入"电子元件"并下拉选择行业,企业增值税类型下拉选择"一般纳税人",统一社会信用代码录入"913204024917015395",开户银行录入"中国工商银行常州市天宁区支行",银行账号录入"41240076549119",所属供应商类别下拉选择"重要供应商",地址录入"江苏省常州市天宁区宋敏路84号",电话录入"0519-54558534",联系人录入"周实荣",信用等级下拉选择"A"。录入完毕后点击右下角"保存"按钮,按照上述设置的方法依次录入其他供应商信息档案。新增供应商信息页面(部分),如图2-27所示。

图 2-27　新增供应商信息页面(部分)

需要说明的是:

(1) 当供应商对本公司进行信用额度管理时,需在此处录入供应商为本公司"提供的信用额度",根据实际已使用的额度情况录入"已使用信用额度",系统将根据公式自动运算"剩余可使用额度",便于公司加强采购应付款业务的管理。

(2) 图2-27是新增供应商信息页面的部分截图,在录入供应商信息时,可拖动右侧滚动条完成下半部分供应商信息的录入。

九、企业客户类别信息设置

【业务流程】

企业客户类别信息设置流程,如图2-28所示。

图 2-28　企业客户类别信息设置流程

【业务操作】

凯祥公司对客户实行类别管理,主要分为重要客户和一般客户。公司截至 2023 年 3 月 31 日的客户类别档案,如表 2-17 所示。

表 2-17　　　　　　　　　　　公司客户类别档案表

编码	客户类别名称
1	重要客户
2	一般客户

进入案例企业账套后,系统管理员打开"初始化设置"-"客户往来设置"-"客户类型"菜单。点击左上角"新增"按钮,打开设置客户类型页面,客户类别编码录入"1",客户类别名称录入"重要客户"。录入完毕后点击右下角"保存"按钮,按照上述设置的方法依次录入其他客户类别档案。新增客户类别页面,如图 2-29 所示。

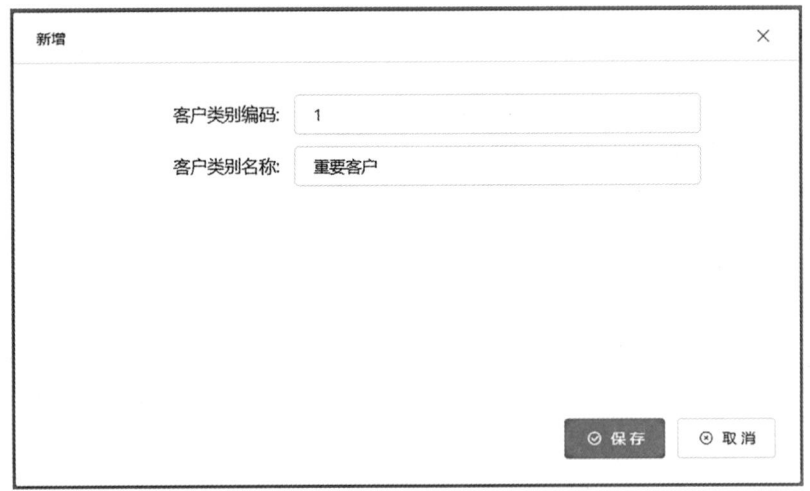

图 2-29　新增客户类别页面

十、企业客户信息设置

【业务流程】

企业客户信息设置流程,如图 2-30 所示。

图 2-30　企业客户信息设置流程

【业务操作】

客户是企业非常重要的资源,凯祥公司对客户的资料进行档案管理,按照对公司的重要程度将其划分为不同的类别,以及对不同的客户实行不同的信用政策管控。对销售成员新开发的客户,应全面了解客户资料和客户信用等信息,并将其纳入公司的客户档案中进行统一管理。公司截至 2023 年 3 月 31 日的客户信息档案,如表 2-18 所示。

表2-18 公司客户信息档案表

编码	名称	简称	所属地区	所属行业	增值税类型	统一社会信用代码	开户银行	银行账号	所属类别	地址	电话	联系人	信用等级
101	常州国益百货有限责任公司	国益	江苏省常州市天宁区	日用杂品	一般纳税人	91320402401858 8622	中国工商银行常州市天宁区支行	4128414298 7274	重要客户	江苏省常州市天宁区刘志路53号	0519-74056934	刘青端	A
102	镇江圣优机械制造有限责任公司	圣优	江苏省镇江市润州区	电子工业设备	一般纳税人	91321114305084 278	中国建设银行镇江市润州区支行	4193115138 5256		江苏省镇江市润州区刘敬街钟国路60号	0511-36767484	郑伏	A
103	常州久发百货有限责任公司	久发	江苏省常州市新北区	日用杂品	一般纳税人	91320411682020 978	中国工商银行常州市新北区支行	4148901421 1605		江苏省常州市新北区苗文路32号	0519-47072774	陈宝雷	A
104	常州新佳百货有限责任公司	新佳	江苏省常州市金坛市	日用杂品	一般纳税人	91320482672833 6687	中国工商银行常州市金坛市支行	4121774638 6040	重要客户	江苏省常州市金坛市何兰路74号	0519-73991761	齐金锁	A
105	金坛上源有限公司	上源	江苏省常州市金坛区	电子工业设备	一般纳税人	91320482797921 661	中国工商银行常州市金坛区支行	4183446213 5755		江苏省常州市金坛区史月街高立路49号	0519-41089756	李世玲	A

(续表)

编码	名称	简称	所属地区	所属行业	增值税类型	统一社会信用代码	开户银行	银行账号	所属类别	地址	电话	联系人	信用等级
106	常州华美百货有限责任公司	华美	江苏省常州市天宁区	日用杂品	一般纳税人	91320402615431 0473	中国建设银行常州市天宁区支行	4182526928130		江苏省常州市天宁区胡晓路70号	0519-6945798	李新	A
107	常州信达百货有限责任公司	信达	江苏省常州市新北区	日用杂品	一般纳税人	91320411300560 4983	中国建设银行常州市新北区支行	4124368295664		江苏省常州市新北区庞敬路89号	0519-3658621	韩康	A
201	常州祥泰家电有限责任公司	祥泰	江苏省常州市天宁区	家用厨房电器具	一般纳税人	91320402850776 9453	中国工商银行常州市天宁区支行	4179445024 2768		江苏省常州市天宁区王斌路70号	0519-5672 4017	肖宝文	A
202	苏州香烨机械制造有限责任公司	香烨	江苏省苏州市吴中区	电子工业设备	一般纳税人	91320506426252 4745	中国建设银行苏州市吴中区支行	4170608650 8887		江苏省苏州市吴中区杨秋街贾秀路11号	0512-0057 5378	胡进勇	A

进入案例企业账套后,系统管理员打开"初始化设置"-"客户往来设置"-"客户信息"菜单。点击左上角"新增"按钮,打开设置客户信息页面,客户编码录入"101",客户名称录入"常州国益百货有限责任公司",客户简称录入"国益",所属地区下拉选择"江苏省/常州市/天宁区",也可录入"天宁区"并选择,所属行业下拉选择"零售/百货零售/日用杂品",也可录入"日用杂品"并选择,企业增值税类型下拉选择"一般纳税人",统一社会信用代码录入"913204024018588622",开户银行录入"中国工商银行常州市天宁区支行",银行账号录入"41284142987274",客户所属分类下拉选择"重要客户",地址录入"江苏省常州市天宁区刘志路53号",电话录入"0519-74056934",联系人录入"刘青端",信用等级下拉选择"A"。录入完毕后点击右下角"保存"按钮,按照上述设置的方法依次录入其他客户信息档案。新增客户信息页面(部分),如图2-31所示。

图 2-31　新增客户信息页面(部分)

需要说明的是：

（1）当本公司对客户进行信用额度管理时，需在此处录入本公司为客户"提供的信用额度"，根据实际已使用的额度情况录入客户"已使用信用额度"，系统将根据公式自动运算"剩余可使用额度"，便于公司加强销售应收款业务的管理。

（2）图2-31是新增客户信息页面的部分截图，在录入客户信息时，可拖动右侧滚动条完成下半部分客户信息的录入。

项目三 智能凭证管理

思维导图

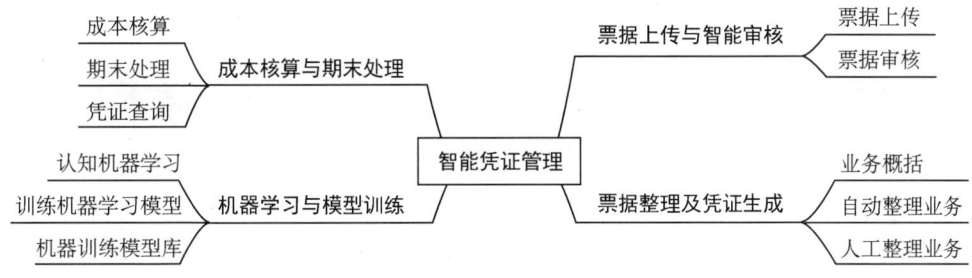

图 3-1 智能凭证管理思维导图

实训目标

1. 了解与应用票据上传的操作方法;
2. 熟练掌握票据审核、业务审核的要点以及系统的操作方法;
3. 熟练掌握常规与复杂经济业务的账务处理以及系统的操作方法;
4. 熟练掌握成本核算业务的账务处理以及系统的操作方法;
5. 熟练掌握期末业务的账务处理以及系统的操作方法。

能力目标

1. 训练学生业财融合的逻辑思维;
2. 训练学生的业务处理能力和账务处理能力。

素质目标

1. 培养学生的内控风险意识;
2. 培养学生坚持准则,守责敬业的职业道德。

任务一 票据上传与智能审核

党的二十大报告指出,教育、科技、人才是全面建设社会主义现代化国家的基础性、战略性支撑。必须坚持科技是第一生产力、人才是第一资源、创新是第一动力,深入实施科教兴国战略、人才强国战略、创新驱动发展战略,开辟发展新领域新赛道,不断塑造发展新动能新优势。

【任务描述】

凯祥公司将取得的原始凭证上传到系统中,财务人员需要对单张票据进行审核。先由智能财税云平台进行自动审核,自动审核失败的需要进行人工干预,对符合要求的票据,财务人员可以手动审核通过,审核不通过的,则需要说明原因。

一、票据上传

【业务流程】

票据上传流程,如图 3-2 所示。

图 3-2　票据上传流程

【业务操作】

票据上传是将凯祥公司所取得的原始凭证通过此菜单上传到系统。财务人员和业务人员将原始凭证上传到系统有三种方式:第一种方式是图片上传,上传时可一次性选择 20 张原始凭证的电子图片;第二种方式是文件上传,可将原始凭证压缩成一个文件包一次性上传;第三种方式是扫描上传,该方式需通过连接配套的高清扫描仪,将纸质原始凭证通过扫描仪上传到系统。票据上传后,需将上传后的票据通过 OCR 技术进行票据识别,OCR 技术将图片中的文字和金额进行结构化的处理,财务人员和业务人员需校对结构化处理后的文字金额等内容。

1. 图片上传

进入案例企业账套后,财务人员首先打开"智能核算"-"智能凭证"-"票据上传"菜单,点击"图片上传"图标,打开上传原始凭证电子图片界面。票据上传选择图标页面和图片上传页面,分别如图 3-3 和图 3-4 所示。

图 3-3　票据上传选择图标页面

其次,财务人员点击"选择图片"按钮,打开存储在财务、业务人员电脑上的本地磁盘,选择电子图片所在的文件位置,按住 Ctrl 键一次性选择 20 张电子图片上传到系统。确定选中的电子图片后,回到系统的上传电子图片界面,点击"开始上传"按钮,即可将选择的电子图片上传到系统内。若要选择的张数超过 20 张,可点击"继续添加"按钮,追加其他原始凭证的电子图片。已选择电子图片的页面,如图 3-5 所示。

图 3-4　图片上传页面

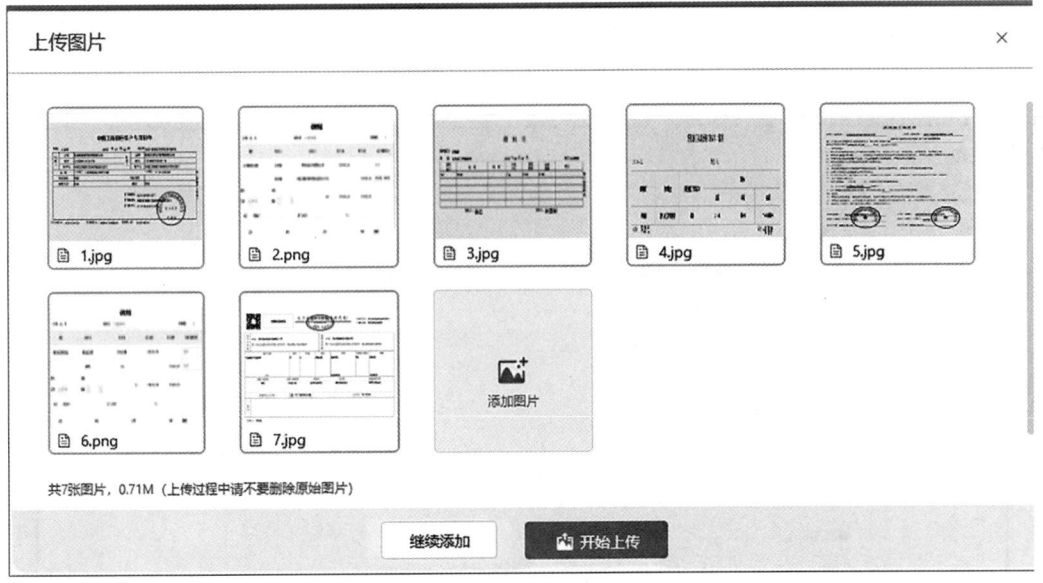

图 3-5　已选择电子图片的页面

需要说明的是：

(1) 一次性最多可上传 20 张原始凭证图片。

(2) 上传的电子原始凭证图片，仅支持扩展名为 JPG 或 PNG 的图片格式，且单个文件的大小不可超过 2 M。

2. 文件上传

进入案例企业账套后，财务人员首先打开"智能核算"-"智能凭证"-"票据上传"菜单，点击"文件上传"图标，打开上传文件附件的界面，上传附件页面，如图3-6所示。

图 3-6　上传附件页面

其次，财务人员点击"上传附件"按钮，打开存储在财务、业务人员电脑上本地磁盘里附件所在的位置，确定选中的附件后，回到系统的上传附件界面，点击"确定"按钮，即可将选择的附件上传到系统内。已选择附件的页面，如图3-7所示。

图 3-7　已选择附件的页面

需要说明的是：

上传的附件仅支持扩展名为 rar、zip、doc、docx、pdf 格式的文件，且单个上传的文件不可超过 20 MB。

3. 扫描上传

进入案例企业账套后，财务人员打开"智能核算"-"智能凭证"-"票据上传"菜单。点击"扫描上传"图标，打开单据扫描的界面，扫描上传页面，如图 3-8 所示。

图 3-8　扫描上传页面

需要说明的是：

（1）在教师端口设置教学班任务时，需打开"单据是通过扫描步骤"参数。

（2）扫描上传，需配备相应型号的扫描仪。

财务人员完成票据上传后，可查看票据上传记录，如图 3-9 所示。通过点击票据预览，财务人员可查看已上传的票据，如图 3-10 所示。

图 3-9　票据上传记录

图 3-10　已上传的票据预览

二、票据审核

【业务流程】

票据审核流程,如图 3-11 所示。

图 3-11 票据审核流程

【业务操作】

票据审核是将上传到系统的原始凭证进行单张审核,需审核单张原始凭证的合法性、合规性、正确性和准确性等内容。智能财税云平台中,票据审核分为自动审核和需要人工干预审核两种。票据审核利用了机器学习的原理,前期已经过大量的训练,让机器学习了人为审核单张票据的规则。机器会将上传后的票据进行一次审核,对于机器判断审核不通过的,需要人工的干预审核。在人工干预审核时,若审核发现单张原始凭证内容不合法、不合规和不准确等,需选择退回原因后做退回处理,退回之后由相关人员更正票据并再次上传。

进入案例企业账套后,财务人员打开"智能核算"-"智能凭证"-"票据审核"菜单。进入票据自动审核页面,如图 3-12 所示。若自动审核显示审核未通过,可点击对应的"去处理"按钮,打开单张原始凭证的界面。单张原始凭证审核页面,如图 3-13 所示。

图 3-12 票据自动审核页面

若财务人员发现当前原始凭证不合法、不合规、不正确或者缺少项目等问题,则点击"审核不通过"按钮,选择审核不通过的原因,并点击"确认"按钮。财务人员审核完成当前单据后,可点击"下一张"按钮,切换到下一张原始凭证进行审核;也可点击"上一张"按钮,继续预览上一张原始凭证。审核不通过原因根据经济业务逻辑做如下设置:

(1) 原始凭证金额处填写不正确,主要是指原始凭证上涉及金额的地方填写不正确。

(2) 原始凭证非金额处填写不正确,主要是指原始凭证上文字内容、非金额处的地方填写不正确。

(3) 原始凭证填写不完整,主要是指原始凭证的各要素填写不齐全。

(4) 原始凭证不符合相关法律规定,主要是指取得的原始凭证不合法、不合规。

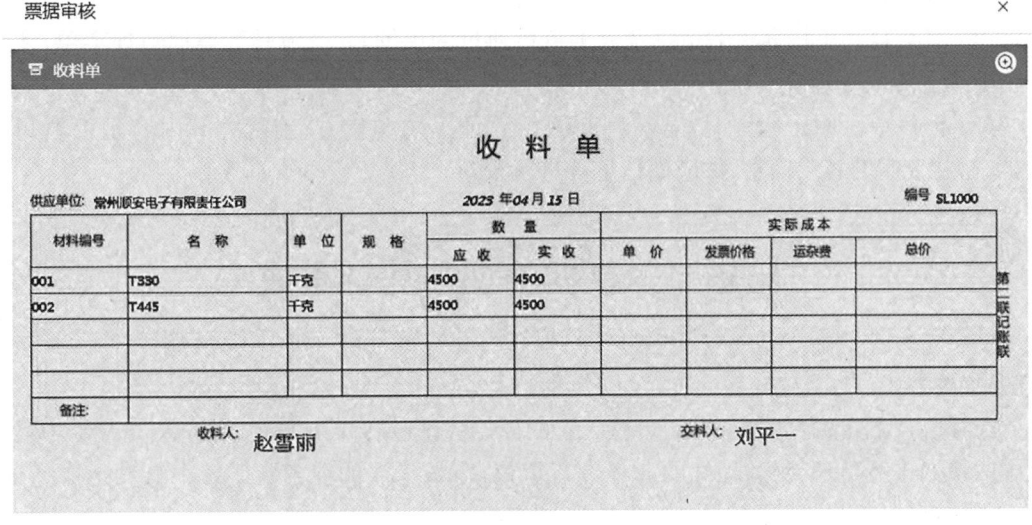

图 3-13　单张原始凭证审核页面

（5）经济业务不符合企业报销制度，主要是指取得涉及报销业务的原始凭证不符合企业规定的报销制度。例如，经办人未签字、签字不齐全、签字不符合要求和报销内容填写错误等情形。

（6）审批流程不规范，主要是指报销业务以外的其他业务的相关审批签字流程不规范，如未签字，或者签字不符合要求等情形。

（7）经济业务发生不合理，主要是指经济业务发生不符合常理。

选择审核不通过原因页面，如图 3-14 所示。

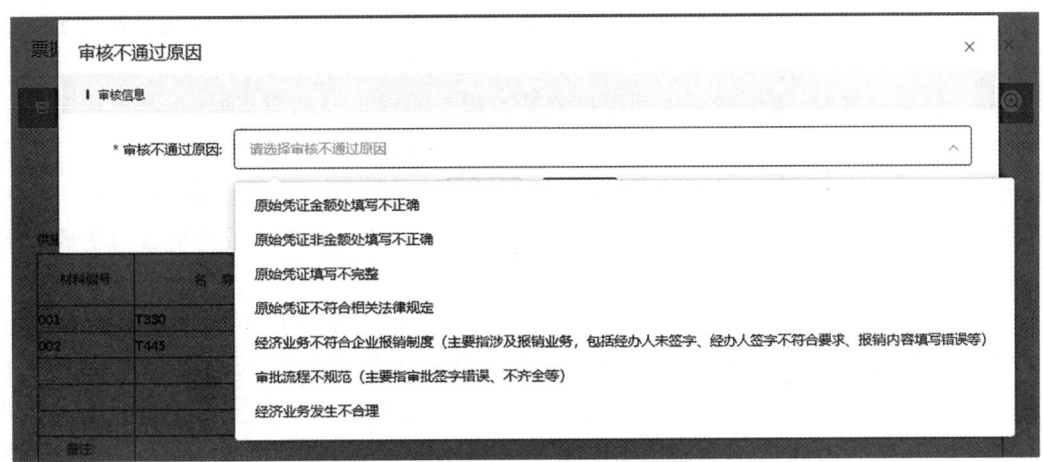

图 3-14　审核不通过原因页面

需要说明的是：

（1）只有自动审核通过的单据及人工审核通过的单据，才会流转到票据整理菜单，才能继续后续业务的处理。

（2）审核单张原始凭证时，若需判断原始凭证上的购货方、销货方等内容是否填写有误，可通过企业的客户信息、供应商信息等进行校对。

任务二　票据整理与凭证生成

【任务描述】

凯祥公司的单据已完成审核，审核无误的原始凭证已转入票据池，财务人员需要对票据池中的票据进行整理，对整理好的业务进行审核，审核无误的业务在系统中自动生成凭证，对于无法自动生成的凭证需要财务人员手动录入。

【业务流程】

票据整理及凭证生成流程，如图 3-15 所示。

图 3-15　票据整理及凭证生成流程

【业务操作】

票据整理是指按照经济业务的合理性和逻辑性，将原始凭证归整成一笔一笔的经济业务。根据智能化程度，票据整理分为自动整理和人工整理。自动整理是指利用系统已有的规则引擎及机器学习模型将原始凭证自动整理，并自动进行业务审核及生成记账凭证。自动整理对应的业务是指企业几乎每个月都会发生的经常性的经济业务，系统通过机器学习模型已经学习了这些业务的处理方式，机器可以将这些业务通过自动整理功能，自动地将这些业务所涉及的原始凭证归整，并且应用规则引擎及机器学习模型进行业务审核，最终生成记账凭证。人工整理分为两种类型，第一种是指机器学习模型样本库缺少当前经济业务的样本，需要财务人员人工整理票据后，进行业务审核，并填写记账凭证，并将此笔业务加入机器学习样本库，机器学习模型会对新加入样本数据进行学习，达到一定样本量后，当再次发生同类经济业务时，系统就可以利用机器学习模型实现自动整理票据、业务审核及凭证生成。第二种是指对于系统中票据整理样本量不足或机器学习模型准确度不够的经济业务，还需要财务人员人工将零散的单张原始凭证按照经济业务的逻辑归整成一笔一笔的经济业务，然后业务审核，再由系统根据记账凭证规则引擎及机器学习模型自动生成记账凭证。

业务审核是指审核经济业务发生的合法性、合理性、合规性和正确性等内容。业务审核与票据审核有所不同，票据审核是对单张原始凭证进行审核，并不能发现一笔完整经济业务的合理性和正确性等内容。例如公司的报销业务，审核单张住宿费发票时，只能审核发票的各项要素填写是否完整，是否盖有发票专用章，购买方信息、销售方信息是否正确等。但在审核完整的报销业务时，则需要进一步结合本公司的报销制度，就报销标准的执行情况等进行整体审核。

凭证生成是指审核通过后的经济业务,通过凭证生成功能,由机器生成记账凭证。在生成过程中,可能会遇到如下问题导致记账凭证生成不成功:①财务人员错误地将不属于同一笔经济业务的原始凭证归整成了一笔(包括漏整理单据、多整理单据和错误整理单据)。②财务人员业务归整正确,但该笔业务缺少机器学习的模型或凭证生成规则,从而不能正确地生成记账凭证。财务人员可根据该界面的提示判断是哪种原因导致无法生成记账凭证。若属于第①种原因,则可选择将该条数据删除,重新在票据整理菜单中归整该笔业务;也可在业务审核菜单的已审核页面,点击"重新整理"按钮,将该笔业务重新归整。若属于第②种原因,则由财务人员手动输入记账凭证,并加入机器学习样本库,以供机器学习该类账务处理的方法,便于机器在后续业务中自动生成记账凭证。

一、业务概括

凯祥公司本期共发生80笔经济业务。业务类型分为非成本核算业务、成本核算业务和期末业务。

非成本核算业务包括机器自动整理业务和需人工整理票据的业务。其中,[业务6]支付员工培训费,属于需人工整理票据的业务,该业务是凯祥公司之前未发生过的经济业务,需要财务人员进行人工整理原始凭证、人工审核业务和人工填写记账凭证,并将结果加入机器学习样本库。[业务6]以外的需人工整理票据业务,无需机器学习,但需要由人工整理原始凭证,交由机器自动审核,并智能生成记账凭证。

成本核算业务全部需人工核算成本数据并进行业务审核,再由机器智能生成记账凭证。

期末业务由机器自动汇总本期经济业务发生数据,人工审核后由机器智能生成记账凭证。凯祥公司本期经济业务及其所属业务类型,如表3-1所示。

表3-1 凯祥公司本期经济业务及其所属类型表

序号	业务名称	非成本核算业务		成本核算业务	期末业务
		自动整理业务	人工整理业务		
1	支付期初前欠货款		*		
2	委托加工物资发出		*		
3	支付委托加工物资运费		*		
4	支付物业费		*		
5	以自产产品发放职工福利		*		
6	支付员工培训费		*		
7	预收货款		*		
8	外购需要安装的设备		*		
9	采购材料未入库		*		
10	缴付工会经费		*		
11	销售商品,预收款		*		

(续表)

序号	业务名称	非成本核算业务		成本核算业务	期末业务
		自动整理业务	人工整理业务		
12	申报上月房产税	∗			
13	申报上月城镇土地使用税	∗			
14	支付员工借款	∗			
15	申报上月增值税及附加税费	∗			
16	提现	∗			
17	申报上月企业所得税	∗			
18	支付设备安装费		∗		
19	申报上月个人所得税	∗			
20	支付工资代扣"三险一金"及个税		∗		
21	缴纳四险	∗			
22	缴纳住房公积金	∗			
23	固定资产报废转入清理		∗		
24	提现				
25	支付电信费		∗		
26	本月在途物资入库		∗		
27	销售商品,款已收		∗		
28	报销差旅费		∗		
29	支付固定资产清理费		∗		
30	支付税控专用设备技术维护费		∗		
31	支付本月前欠货款		∗		
32	收到固定资产报废残料收入		∗		
33	购买股票		∗		
34	购买并领用办公用品		∗		
35	结转报废固定资产净损失		∗		
36	预付货款		∗		
37	商业汇票到期收款		∗		
38	采购材料未入库,有运费		∗		
39	在安装设备竣工决算		∗		
40	支付委托加工物资加工费		∗		
41	委托加工物资完工入库		∗		
42	支付短期借款利息		∗		

（续表）

序号	业务名称	非成本核算业务		成本核算业务	期末业务
		自动整理业务	人工整理业务		
43	本月在途材料入库		✻		
44	本月销售退回		✻		
45	支付咨询费		✻		
46	发生销售折让		✻		
47	支付过路费		✻		
48	销售商品,款未收		✻		
49	支付宽带费		✻		
50	采购材料并入库		✻		
51	支付广告费		✻		
52	对外赠送样品		✻		
53	销售商品,款已收		✻		
54	支付当月厂房租赁费		✻		
55	支付汽车加油费		✻		
56	收到前欠货款		✻		
57	存货盘盈		✻		
58	核销存货盘盈		✻		
59	销售材料,款已收		✻		
60	交易性金融资产公允价值变动		✻		
61	结转发出材料成本			✻	
62	结转非货币性福利		✻		
63	计提固定资产折旧		✻		
64	无形资产摊销		✻		
65	计提工资			✻	
66	计提社会保险费			✻	
67	计提住房公积金			✻	
68	计提工会经费			✻	
69	计提职工教育经费			✻	
70	计提短期借款利息		✻		
71	分配并支付水费			✻	
72	分配电费			✻	
73	计提坏账准备		✻		

(续表)

序号	业务名称	非成本核算业务		成本核算业务	期末业务
		自动整理业务	人工整理业务		
74	结转制造费用			*	
75	完工产品入库			*	
76	结转产品销售成本			*	
77	计算应交增值税				*
78	计算附加税费				*
79	计算应预缴企业所得税				*
80	月末结转损益类账户				*

二、自动整理业务

凯祥公司本期业务中机器已经学习的自动整理业务有缴纳上月各项税费、缴纳四险一金、提现、存现、支付员工借款等业务，财务人员可在进入案例企业账套后，打开"智能核算"-"智能凭证"-"票据整理"菜单，进入票据整理页面后，点击"自动整理"，系统将提示"确定自动完成票据整理、票据审核及凭证生成吗？"，点击"确定"按钮，完成该项操作。自动整理提示框页面、自动整理完成后的页面、自动业务审核通过的页面和自动生成记账凭证的页面，分别如图 3-16 至图 3-19 所示。

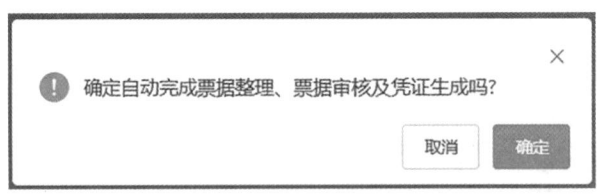

图 3-16 自动整理提示框页面

图 3-17 自动整理完成后页面

图 3-18　自动业务审核通过页面

图 3-19　自动生成记账凭证页面

三、人工整理业务

（一）人工整理票据、审核业务并填写记账凭证

凯祥公司［业务 6］是非成本核算业务，属于首次发生的经济业务，因当前系统中机器学习样本库缺少该经济业务的样本，需要进行手动整理票据、审核业务和填写记账凭证，然后，将其加入机器学习样本库进行机器学习。该业务具体操作如下。

【业务 6】 支付员工培训费

1. 票据整理

进入案例企业账套后，财务人员打开"智能核算"-"智能凭证"-"票据整理"菜单，进入票据整理页面后，点击"新增业务"，系统将弹出新增业务界面，该票据整理的方法如下：

（1）预判业务内容。财务人员预览增值税发票内容，预判本业务为支付员工培训费，预览增值税专用发票内容页面，如图 3-20 所示。

电子发票(增值税专用发票) 发票号码：23322000000000040126
开票日期：2023年04月04日

购买方信息	名称：常州凯祥家电有限责任公司 统一社会信用代码/纳税人识别号：913204117527805265			销售方信息	名称：精炼教育服务有限责任公司 统一社会信用代码/纳税人识别号：913204114096848067			
项目名称	规格型号	单位	数量	单价	金额	税率/征收率	税额	
*生活服务*非学历教育服务		次	1	20000	20000.00	6%	1200.00	
合计					¥20000.00		¥1200.00	
价税合计(大写)	⊗ 贰万壹仟贰佰元整				(小写) ¥21200.00			
备注								

开票人：范瑞娥

图 3-20　预览增值税专用发票内容页面

（2）筛选该业务其他相关票据。从上述发票中可得知凯祥公司 4 月 4 日收到增值税专用发票，内容为非学历教育，不含税金额为 20 000 元，税额 1 200 元，总金额 21 200 元，提供培训的单位是精炼教育服务有限责任公司。搜索关键字"精炼教育"，筛选出与本业务相关的一张银行客户专用回单，预览银行客户专用回单内容页面，如图 3-21 所示。

中国工商银行客户专用回单

币别	人民币	2023 年 04 月 04 日	流水号 320420027J0500810050	
付款人	全称	常州凯祥家电有限责任公司	收款人 全称	精炼教育服务有限责任公司
	账号	415359448184 76	账号	416339986453 07
	开户行	中国工商银行常州市新北区支行	开户行	中国建设银行常州市新北区支行
金额	(大写) 人民币贰万壹仟贰佰元整		(小写) ¥21200.00	
凭证种类	网银		凭证号码	
结算方式	转账		用途	支付员工培训费
汇划日期：2023-04-04	汇划款项编号：25364493		打印柜员：320425584268	
报文顺序号：65259620	汇划行号：102326380926616		打印机构：中国工商银行常州市新北区支行	
汇出行名：中国工商银行常州市新北区支行			打印卡号：415359448184 76	
业务类型：0060	原凭证金额：21200.00			
原凭证种类：0703	原凭证号码：			
附言：				
打印时间：2023-04-04	交易柜员：320425584268	交易机构：320410262		

图 3-21　预览银行客户专用回单内容页面

（3）进行票据整理。上述回单中，收款人为精炼教育服务有限责任公司，金额为21 200元，和上述增值税发票属于同一笔业务，确认勾选。业务分类选择"非成本核算业务"，业务描述处可输入文字"支付员工培训费"。业务描述完成后，点击右下角"确定"按钮，系统将提示"保存成功！"。至此，完成票据整理工作。

2. 业务审核

财务人员点击左侧"智能凭证"-"业务审核"，选择上述刚整理的业务，点击"业务审核"按钮，如图3-22所示，进入业务详细页面进行审核。若该笔业务审核没有问题，则点击"通过"按钮，如图3-23所示。审核成功后，该笔业务将自动转入已审核页面。

图3-22 业务审核列表

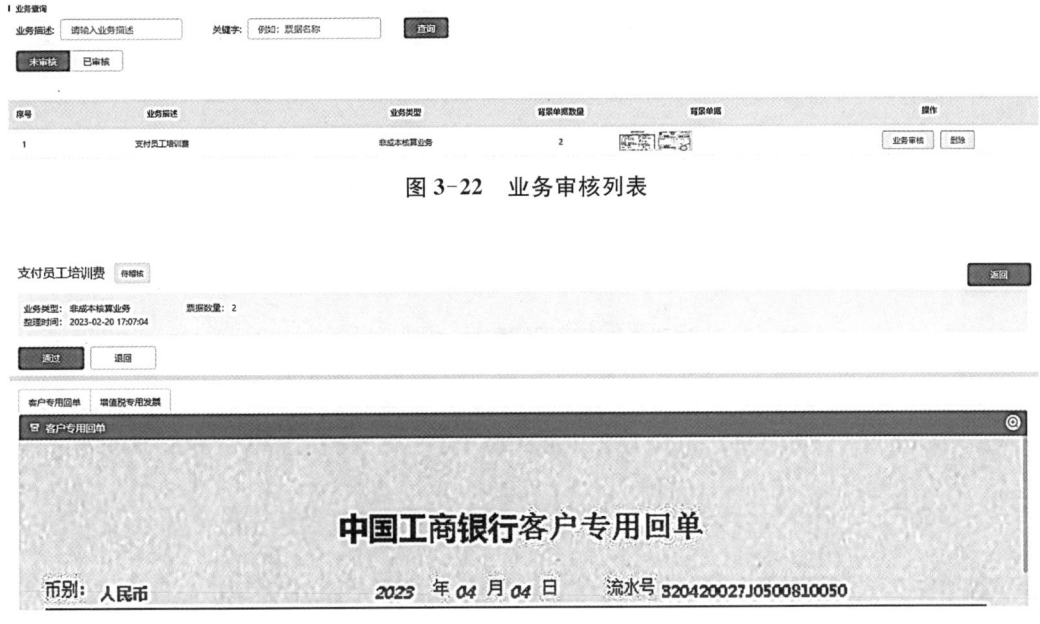

图3-23 业务审核页面

3. 凭证生成

财务人员点击左侧"智能凭证"-"凭证生成"，选择上述通过审核的业务点击"凭证生成"按钮，凭证生成列表页面，如图3-24所示。由于该业务缺少机器学习的模型，生成失败，凭证生成后提示页面，如图3-25所示。

由此，财务人员需要人工填写记账凭证，并将其存储到机器学习样本库中。财务人员点击"手动填写凭证并加入样本库"按钮，进入记账凭证填写界面，如图3-26所示。

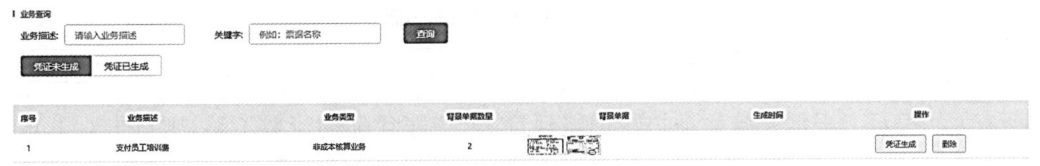

图3-24 凭证生成列表页面

图 3-25　凭证生成后提示页面

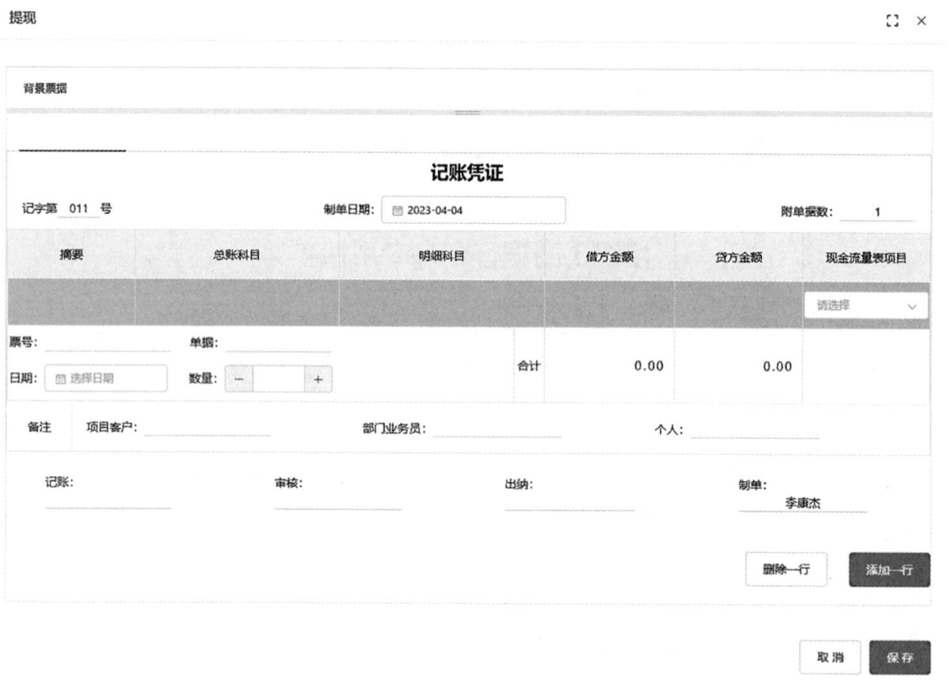

图 3-26　记账凭证填写界面

填写记账凭证时,财务人员在记账凭证填写界面上点击"背景票据"按钮,查看当前题目的所有原始凭证。根据原始凭证填写记账凭证,若记账凭证的行数不够,则点击右下角的"添加一行"按钮予以增行;若记账凭证的行数有余,也可选中不需要的行点击"删除一行"按钮进行删除。若涉及现金流量科目,则在记账凭证的现金流量表项目列对应行,下拉选择现金流量表上的项目。记账凭证填写完成后,点击右下角的"保存"按钮,预览[业务 6]填写的记账凭证内容,如图 3-27 所示。

图 3-27　预览[业务 6]填写的记账凭证内容

（二）人工整理票据并自动生成记账凭证

凯祥公司非成本核算业务中，除了首次发生的经济业务，还有大量企业日常发生的经济业务，需要财务人员先进行人工票据整理，将零散的单张原始凭证按照经济业务的逻辑归整成一笔一笔的经济业务，再进行人工审核业务，最后由系统自动生成记账凭证。

进入案例企业账套后，财务人员打开"智能核算"-"智能凭证"-"票据整理"菜单，进入票据整理页面后，点击"新增业务"，系统将弹出新增业务界面，如图 3-28 所示。

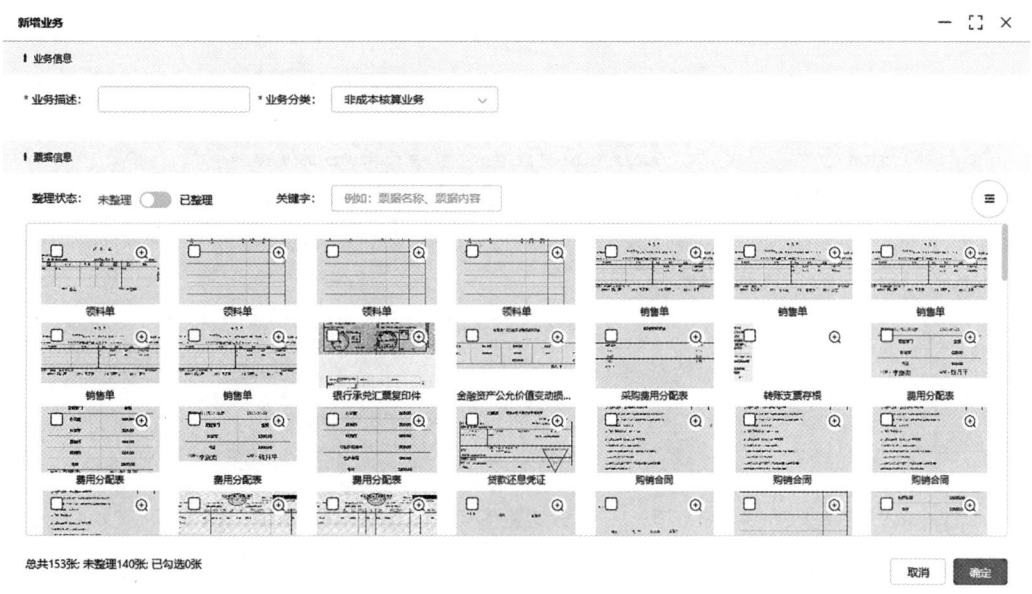

图 3-28　新增业务页面

需要说明的是：

（1）业务描述即简述经济业务的内容。

（2）业务分类有两种类型选项，分别是"非成本核算业务"与"成本核算业务"。其中，成本核算业务包括直接材料的分配、结转包装物成本、直接人工的分配、水电费分配、制造费用的分配、完工产品入库成本计算和销售产品成本结转业务。此外的货币资金、采购、销售、固定资产、无形资产、未归类于成本业务的其他费用等经济业务在归整时选择"非成本核算业务"选项。若整理原始凭证时，选择"成本核算业务"，则该条记录将转入"成本核算"菜单中先完成成本的核算，再进行业务审核，最后点击生成记账凭证；若整理原始凭证时，选择"非成本核算业务"，则该条记录转入"业务审核"，经业务审核后，再点击生成记账凭证。

（3）整理状态分为"未整理"和"已整理"。若原始凭证已经被整理过，则该原始凭证将从未整理页面转入已整理页面中。

（4）关键字可搜索原始凭证中的内容，包括数字、金额和文字等。通过搜索，可快速定位和选择同一笔经济业务中的原始凭证，便于财务人员快速归整原始凭证。

接下来，以凯祥公司4月份"非成本核算业务"为例介绍票据整理、业务审核和记账凭证生成的具体操作。

【业务1】 支付期初前欠货款

1. 票据整理

支付前欠货款业务的背景单据是银行的付款凭证，且一般是单张原始凭证。财务人员需要结合本期的采购业务和"应付账款"明细科目的期初余额，以此判断是支付本期的前欠货款还是支付期初的前欠货款。本业务操作如下：

首先，财务人员打开"智能核算"-"智能凭证"-"票据整理"菜单，进入票据整理页面后，预览银行客户专用回单内容页面，如图3-29所示。从回单中可知，收款方为常州协成电子有限责任公司，金额为104 000元，搜索关键词"常州协成"，无相关单据，查看期初余额，期初"应付账款——常州协成电子有限责任公司"为104 000元，由此可知，本业务为支付期初前欠货款，只包含一张原始凭证。

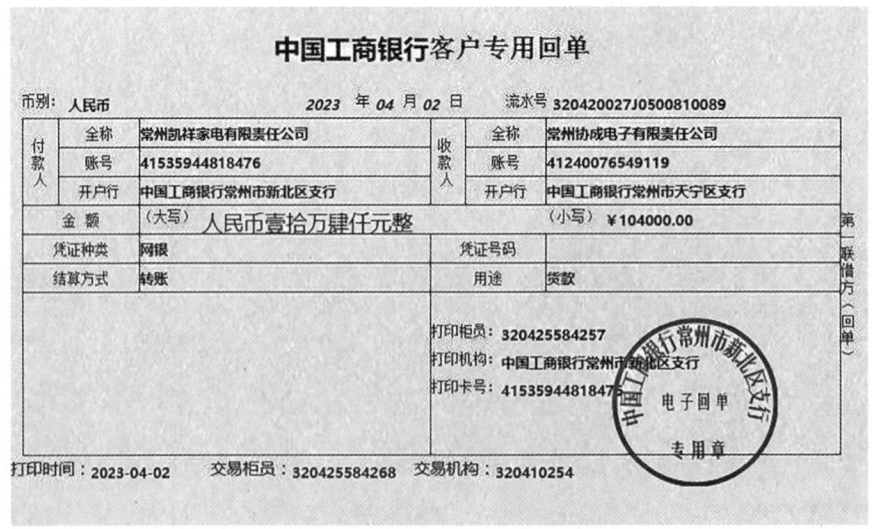

图3-29 预览银行客户专用回单内容页面

其次，财务人员进入新增业务界面，业务分类选择"非成本核算业务"，业务描述处可输入文字"2日，支付前欠货款"。业务描述完成后，点击右下角"确定"按钮。系统将提示"保存成功！"。票据整理记录已保存的页面，如图 3-30 所示。

图 3-30　票据整理记录已保存页面

票据整理异常情况的处理：

（1）修改业务描述与调整业务分类。财务人员若发现业务描述需修改，或者业务分类错误的，点击上图操作列"编辑"按钮，可修改业务描述与业务分类。修改完成后，点击右下角的"确定"按钮。编辑业务描述与业务分类页面，如图 3-31 所示。

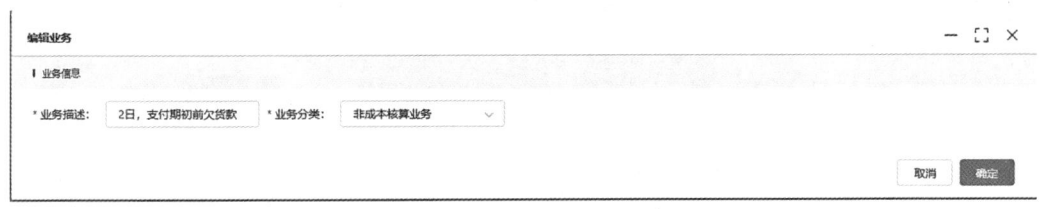

图 3-31　编辑业务描述与业务分类页面

（2）漏整理原始凭证的处理。财务人员若发现经济业务存在漏整理原始凭证的情形，则点击图 3-30 原始凭证列的"添加"按钮。继续补充添加原始凭证。勾选相应原始凭证后，点击右下角"确定"按钮，完成追加单据的操作。添加原始凭证页面，如图 3-32 所示。

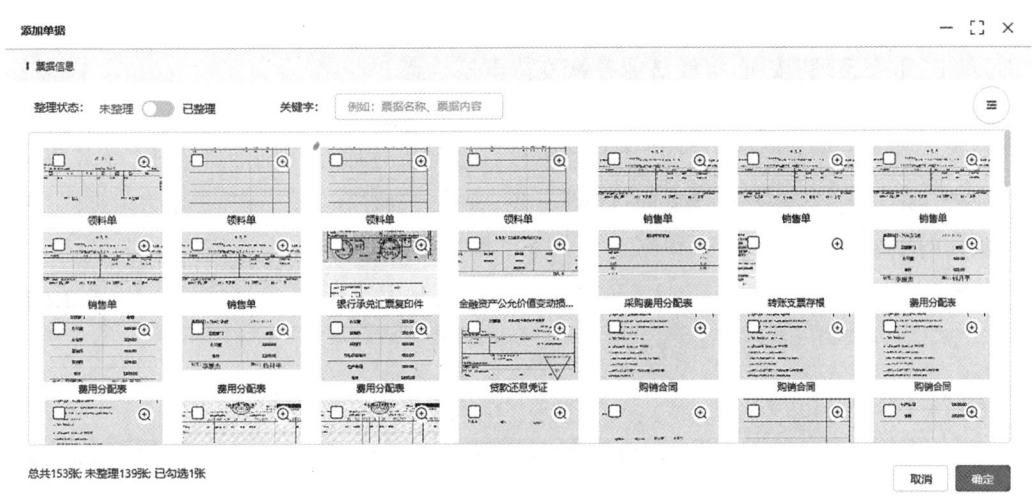

图 3-32　添加原始凭证页面

（3）规整错误或多整理情形的处理。财务人员若发现经济业务存在规整错误或多整理情形，则点击图 3-30 中原始凭证列的单据，打开当前业务原始凭证预览界面，选择需要删除的原始凭证并点击左上角的"删除"图标,删除多整理或错误整理的原始凭证。删除完成后,点击"确定"按钮。当前已规整业务的原始凭证预览及删除页面,如图3-33所示。

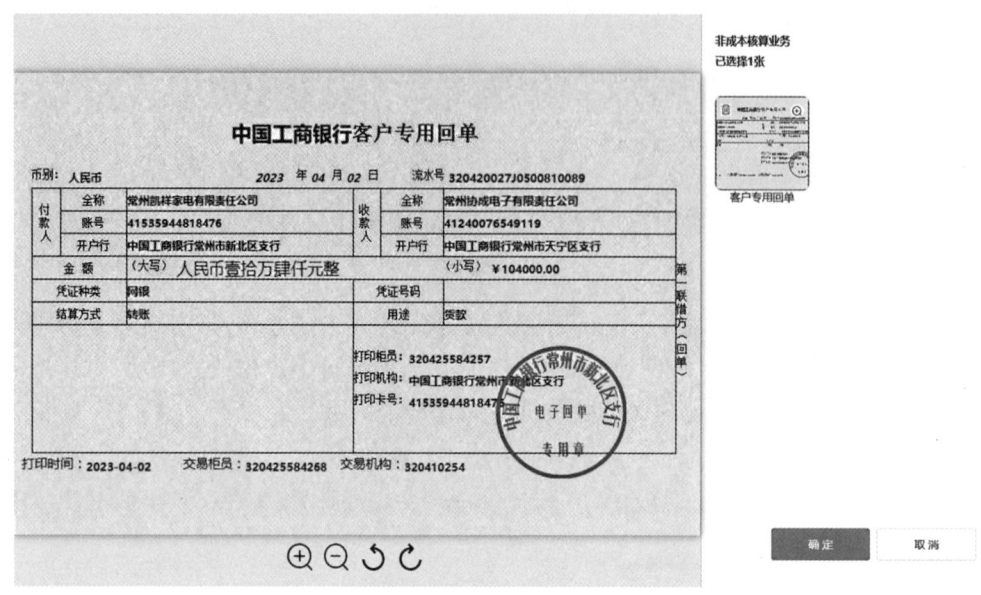

图3-33 已规整业务的原始凭证预览及删除页面

需要说明的是:

(1)编辑业务描述与业务分类,添加原始凭证或者剔除规整错误的原始凭证,需在业务审核之前操作。

(2)若非成本核算业务在业务审核时或业务审核前,成本核算业务在成本核算时发现需要修改的,则直接在票据整理菜单中修改。

(3)若业务审核后,记账凭证生成前发现需要修改的,则在业务审核菜单中的"已审核"页面,点击"重新整理"按钮,将经济业务恢复待审核状态。

2. 业务审核

财务人员点击左侧"智能凭证"-"业务审核",选择上述刚整理的业务点击"业务审核",进入业务详细页面,该业务审核页面,如图3-34所示。当存在2张及以上原始单据时,可点击该页面的单据名称,通过切换单据进行业务审核。

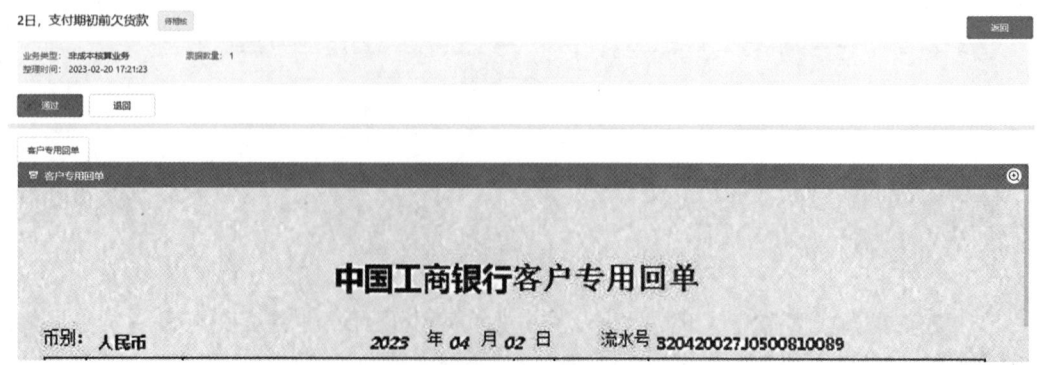

图3-34 业务审核页面

当审核当前业务发现问题时,则点击"退回"按钮,将当前业务退回给业务人员做相应处理。业务退回时,下拉选择审核有误的原始凭证,并下拉选择退回原因。若审核发现多张原始凭证存在问题可点击"新增表单"按钮,新增其他有问题的原始凭证。若审核发现同一表单存在多处问题,则新增表单时选择同一原始凭证,在退回原因处下拉选择不同的原因。完成上述操作后,点击"确认退回"按钮。业务退回页面,如图 3-35 所示。

图 3-35　业务退回页面

当审核当前业务没有问题时,则点击"通过"按钮。系统将提示"确定将业务审核通过吗?",点击"确定"按钮,完成当前题目的审核。业务审核通过提示页面,如图 3-36 所示。

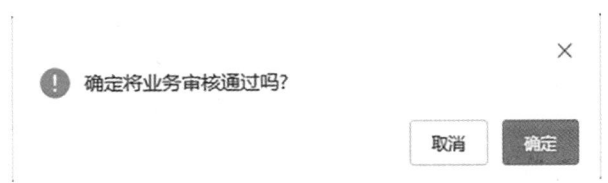

图 3-36　业务审核通过提示页面

已经审核完成的业务将转入"已审核"页面。完成审核页面,如图 3-37 所示。

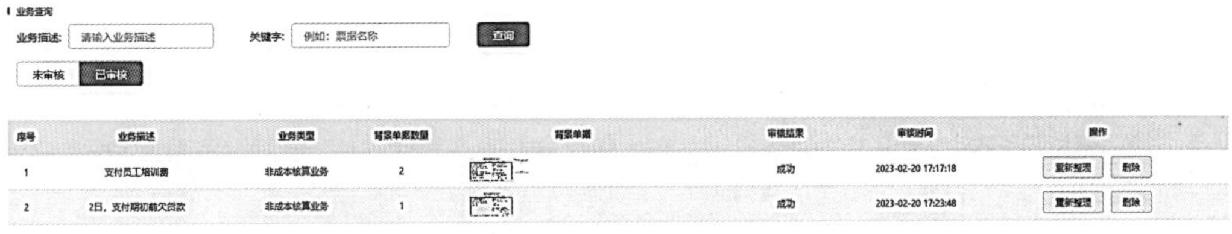

图 3-37　完成审核页面

提示:因每一笔经济业务在业务审核环节的操作步骤相同,后续业务该环节不再赘述。

3. 凭证生成

财务人员点击左侧"智能凭证"-"凭证生成",选择上述通过审核的业务,点击"凭证生成",系统自动完成凭证生成,预览[业务 1]生成的记账凭证内容页面,如图 3-38 所示。

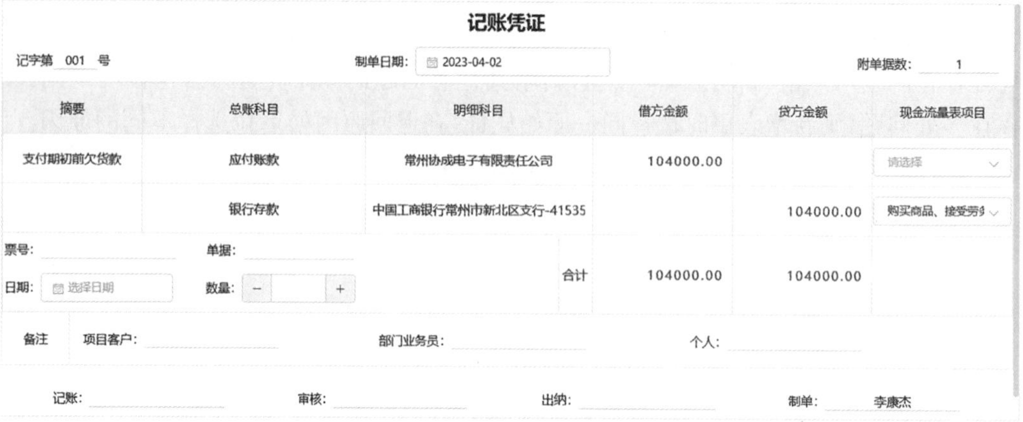

记账凭证

记字第 001 号　　制单日期: 2023-04-02　　附单据数: 1

摘要	总账科目	明细科目	借方金额	贷方金额	现金流量表项目
支付期初前欠货款	应付账款	常州协成电子有限责任公司	104000.00		请选择
	银行存款	中国工商银行常州市新北区支行-41535		104000.00	购买商品、接受劳务
票号: 单据: 日期: 选择日期 数量: - +		合计	104000.00	104000.00	

备注　项目客户:　部门业务员:　个人:

记账:　审核:　出纳:　制单: 李康杰

图 3-38　预览[业务 1]生成的记账凭证内容页面

提示:因每一笔经济业务在凭证生成环节的操作步骤相同,后续业务该环节不再赘述,只向各位读者展示生成后的记账凭证结果页面。

【业务 2】 委托加工物资发出

【知识链接】

委托加工物资是指企业委托外单位加工的各种材料、商品等物资。企业委托外单位加工物资的业务包括委托加工发出物资、支付运费及增值税、支付加工费及增值税、支付相关税金、收回加工物资和剩余物资。

1. 票据整理

财务人员根据领料单初步判断本业务为委托加工产品领用材料,预览领料单内容页面,如图 3-39 所示。

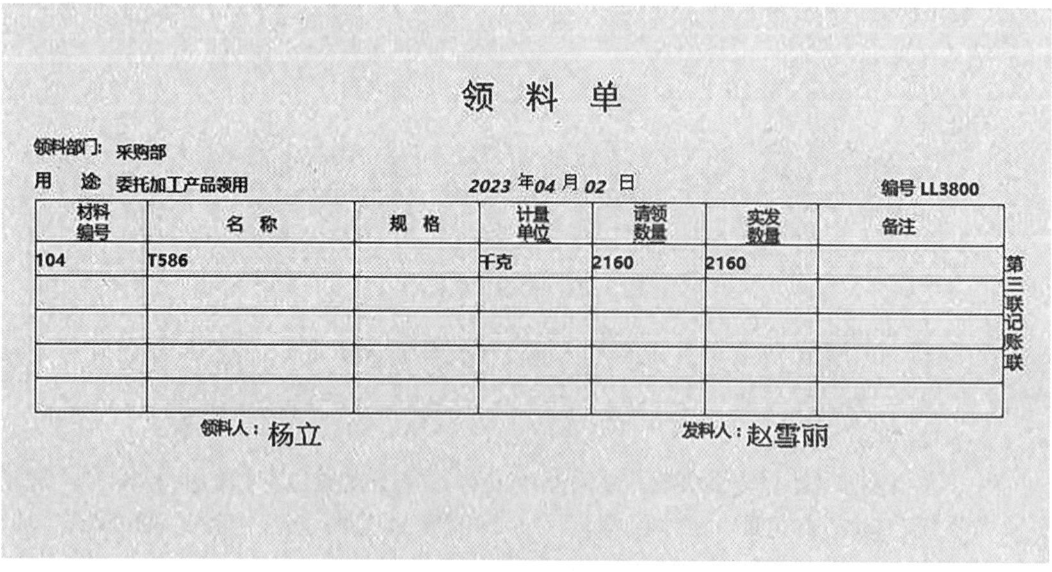

领　料　单

领料部门: 采购部

用　途: 委托加工产品领用　　2023 年 04 月 02 日　　编号 LL3800

材料编号	名称	规格	计量单位	请领数量	实发数量	备注
104	T586		千克	2160	2160	

第三联记账联

领料人: 杨立　　发料人: 赵雪丽

图 3-39　预览领料单内容页面

从上述领料单可知,采购部领用 T586 材料 2 160 千克用于委托加工产品。财务人员搜索关键字"委托加工发出原材料成本计算表",预览计算表内容页面,如图 3-40 所示。

委托加工发出原材料成本计算表

2023-04-02　　　　　　　　　　　　　　　　　　　　　　　　　单位：元

领用部门	领料用途	委托加工产品名称	T586		
			数量	单价	金额
采购部	委托加工产品领用	E03	2160	68.00	146880.00

制表：李康杰　　　　　　　　　　　　　　　　　　　　　　　　审核：钱月平

图 3-40　预览委托加工发出原材料成本计算表内容页面

从图 3-40 可知,委托加工 E03 产品领用 T586 材料 2 160 千克,金额为 146 880 元。财务人员搜索关键字"委托加工协议书",选择其中一张协议预览协议内容,获取如加工用材料名称和数量、加工产品名称等信息。预览委托加工协议内容页面,如图 3-41 所示。

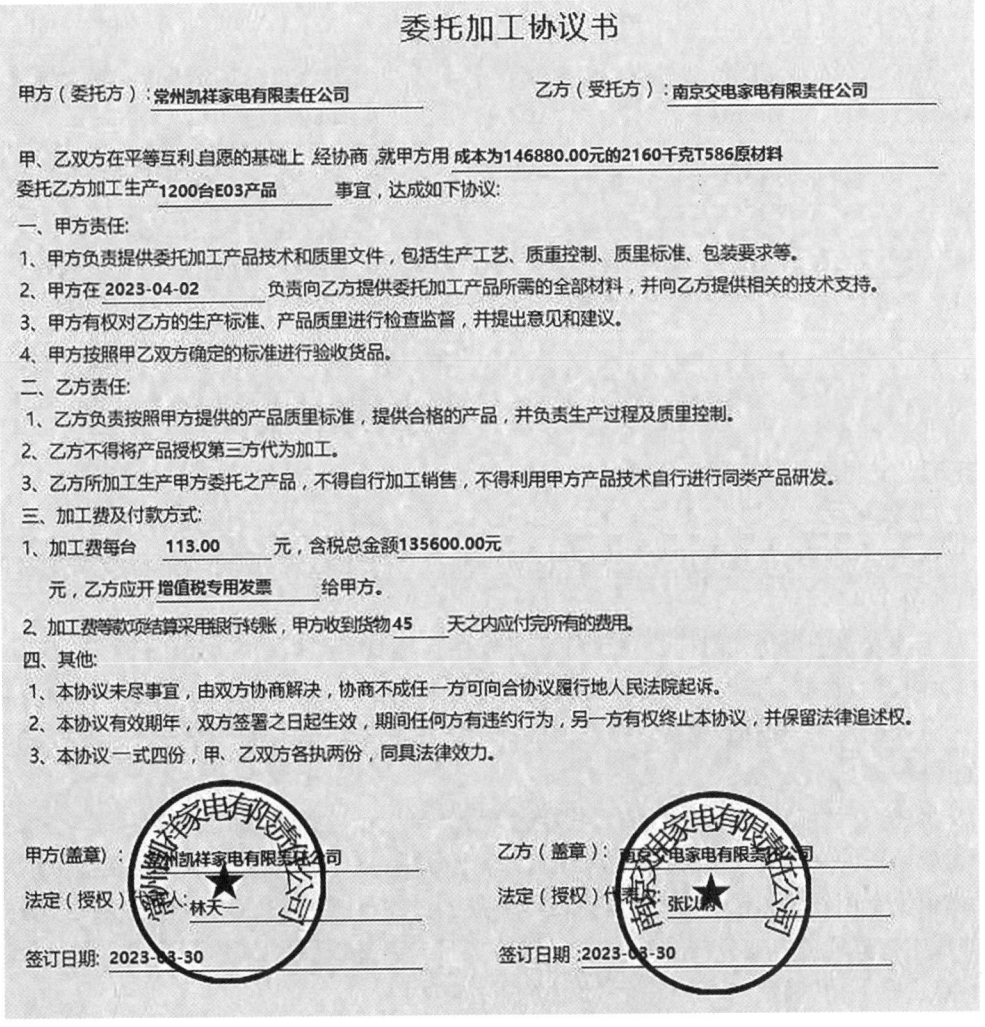

图 3-41　预览委托加工协议内容页面

从上述委托加工协议可知,凯祥公司领用 T586 材料 2 160 千克,成本 146 880 元,委托南京交电家电有限责任公司加工 E03 产品 1 200 台。财务人员可根据协议内容判断,该协议与当前委托加工发出业务属于同一笔业务的原始凭证。综上分析,委托加工发出材料业务的单据包括领料单、委托加工发出原材料成本计算表和委托加工协议原始凭证,财务人员均已找出并确认勾选。本业务分类选择"非成本核算业务",业务描述处可输入文字"2日,委托加工领用材料"。录入业务描述后,点击右下角"确定"按钮,系统将提示"保存成功!"。票据整理记录已保存页面,如图 3-42 所示。

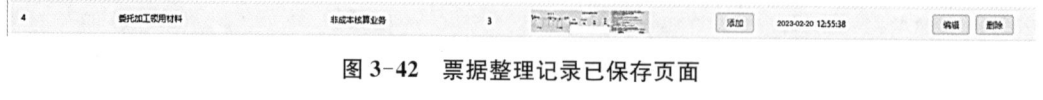

图 3-42　票据整理记录已保存页面

2. 业务审核与凭证生成

财务人员进行业务审核,并生成记账凭证,预览记账凭证页面,如图 3-43 所示。

图 3-43　预览[业务 2]生成的记账凭证页面

【业务 3】　支付委托加工物资运费

1. 票据整理

财务人员根据增值税专用发票初步判断本业务为发生运费,预览增值税专用发票内容页面,如图 3-44 所示。

从上述发票中可得知凯祥公司 4 月 2 日发生运输费,金额 2 000 元,税额 180 元,合计 2 180 元,运输货物名称为 E03。结合前面已整理业务可知,该运费为委托加工材料发出运费。财务人员搜索关键词"运费",筛选出银行客户专用回单,预览银行客户专用回单内容页面,如图 3-45 所示。

从上述银行客户专用回单可知,付款金额为 2 180 元,用途为加工物资运费,与增值税专用发票属于同一笔经济业务的原始凭证。综上分析,支付委托加工物资运费业务的单据包括增值税专用发票和银行客户专用回单,财务人员均已找出并确认勾选。本业务分类选择"非成本核算业务",业务描述处可输入文字"2日,支付委托加工物资运费"。业务描述完成后,点击右下角"确定"按钮,系统将提示"保存成功!"。

图 3-44 预览增值税专用发票内容页面

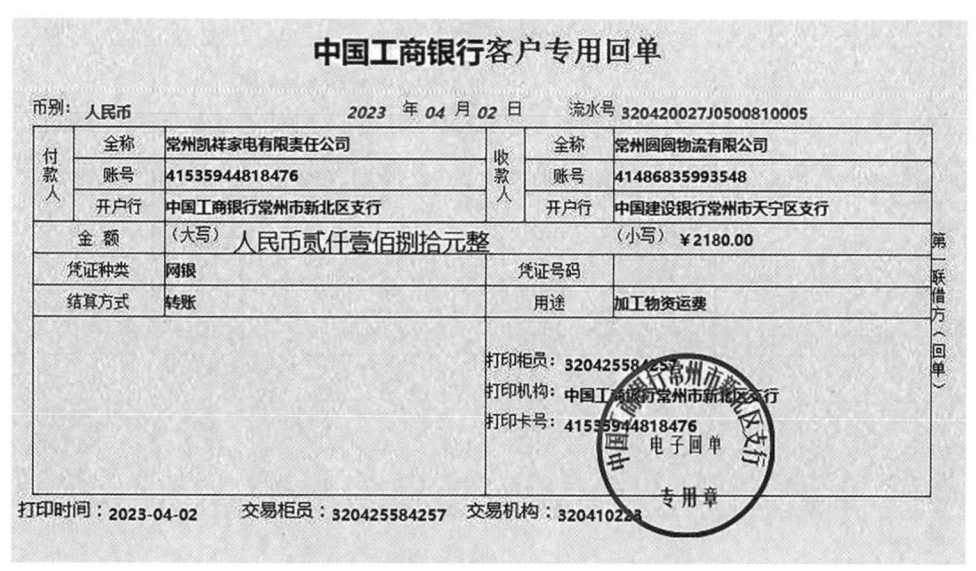

图 3-45 预览银行客户专用回单内容页面

2. 业务审核与凭证生成

财务人员进行业务审核,并生成记账凭证,预览记账凭证内容页面,如图 3-46 所示。

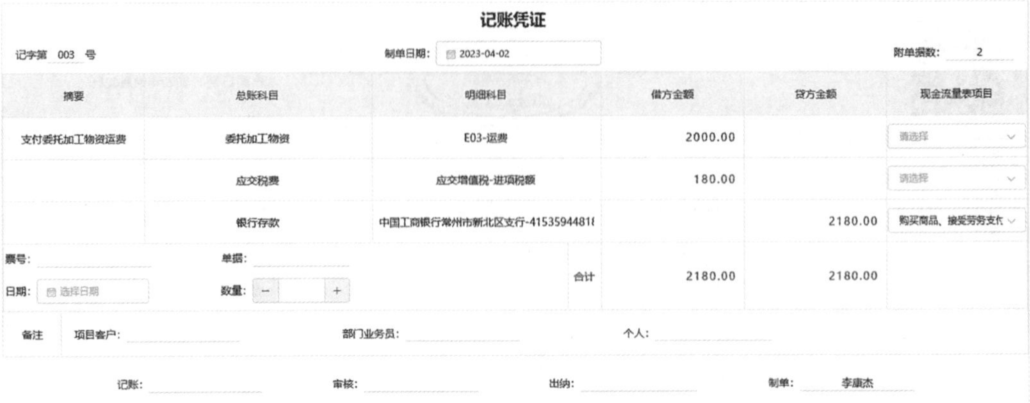

图 3-46 预览[业务 3]生成的记账凭证内容页面

【业务 4】 支付物业费

1. 票据整理

财务人员根据增值税专用发票上的项目名称"物业费"初步判断本业务为支付物业费，预览增值税专用发票内容页面，如图 3-47 所示。

图 3-47 预览增值税专用发票内容页面

从上述发票可知，凯祥公司发生物业费为 1 500 元，税额为 90 元，合计 1 590 元，开票日期为 4 月 3 日。财务人员搜索关键词"物业费"，筛选出一张银行客户专用回单。预览银行客户专用回单内容页面，如图 3-48 所示。

图 3-48 预览银行客户专用回单内容页面

上述银行客户专用回单收款方为徐州伊洛物业有限责任公司,金额为 1 590 元,日期为 4 月 3 日,和上述增值税专用发票为同一笔业务。综上分析,支付物业费业务的单据包括增值税专用发票和银行客户专用回单,财务人员均已找出并确认勾选。本业务分类选择"非成本核算业务",业务描述处可输入文字"4 日,支付物业费"。业务描述完成后,点击右下角"确定"按钮,系统将提示"保存成功!"。

2. 业务审核与凭证生成

财务人员进行业务审核,并生成记账凭证,预览记账凭证内容页面,如图 3-49 所示。

图 3-49 预览[业务 4]生成的记账凭证内容页面

【业务 5】 以自产产品发放职工福利
【知识链接】

非货币性福利是指企业以非货币性资产支付给职工的薪酬,主要包括企业以自产产品发放给职工作为福利、将企业拥有的资产无偿提供给职工使用和为职工无偿提供医疗保健服务等。

按照《企业会计准则第9号——职工薪酬》要求,企业发生的职工福利费,应当在实际发生时根据实际发生额计入当期损益或相关资产成本。企业向职工提供非货币性福利的,应当按照公允价值计量。企业以其生产的产品作为非货币性福利提供给职工的,应当按照该产品的公允价值和相关税费,计量应计入资产成本或者当期费用的职工薪酬金额,并确认为销售商品收入,其销售成本的结转和相关税费的处理,与正常商品销售相同。以外购商品作为非货币性福利提供给职工的,应当按照该商品的公允价值和相关税费确定职工薪酬的金额,并计入当期损益或相关资产成本。

按照《企业所得税法实施条例》第25条规定的要求,企业发生非货币性资产交换,以及将货物、财产、劳务用于捐赠、偿债、赞助、集资、广告、样品、职工福利或者利润分配等用途的,应当视同销售货物、转让财产或者提供劳务,但国务院财政、税务主管部门另有规定的除外。根据《增值税暂行条例实施细则》规定,将自产、委托加工的货物用于集体福利或个人消费的行为视同销售。

1. 票据整理

财务人员根据增值税专用发票初步判断本业务为以自产产品发放职工福利,预览销售发票内容页面,如图3-50所示。

图 3-50 预览增值税专用发票内容页面

从上述发票可知,凯祥公司4月4日开出增值税专用发票,自用E02产品28台,金额为14 280元。该企业存货发出采用月末一次加权平均法,成本结算需要在月末进行,所以,只有1张单据,业务分类选择"非成本核算业务",业务描述处可输入文字"非货币性福利,自产自用产品"。业务描述完成后,点击右下角"确定"按钮,系统将提示"保存成功!"。

2. 业务审核与凭证生成

财务人员进行业务审核，并生成记账凭证，预览记账凭证内容页面，如图 3-51 所示。

摘要	总账科目	明细科目	借方金额	贷方金额	现金流量表项目
以自产产品发放福利	应付职工薪酬	非货币性福利	16136.40		请选择
	主营业务收入	商品销售收入-E02		14280.00	请选择
	应交税费	应交增值税-销项税额		1856.40	请选择
		合计	16136.40	16136.40	

图 3-51　预览[业务 5]生成的记账凭证内容页面

【业务 6】　属于机器学习业务，在"（一）人工整理票据、审核业务并填写记账凭证"已做讲解。

【业务 7】　预收货款

1. 票据整理

财务人员根据银行客户专用回单上的用途初步判断本业务为预收货款，预览银行客户专用回单内容页面，如图 3-52 所示。

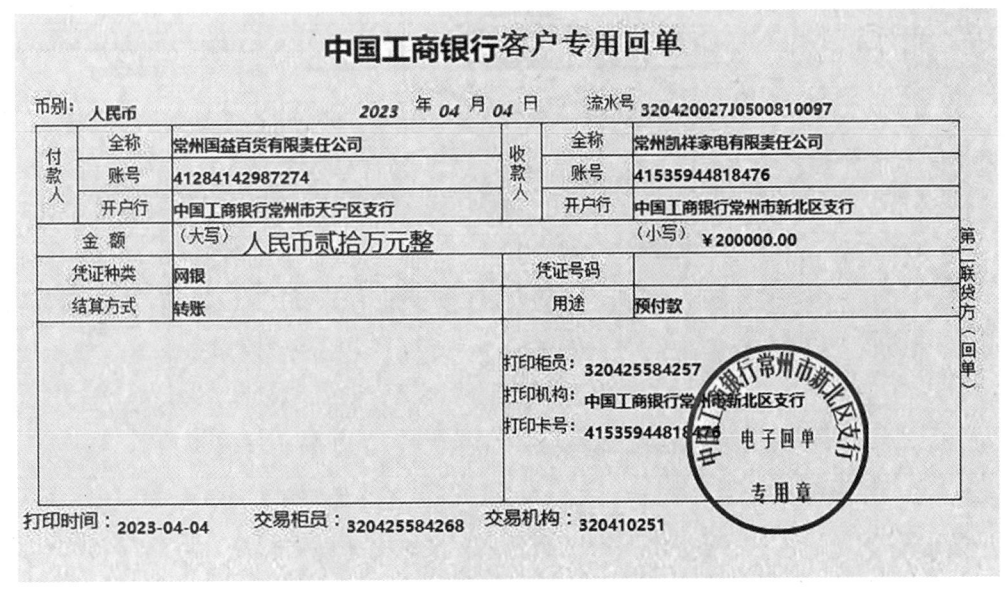

图 3-52　预览银行客户专用回单内容页面

从上述银行客户专用回单可知，付款人为常州国益百货有限责任公司，支付预付款 200 000 元。本业务只有 1 张原始凭证，业务分类选择"非成本核算业务"，业务描述处可输入文字"预收货款"。业务描述完成后，点击右下角"确定"按钮，系统将提示"保存成功！"。

2. 业务审核与凭证生成

财务人员进行业务审核,并生成记账凭证,预览记账凭证内容页面,如图 3-53 所示。

图 3-53 预览[业务 7]生成的记账凭证内容页面

【业务 8】 外购需要安装的设备

1. 票据整理

财务人员根据增值税专用发票初步判断本业务为购入固定资产,预览增值税专用发票内容页面,如图 3-54 所示。

图 3-54 预览增值税专用发票内容页面

从上述发票可知,凯祥公司 4 月 6 日购入生产设备 S 一台,不含税价款为 250 000 元,增值税 32 500 元,总价款 282 500 元,销售方为无锡吉如机械制造有限责任公司。财务人员搜索关键字"无锡吉如"筛选出 3 张单据,其中,2 张日期为 4 月 11 日,1 张日期为 4 月 6 日的银行客户专用回单。根据本业务发生日期，可以判断 4 月 6 日的银行客户专用回单是本业务的单据。预览银行客户专用回单内容页面，如图 3-55 所示。

中国工商银行客户专用回单

币别：人民币 2023 年 04 月 06 日 流水号 320420027J0500810065

付款人	全称	常州凯祥家电有限责任公司	收款人	全称	无锡吉如机械制造有限责任公司
	账号	41535944818476		账号	41870589516144
	开户行	中国工商银行常州市新北区支行		开户行	中国建设银行无锡市崇安区支行
金额		（大写）人民币贰拾捌万贰仟伍佰元整			（小写）¥282500.00
凭证种类		网银	凭证号码		
结算方式		转账	用途		支付购买固定资产款

汇划日期：2023-04-06 汇划款项编号：15125678

报文顺序号：70306551 汇出行行号：102326380926616

汇出行行名：中国工商银行常州市新北区支行

业务类型：0060 原凭证金额：

原凭证种类：0703 原凭证号码：

附言：

打印柜员：320425584268

打印机构：中国工商银行常州市新北区支行

打印卡号：41535944818476

中国工商银行常州市新北区支行 电子回单 专用章

第一联借方（回单）

打印时间：2023-04-06 交易柜员：320425584268 交易机构：320410256

图 3-55 预览银行客户专业回单内容页面

从上述银行客户专用回单可知，收款人为无锡吉如机械制造有限责任公司，金额为 282 500 元，用途为支付购买固定资产款。财务人员搜索关键字“运输费”，筛选出 2 张运输费发票，查看备注栏，和设备 S 不相关，说明购入该资产无运费。财务人员搜索关键字“待安装设备入库单”，筛选出 1 张单据，预览入库单内容页面，如图 3-56 所示。

待安装设备入库单

2023 年04月 06日

供应单位：无锡吉如机械制造有限责任公司 编号：SBRK9005

设备编号	名称	规格	数量		实际成本			
			应收	实收	单价	总价	运杂费	合计
001	S		1	1	250000	250000.00		250000.00
备注：								

收货人：赵雪丽 交货人：刘志

图 3-56 预览待安装设备入库单内容页面

从上述入库单可知，供应单位为无锡吉如机械制造有限责任公司，设备名称为 S，说明该设备需要安装，该入库单与增值税发票和银行客户专业回单相匹配。财务人员继续搜索“待安装设备出库单”，设备名称为 S，说明该出库单也属于本业务的单据，预览出库单内容页面，如图 3-57 所示。

图 3-57　预览待安装设备出库单内容页面

综上分析，购入固定资产业务的单据包括增值税专用发票、银行客户专业回单、待安装入库单和待安装出库单，财务人员均已找出并确认勾选。本业务分类选择"非成本核算业务"，业务描述处可输入文字"6日，购入固定资产"。业务描述完成后，点击右下角"确定"按钮，系统将提示"保存成功！"。

2. 业务审核与凭证生成

财务人员进行业务审核，并生成记账凭证，预览记账凭证内容页面，如图3-58所示。

图 3-58　预览[业务8]生成的记账凭证内容页面

【业务9】 采购材料未入库
【知识链接】

完整的采购业务具备采购发票、入库单、采购运费发票、运费分配表、付款通知或商业票据等原始凭证。取得的原始凭证不同时，对应的会计分录也不相同。凯祥公司在会计政策中描述企业存货采用实际成本法核算，材料采购业务的账务处理，如表3-2所示。

表 3-2　　　　　　　　　　　　材料采购业务的账务处理

业务摘要	原始凭证	会计分录
采购材料,料已到,款已付	采购发票(运费发票、运费分配表)、入库单、付款通知	借：原材料 　　应交税费——应交增值税(进项税额) 　贷：银行存款
采购材料,料未到,款未付	采购发票(运费发票、运费分配表)	借：在途物资 　　应交税费——应交增值税(进项税额) 　贷：应付账款
采购材料,料未到,款已付	采购发票(运费发票、运费分配表)、银行客户专用回单	借：在途物资 　　应交税费——应交增值税(进项税额) 　贷：银行存款
在途材料入库	入库单	借：原材料 　贷：在途物资
预付账款采购材料	采购发票(运费发票、运费分配表)、入库单	借：原材料/在途物资 　　应交税费——应交增值税(进项税额) 　贷：预付账款
采用其他方式结算货款	采购发票(运费发票、运费分配表)、入库单、商业汇票或银行汇票、银行本票等	借：原材料/在途物资 　　应交税费——应交增值税(进项税额) 　贷：应付票据 　　其他货币资金

1. 票据整理

财务人员根据增值税专用发票初步判断本业务为采购业务,预览采购发票内容页面,如图 3-59 所示。

电子发票（增值税专用发票）　　发票号码：23322000000000040948
　　　　　　　　　　　　　　　　　开票日期：2023年04月06日

购买方信息	名称：常州凯祥家电有限责任公司 统一社会信用代码/纳税人识别号：913204117527805265	销售方信息	名称：常州顺安电子有限责任公司 统一社会信用代码/纳税人识别号：913204128088144718

项目名称	规格型号	单位	数量	单价	金额	税率/征收率	税额
*金属制品*T330		千克	3600	120	432000.00	13%	56160.00
*金属制品*T445		千克	4500	80	360000.00	13%	46800.00
*金属制品*T540		千克	500	35	17500.00	13%	2275.00
合计					¥809500.00		¥105235.00
价税合计(大写)	⊗ 玖拾壹万肆仟柒佰叁拾伍元整				(小写) ¥914735.00		
备注							

开票人：胡景峰

图 3-59　预览采购发票内容页面

通过上述发票可知，凯祥公司 4 月 6 日从常州顺安电子有限责任公司购入材料 T330 3 600 千克，T445 4 500 千克，T540 500 千克，含税总金额为 914 735 元。财务人员搜索关键字“常州顺安”，筛选出 2 张单据，分别预览。其中，银行客户专用回单日期为 4 月 17 日，和采购发票日期不匹配；收料单日期为 4 月 14 日，与日期不匹配，说明该采购业务，材料尚未验收入库，款项尚未支付。

财务人员搜索关键字“运输费”，筛选出 2 张单据并进行预览，都与本业务无关。所以，本业务只有 1 张单据，业务分类选择“非成本核算业务”，业务描述处可输入文字“6 日，购入材料，料未到，款未付”。业务描述完成后，点击右下角“确定”按钮，系统将提示“保存成功！”。

2. 业务审核与凭证生成

财务人员进行业务审核，并生成记账凭证，预览记账凭证内容页面，如图 3-60 所示。

记账凭证

记字第 009 号　　制单日期：2023-04-06　　附单据数：1

摘要	总账科目	明细科目	借方金额	贷方金额	现金流量表项目
采购材料未入库	在途物资	T330	432000.00		请选择
	在途物资	T445	360000.00		请选择
	在途物资	T540	17500.00		请选择
	应交税费	应交增值税-进项税额	105235.00		请选择
	应付账款	常州顺安电子有限责任公司		914735.00	请选择
票号：　日期：选择日期	单据：　数量：− +	合计	914735.00	914735.00	

备注　项目客户：　部门业务员：　个人：

记账：　审核：　出纳：　制单：李康杰

图 3-60　预览[业务 9]生成的记账凭证内容页面

【业务 10】 缴付工会经费

1. 票据整理

财务人员根据银行客户专用回单初步判断本业务为缴付工会经费，预览银行客户专用回单内容页面，如图 3-61 所示。

本业务只有 1 张单据，业务分类选择“非成本核算业务”，业务描述处可输入文字“6 日，缴付工会经费”。业务描述完成后，点击右下角“确定”按钮，系统将提示“保存成功！”。

2. 业务审核与凭证生成

财务人员进行业务审核，并生成记账凭证，预览记账凭证内容页面，如图 3-62 所示。

中国工商银行客户专用回单

转账日期：2023 年 04 月 06 日

凭证字号：2022040632320465

纳税人全称及纳税人识别号：常州凯祥家电有限责任公司913204117527805265

付款人全称：常州凯祥家电有限责任公司

付款人账号：41535944818476　　征收机关名称：国家税务总局常州市新北区税务局

付款人开户银行：中国工商银行常州市新北区支行　　收缴国库（银行）名称：国家金库常州市新北区支库

小写（合计）金额 ¥1219.84　　缴款书交易流水号：202204063232048244733

大写（合计）金额 人民币 壹仟贰佰壹拾玖元捌角肆分　　税票号码：042022780681216867

税（费）种名称	所属时期	实缴金额
工会经费（常州市）税	2023-04-01-2023-04-30	¥1219.84

中国工商银行常州新北区支行 电子回单 专用章

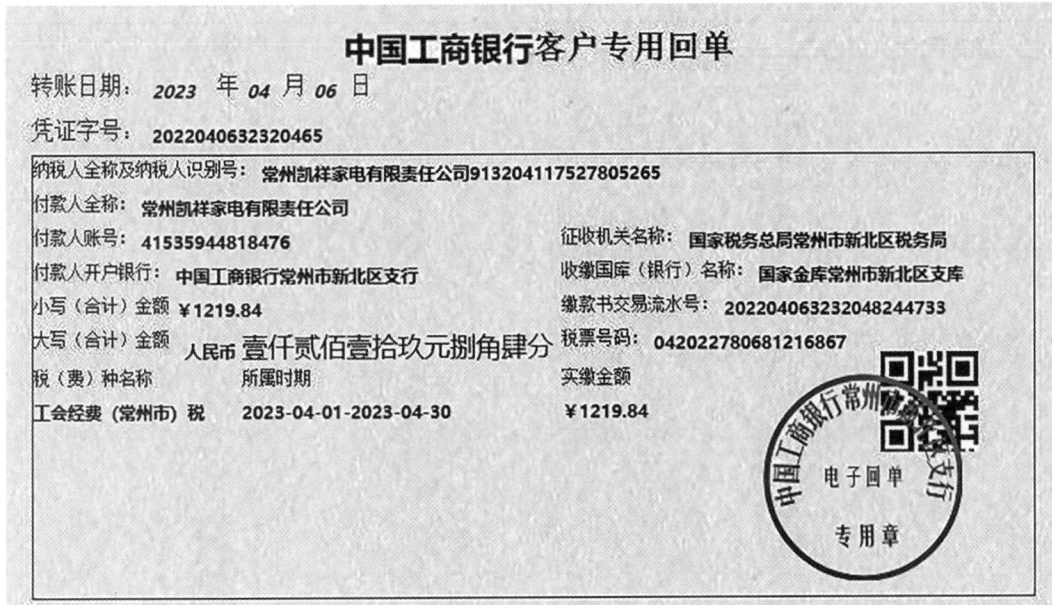

图 3-61　预览银行客户专用回单内容页面

记账凭证

记字第 010 号　　制单日期：2023-04-06　　附单据数：1

摘要	总账科目	明细科目	借方金额	贷方金额	现金流量表项目
缴付工会经费	应交税费	应交工会经费	1219.84		请选择
	银行存款	中国工商银行常州市新北区支行-41535944818		1219.84	支付给职工以及为职工支
票号：　日期：选择日期	单据：　数量：	合计	1219.84	1219.84	

备注　项目客户：　部门业务员：　个人：

记账：　审核：　出纳：　制单：李康杰

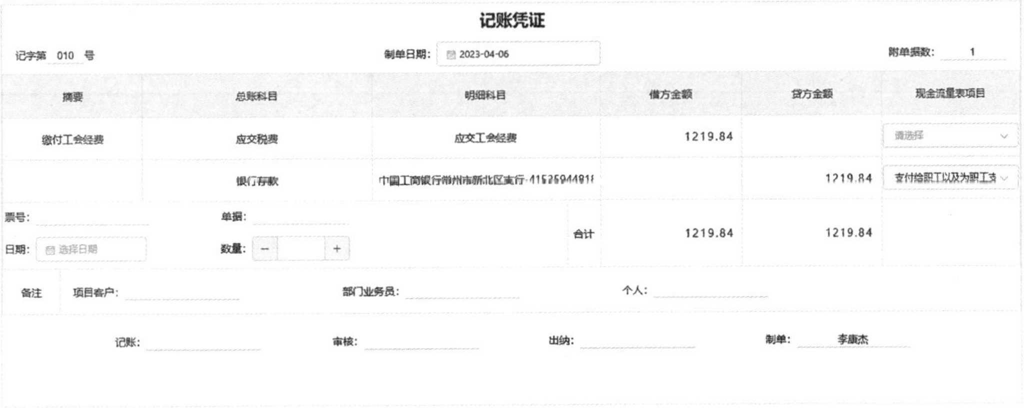

图 3-62　预览[业务 10]生成的记账凭证内容页面

【业务 11】　销售商品，预收款

【知识链接】

完整的销售业务具备购销合同、销售单、销售发票、出库单、回款收账通知或商业票据和经理办公室会议纪要等原始凭证。取得的原始凭证不同时，对应的会计分录也不相同。若公司对销售业务成本结转采用月末加权平均法核算，则该笔销售业务的原始凭证不包括出库单，出库单则属于月末结转销售产品成本业务的原始凭证。销售业务的账务处理，如表 3-3 所示。

表 3-3　　　　　　　　　　　　　销售业务的账务处理

业务摘要	原始凭证	会计分录
销售商品，款已收	购销合同、销售单、销售发票、回款收账通知、经理办公室会议纪要	借：银行存款 　贷：主营业务收入 　　　应交税费——应交增值税（销项税额） 　　　预计负债——应付退货款 　　　预负债计——应付折让款
销售商品款，款未收	购销合同、销售单、销售发票、经理办公室会议纪要	借：应收账款 　贷：主营业务收入 　　　应交税费——应交增值税（销项税额） 　　　预计负债——应付退货款 　　　预计负债——应付折让款
销售商品款，收到商业汇票	购销合同、销售单、销售发票、经理办公室会议纪要、商业汇票	借：应收票据 　贷：主营业务收入 　　　应交税费——应交增值税（销项税额） 　　　预计负债——应付退货款 　　　预计负债——应付折让款
采用预收账款形式销售商品	购销合同、销售单、销售发票、经理办公室会议纪要	借：应收账款 　　合同负债 　贷：主营业务收入 　　　应交税费——应交增值税（销项税额） 　　　预计负债——应付退货款 　　　预计负债——应付折让款

1. 票据整理

财务人员根据销售单初步判断本业务为销售业务，预览销售单内容页面，如图 3-63 所示。

图 3-63　预览销售单内容页面

从上述销售单可知，购买方为常州国益百货有限责任公司，销售单日期为 2023 年 4 月 7 日，合同标的物是 E01、E02，E01 的销售数量为 2 800 台，含税金额为 1 328 880 元，E02 的销售数量为 1 600 台，含税金额为 922 080 元，合同总金额为 2 250 960 元。财务人员搜索关键字"常州国益"，筛选出购销合同、销售发票、银行客户专用回单等单据，预览购销合同内容页面,如图 3-64 所示。

购销合同

购方：常州国益百货有限责任公司　　合同编号：2023195
销方：常州凯祥家电有限责任公司　　签订地点：常州市

供、需双方本着互利互惠、长期合作的原则，根据《中华人民共和国民法典》及双方的实际情况，就需方向供方采购事宜，订立本合同，以使双方在合同履行中共同遵守。

一、产品名称、数量、单价、金额

产品名称	规格型号	计量单位	数量	单价	金额	备注
E01		台	2800	474.60	1328880.00	含税金额
E02		台	1600	576.30	922080.00	
合计					¥2250960.00	

合计人民币（大写）：贰佰贰拾伍万零玖佰陆拾元整

二、质量要求、技术标准、供方对质量负责的条件和期限：按合同企业标准。

三、（1）交（提）货地点、方式：江苏省常州市新北区杨红街刘海路35号。

　　（2）交货日期：2023-04-07。

四、付款时间与付款方式：

五、运输方式及到站、港和费用负担：销售方承担。

六、合理损耗及计算方法：以实际数量验收。

七、包装标准、包装物的供应与回收：普通包装，不回收包装物。

八、验收标准、方法及提出异议期限：

　　货到需方7天内提出质量异议，不包括运输过程中造成的质量问题。

　　自收到货物的30天内可以提出退货，运费由购货方承担。

九、违约责任：按《中华人民共和国民法典》

十、解决合同纠纷的方式：双方协商解决。

十一、其他约定事项：

　　本合同一式两份，供、需双方各一份，经双方盖章后即生效。

十二、本合同产品不含税金额为1992000.00元，税率13%，税额258960.00元，并开具增值税专用发票。

购方（盖章）：常州国益百货有限责任公司　　销方（盖章）：常州凯祥家电有限责任公司
单位地址：江苏省常州市天宁区刘志路5号　　单位地址：江苏省常州市新北区杨红街刘海路35号
电　　话：0519-76862934　　　　　　　　　电　　话：0519-05682056
签订日期：2023-03-01　　　　　　　　　　　签订日期：2023-03-01
开户银行：中国工商银行常州市天宁区支行　　开户银行：中国工商银行常州市新北区支行
账　　号：41284142987274　　　　　　　　账　　号：41535944818476

图 3-64　预览销售合同内容页面

从上述购销合同可知,购货单位为常州国益百货有限责任公司,购销合同上的合同标的物是 E01、E02,E01 的销售数量为 2 800 台,含税金额为 1 328 880 元,E02 的销售数量为 1 600 台,含税金额为 922 080 元,合同总金额为 2 250 960 元。购销合同内容与销售单相匹配,则判断该购销合同与销售单属于同一笔销售业务的原始凭证。筛选出销售发票 2 张,分别点开预览,其中一张销售发票预览内容页面,如图 3-65 所示。

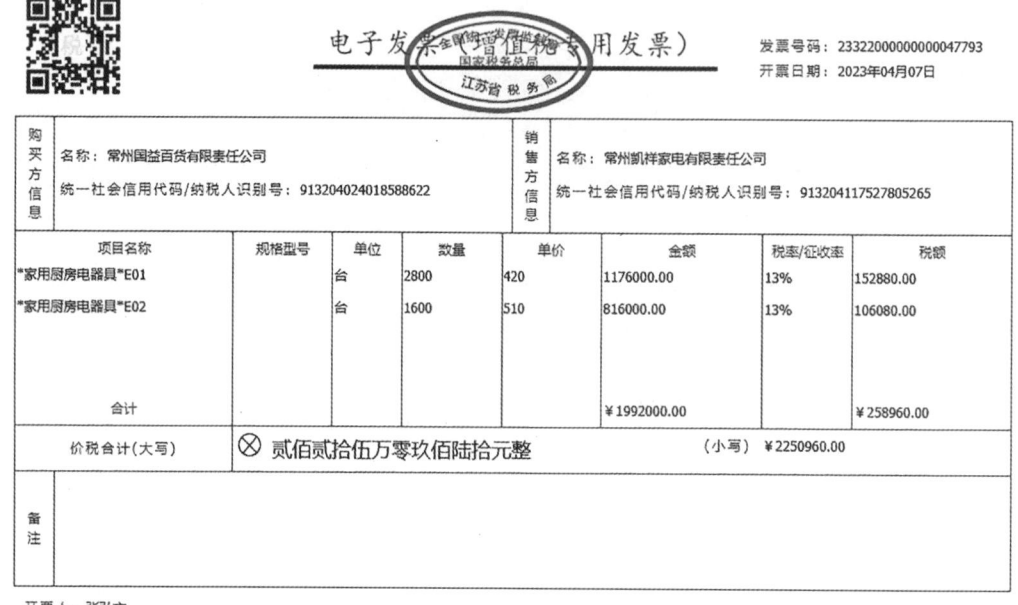

图 3-65　预览销售发票内容页面

从上述销售发票可知,购买方名称为常州国益百货有限责任公司,发票上的开票日期为 4 月 7 日,产品名称为 E01、E02,E01 的销售数量为 2 800 台,不含税金额为 1 176 000 元,税额为 152 880 元;E02 的销售数量为 1 600 台,不含税金额为 816 000 元,税额为 106 080 元,价税合计金额为 2 250 960 元。销售发票的内容与销售单、购销合同相匹配。

由于本公司执行的是新收入准则,销售业务将涉及预计退货和预计折让等情形,需要进一步考虑"经理办公室会议纪要"这张单据,由于这张单据不记载购买方名称,财务人员在关键字处搜索时,可直接输入"经理办公会议纪要"过滤出与该表单名称有关的单据;也可模糊搜索关键字"经理办公",从过滤后的单据中找出与本业务相关的"经理办公会议纪要"。预览经理办公会议纪要内容页面,如图 3-66 所示。

从上述经理办公会议纪要可知,会议纪要的签署日期为 4 月 7 日、会议纪要的内容为各产品退货率 2%。综合判断该单据与当前销售业务属于同一笔销售业务的原始凭证。综上分析,销售业务的单据包括购销合同、销售单、销售发票和经理办公会议纪要,财务人员均已找出并确认勾选。业务分类选择"非成本核算业务",业务描述处可输入文字"7 日,销售商品,款已预收"。业务描述完成后,点击右下角"确定"按钮,系统将提示"保存成功!"。

2. 业务审核与凭证生成

财务人员进行业务审核,并生成记账凭证,预览记账凭证内容页面,如图 3-67 所示。

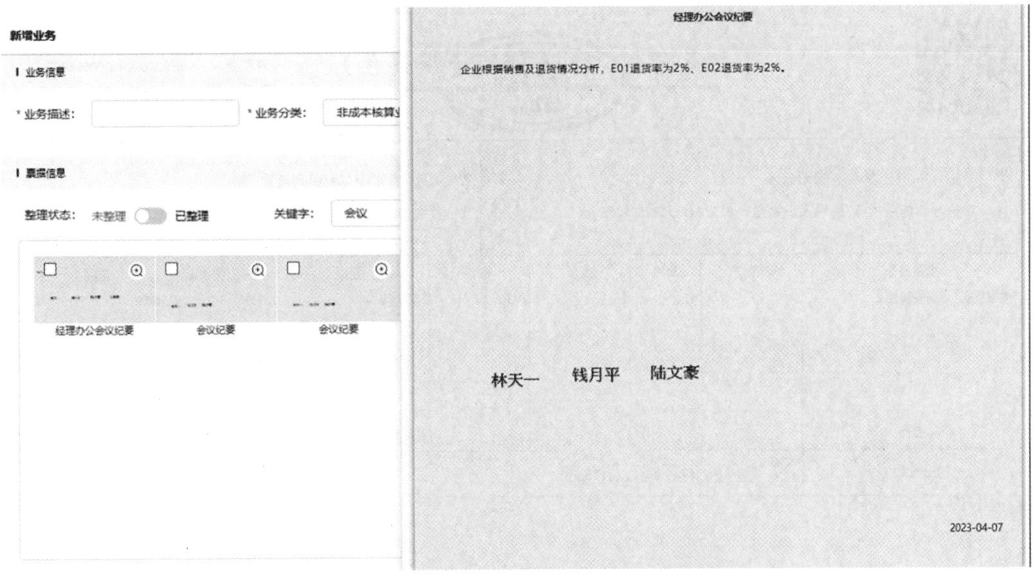

图 3-66　预览经理办公会议纪要内容页面

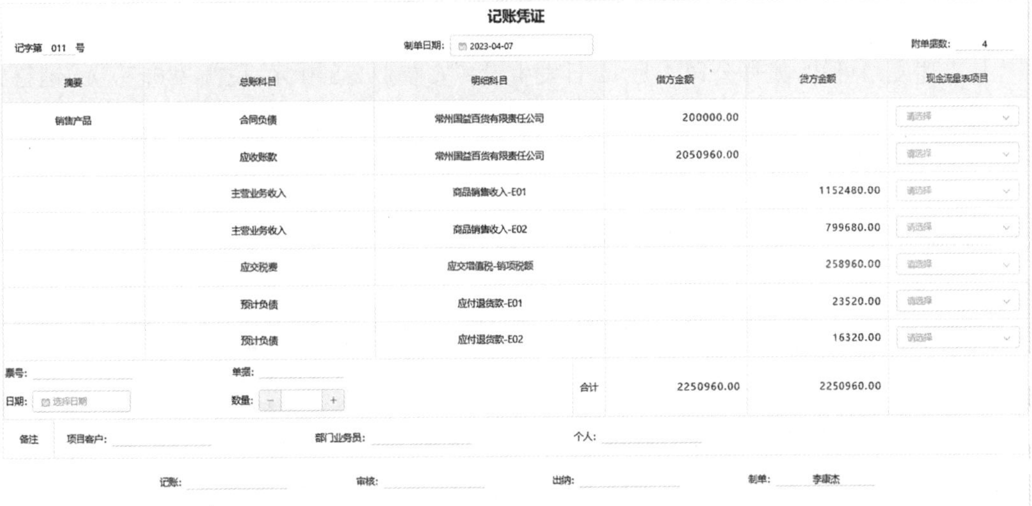

记账凭证

记字第 011 号　　制单日期：2023-04-07　　附单据数：4

摘要	总账科目	明细科目	借方金额	贷方金额	现金流量表项目
销售产品	合同负债	常州国益百货有限责任公司	200000.00		请选择
	应收账款	常州国益百货有限责任公司	2050960.00		请选择
	主营业务收入	商品销售收入-E01		1152480.00	请选择
	主营业务收入	商品销售收入-E02		799680.00	请选择
	应交税费	应交增值税-销项税额		258960.00	请选择
	预计负债	应付退货款-E01		23520.00	请选择
	预计负债	应付退货款-E02		16320.00	请选择
票号：　日期：选择日期	单据：　数量：	合计	2250960.00	2250960.00	

备注　项目客户：　部门业务员：　个人：

记账：　审核：　出纳：　制单：李康杰

图 3-67　预览[业务 11]生成的记账凭证内容页面

【业务 12】～【业务 17】 为自动整理业务，在“自动整理业务”篇章中已做整体讲解。

【业务 18】　支付设备安装费

1. 票据整理

财务人员根据增值税专用发票初步判断本业务为发生安装费，预览发票内容页面，如图 3-68 所示。

电子发票（增值税专用发票）

发票号码：23322000000000094993

开票日期：2023年04月11日

购买方信息	名称：常州凯祥家电有限责任公司 统一社会信用代码/纳税人识别号：913204117527805265	销售方信息	名称：无锡吉如机械制造有限责任公司 统一社会信用代码/纳税人识别号：913202025065416766

项目名称	规格型号	单位	数量	单价	金额	税率/征收率	税额
*安装服务*设备安装费		次	1	2850	2850.00	9%	256.50
合计					¥2850.00		¥256.50
价税合计（大写）	⊗ 叁仟壹佰零陆元伍角整				（小写） ¥3106.50		
备注							

开票人：赵志伟

图 3-68　预览发票内容页面

从上述发票可知，凯祥公司 4 月 11 日发生设备安装费 2 850 元，税额 256.50 元，销售方为无锡吉如机械制造有限责任公司。财务人员搜索关键字“安装费”，筛选出 1 张银行客户专用回单，预览银行客户专用回单内容页面，如图 3-69 所示。

中国工商银行客户专用回单

币别：人民币　　2023 年 04 月 11 日　　流水号 320420027J0500810011

付款人	全称	常州凯祥家电有限责任公司	收款人	全称	无锡吉如机械制造有限责任公司
	账号	41535944818476		账号	41870589516144
	开户行	中国工商银行常州市新北区支行		开户行	中国建设银行无锡市崇安区支行
金额		（大写）人民币叁仟壹佰零陆元伍角整		（小写） ¥3106.50	
凭证种类		网银	凭证号码		
结算方式		转账	用途		支付设备S安装费

汇划日期：2023-04-11　汇划款项编号：83148846

报文顺序号：43130287　汇出行行号：102326380926616

汇出行行名：中国工商银行常州市新北区支行

业务类型:0060　原始凭证金额：3106.50

原始凭证种类：0703　原始凭证号码：

附言：

打印柜员：320498779217

打印机构：中国工商银行常州市新北区支行

打印卡号：41535944818476

打印时间：2023-04-11　交易柜员：320410105693　交易机构：320410201

第一联借方（回单）

图 3-69　预览银行客户专用回单内容页面

从上述银行客户专用回单可知，4 月 11 日支付无锡吉如机械制造有限责任公司设备 S 安装费 3 106.50 元，和上述增值税发票为一笔业务，确认勾选。[业务 18]为[业务 8]的延续。综上分析，在安装设备发生安装费业务的单据包括增值税专用发票和银行客户专用回单，财务人员均已找出并确认勾选。本业务分类选择"非成本核算业务",业务描述处可输入文字"11日,支付安装费"。业务描述完成后,点击右下角"确定"按钮,系统将提示"保存成功!"。

2. 业务审核与凭证生成

财务人员进行业务审核,并生成记账凭证,预览记账凭证内容页面,如图3-70所示。

摘要	总账科目	明细科目	借方金额	贷方金额	现金流量表项目
支付安装费	在建工程	在安装设备-S-安装成本	2850.00		请选择
	应交税费	应交增值税-进项税额	256.50		请选择
	银行存款	中国工商银行常州市新北区支行-41535		3106.50	购建固定资产、无形
		合计	3106.50	3106.50	

记字第 018 号　制单日期 2023-04-11　附单据数 2
制单:李康杰

图3-70　预览[业务18]生成的记账凭证内容页面

【业务19】　申报上月个人所得税

[业务19]为自动整理业务,在上述"自动整理业务"篇章中已做整体讲解。

【业务20】　支付工资代扣"三险一金"及个税

【知识链接】

支付工资并代扣"三险一金"及个税业务具备银行支付凭证、截至本月累计专项附加扣除信息表、截止到上月工资薪金所得个税税额计算表、工资明细表、工资薪金所得个税税额计算表、工资发放明细表等原始凭证。

1. 票据整理

财务人员根据转账支票存根联初步判断本业务为支付工资业务,预览转账支票存根联内容页面,如图3-71所示。

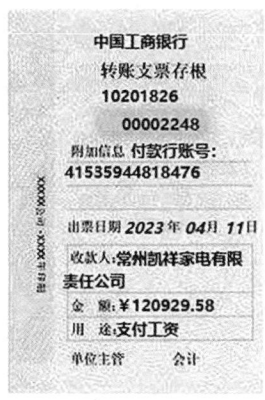

图3-71　预览转账支票存根联内容页面

从上述转账支票存根联可知,支付工资的日期为11日,财务人员搜索关键字"工资",找到4月11日的工资明细表单。工资业务还涉及个税的计算,需要用的表单包括专项附加扣除、个税计算表和工资发放表。在公司持续经营活动中,每个月都会发生1笔工资支出,所以,原始单据相对固定。财务人员搜索关键字"附加"后的单据中勾选截至本月累计专项附加扣除信息表,如图 3-72 所示;从过滤关键字"工资"后的单据中勾选截至上月工资薪金所得个所税税额计算表,如图 3-73 所示;工资明细表、工资薪金所得个所税税额计算表和工资发放明细表,分别如图 3-74 至图 3-76 所示。

截至本月累计专项附加扣除信息表

2023-04　　　　　　　　　　　　　　　　　　　　　　　　　　　　　　　　单位:元

姓名	累计子女教育	累计住房贷款利息	累计住房租金	累计赡养老人	累计继续教育
张田玉					
林天一					
赵雪丽					
钱月平					
李康杰					
张弘文					
王俊伟					
孙心怡					
陆文豪					
高明哲					
林伟					
李雨梅					
王怡宁					
刘新荣					
刘富展					
张开明					
郑和瑞					
冯立诚					
赵天佑					
陈量					
陈洋洋					
许文龙					
徐丽					
陈希					
李雨婷					
诗韵					
何云舒					
张素菲					
合计	0.00	0.00	0.00	0.00	0.00

制表:李康杰　　　　　　　　　　　　　　　　　　　　　　　　　　　　　　审核:钱月平

图 3-72　截至本月累计专项附加扣除信息表内容页面

截至上月工资薪金所得个所税税款计算表

2023-03-11

单位:元

姓名	累计收入	累计减除费用	累计代扣三险一金合计	累计专项附加扣除合计	累计应纳税所得额	累计应扣缴税额	已缴税额	应补(退)税额
林 伟	28 740.00	15 000.00	5 891.70		7 848.30	235.45	156.97	78.48
李雨梅	25 200.00	15 000.00	5 166.00		5 034.00	151.02	100.68	50.34
王怡宁	15 000.00	15 000.00	3 075.00		0.00	0.00	0.00	0.00
刘新荣	24 000.00	15 000.00	4 920.00		4 080.00	122.40	81.60	40.80
刘富展	15 000.00	15 000.00	3 075.00		0.00	0.00	0.00	0.00
张开明	13 500.00	15 000.00	2 767.50		0.00	0.00	0.00	0.00
郑和瑞	24 000.00	15 000.00	4 920.00		4 080.00	122.40	81.60	40.80
冯立诚	15 000.00	15 000.00	3 075.00		0.00	0.00	0.00	0.00
陈 星	15 000.00	15 000.00	3 075.00		0.00	0.00	0.00	0.00
陈洋洋	24 000.00	15 000.00	4 920.00		4 080.00	122.40	81.60	40.80
许文龙	13 500.00	15 000.00	2 767.50		0.00	0.00	0.00	0.00
徐 丽	13 500.00	15 000.00	2 767.50		0.00	0.00	0.00	0.00
陈 希	13 500.00	15 000.00	2 767.50		0.00	0.00	0.00	0.00
李雨婷	13 500.00	15 000.00	2 767.50		0.00	0.00	0.00	0.00
诗 韵	13 500.00	15 000.00	2 767.50		0.00	0.00	0.00	0.00
何云舒	13 500.00	15 000.00	2 767.50		0.00	0.00	0.00	0.00
张素菲	13 500.00	15 000.00	2 767.50		0.00	0.00	0.00	0.00
张田玉	13 500.00	15 000.00	2 767.50		0.00	0.00	0.00	0.00
林天一	13 500.00	15 000.00	2 767.50		0.00	0.00	0.00	0.00
赵雪丽	13 500.00	15 000.00	2 767.50		0.00	0.00	0.00	0.00
钱月平	15 000.00	15 000.00	3 075.00		0.00	0.00	0.00	0.00
李康杰	15 000.00	15 000.00	3 075.00		0.00	0.00	0.00	0.00
张弘文	15 000.00	15 000.00	3 075.00		0.00	0.00	0.00	0.00
王俊伟	13 500.00	15 000.00	2 767.50		0.00	0.00	0.00	0.00
孙心怡	13 500.00	15 000.00	2 767.50		0.00	0.00	0.00	0.00
陆文豪	13 500.00	15 000.00	2 767.50		0.00	0.00	0.00	0.00
高明哲	13 500.00	15 000.00	2 767.50		0.00	0.00	0.00	0.00
合计						876.07	584.05	292.02

制表:李康杰　　　　　　　　　　　　　　　　　　　　　　　　审核:钱月平

图3-73　预览截至上月工资薪金所得个所税税额计算表内容页面

工资明细表

2023-03 单位:元

姓名	部门	岗位	应付工资
林 伟	生产车间	生产车间主任	9 580.00
李雨梅	生产车间	车间工人	8 400.00
王怡宁	生产车间	车间工人	5 000.00
刘新荣	生产车间	车间工人	8 000.00
刘富展	生产车间	车间工人	5 000.00
张开明	生产车间	车间工人	4 500.00
郑和瑞	生产车间	车间工人	8 000.00
冯立诚	生产车间	车间工人	5 000.00
赵天佑	生产车间	车间工人	8 000.00
陈 量	生产车间	车间工人	5 000.00
陈洋洋	生产车间	车间工人	8 000.00
许文龙	专设销售机构	销售员	4 500.00
徐 丽	专设销售机构	销售员	4 500.00
陈 希	专设销售机构	销售员	4 500.00
李雨婷	生产车间	车间工人	4 500.00
诗 韵	生产车间	车间工人	4 500.00
何云舒	生产车间	车间工人	4 500.00
张素菲	生产车间	车间工人	4 500.00
张田玉	办公室	法定代表人	4 500.00
林天一	办公室	总经理	4 500.00
赵雪丽	办公室	仓管员	4 500.00
钱月平	财务部	财务经理	5 000.00
李康杰	财务部	会计	5 000.00
张弘文	财务部	出纳	5 000.00
王俊伟	采购部	采购经理	4 500.00
孙心恰	采购部	采购员	4 500.00
陆文豪	专设销售机构	销售经理	4 500.00
高明哲	专设销售机构	销售员	4 500.00
合计			152 480.00

制表:李康杰　　　　　　　　　　　　　　　　　　　　审核:钱月平

图 3-74 预览工资明细表内容页面

工资薪金所得个所税税款计算表

日期：2023-04-11　　　单位：元

姓名	累计收入	累计减除费用	累计代扣三险一金合计	累计专项附加扣除合计	累计应纳税所得额	累计应扣应缴税额	已缴税额	应补(退)税额
张田玉	38320.00	20000.00	7855.60		10464.40	313.93	235.45	78.48
林天一	33600.00	20000.00	6888.00		6712.00	201.36	151.02	50.34
赵雪丽	20000.00	20000.00	4100.00					
钱月平	32000.00	20000.00	6560.00		5440.00	163.20	122.40	40.80
李康杰	20000.00	20000.00	4100.00					
张弘文	18000.00	20000.00	3690.00					
王俊伟	32000.00	20000.00	6560.00		5440.00	163.20	122.40	40.80
孙心怡	20000.00	20000.00	4100.00					
陆文豪	32000.00	20000.00	6560.00		5440.00	163.20	122.40	40.80
高明哲	20000.00	20000.00	4100.00					
林伟	32000.00	20000.00	6560.00		5440.00	163.20	122.40	40.80
李雨霜	18000.00	20000.00	3690.00					
王怡宁	18000.00	20000.00	3690.00					
刘新荣	18000.00	20000.00	3690.00					
刘富晨	18000.00	20000.00	3690.00					
张开明	18000.00	20000.00	3690.00					
郑和瑞	18000.00	20000.00	3690.00					
冯立诚	18000.00	20000.00	3690.00					
赵天佑	18000.00	20000.00	3690.00					
陈晶	18000.00	20000.00	3690.00					
陈洋洋	18000.00	20000.00	3690.00					
许文龙	20000.00	20000.00	4100.00					
徐颐	20000.00	20000.00	4100.00					
陈烁	20000.00	20000.00	4100.00					
李雨婷	18000.00	20000.00	3690.00					
诗韵	18000.00	20000.00	3690.00					
何云舒	18000.00	20000.00	3690.00					
张赛菲	18000.00	20000.00	3690.00					
合计						1168.09	876.07	292.02

制表：李康杰　　　审核：钱月平

图 3-75　预览工资薪金所得个所税税额计算表内容页面

工资发放明细表

日期：2023-04-11　　单位：元

姓名	部门	岗位	应付工资	代扣三险一金				代扣个人所得税	实发工资
				代扣医疗保险	代扣养老保险	代扣失业保险	代扣住房公积金		
张田玉	办公室	法定代表人	9580.00	191.60	766.40	47.90	958.00	78.48	7537.62
林天一	办公室	总经理	8400.00	168.00	672.00	42.00	840.00	50.34	6627.66
赵雪丽	办公室	仓管员	5000.00	100.00	400.00	25.00	500.00	0.00	3975.00
钱月平	财务部	财务经理	8000.00	160.00	640.00	40.00	800.00	40.80	6319.20
李康杰	财务部	会计	5000.00	100.00	400.00	25.00	500.00	0.00	3975.00
张弘文	财务部	出纳	4500.00	90.00	360.00	22.50	450.00	0.00	3577.50
王俊伟	采购部	采购经理	8000.00	160.00	640.00	40.00	800.00	40.80	6319.20
孙心怡	采购部	采购员	5000.00	100.00	400.00	25.00	500.00	0.00	3975.00
陆文豪	专设销售机构	销售经理	8000.00	160.00	640.00	40.00	800.00	40.80	6319.20
高明哲	专设销售机构	销售员	5000.00	100.00	400.00	25.00	500.00	0.00	3975.00
林伟	生产车间	生产车间主任	8000.00	160.00	640.00	40.00	800.00	40.80	6319.20
李雨霜	生产车间	车间工人	4500.00	90.00	360.00	22.50	450.00	0.00	3577.50
王怡宁	生产车间	车间工人	4500.00	90.00	360.00	22.50	450.00	0.00	3577.50
刘新荣	生产车间	车间工人	4500.00	90.00	360.00	22.50	450.00	0.00	3577.50
刘富晨	生产车间	车间工人	4500.00	90.00	360.00	22.50	450.00	0.00	3577.50
张开明	生产车间	车间工人	4500.00	90.00	360.00	22.50	450.00	0.00	3577.50
郑和瑞	生产车间	车间工人	4500.00	90.00	360.00	22.50	450.00	0.00	3577.50
冯立诚	生产车间	车间工人	4500.00	90.00	360.00	22.50	450.00	0.00	3577.50
赵天佑	生产车间	车间工人	4500.00	90.00	360.00	22.50	450.00	0.00	3577.50
陈晶	生产车间	车间工人	4500.00	90.00	360.00	22.50	450.00	0.00	3577.50
陈洋洋	生产车间	车间工人	4500.00	90.00	360.00	22.50	450.00	0.00	3577.50
许文龙	专设销售机构	销售员	5000.00	100.00	400.00	25.00	500.00	0.00	3975.00
徐颐	专设销售机构	销售员	5000.00	100.00	400.00	25.00	500.00	0.00	3975.00
陈烁	专设销售机构	销售员	5000.00	100.00	400.00	25.00	500.00	0.00	3975.00
李雨婷	生产车间	车间工人	4500.00	90.00	360.00	22.50	450.00	0.00	3577.50
诗韵	生产车间	车间工人	4500.00	90.00	360.00	22.50	450.00	0.00	3577.50
何云舒	生产车间	车间工人	4500.00	90.00	360.00	22.50	450.00	0.00	3577.50
张赛菲	生产车间	车间工人	4500.00	90.00	360.00	22.50	450.00	0.00	3577.50
合计			152480.00	3049.60	12198.40	762.40	15248.00	292.02	120929.58

制表：李康杰　　　审核：钱月平

图 3-76　预览工资发放明细表内容页面

综上分析，支付工资并代扣"三险一金"及个税业务的单据包括银行支付凭证、截至本月累计专项附加扣除信息表、截止到上月工资薪金所得个所税税额计算表、工资明细表、工资薪金所得个所税税额计算表和工资发放明细表，财务人员均已找出并确认勾选。本业务分类选择"非成本核算业务"，业务描述处可输入文字"11日，支付工资并代扣三险一金及个税"。

业务描述完成后，点击右下角“确定”按钮，系统将提示“保存成功！”。

2. 业务审核与凭证生成

财务人员进行业务审核，并生成记账凭证，预览记账凭证内容页面，如图 3-77 所示。

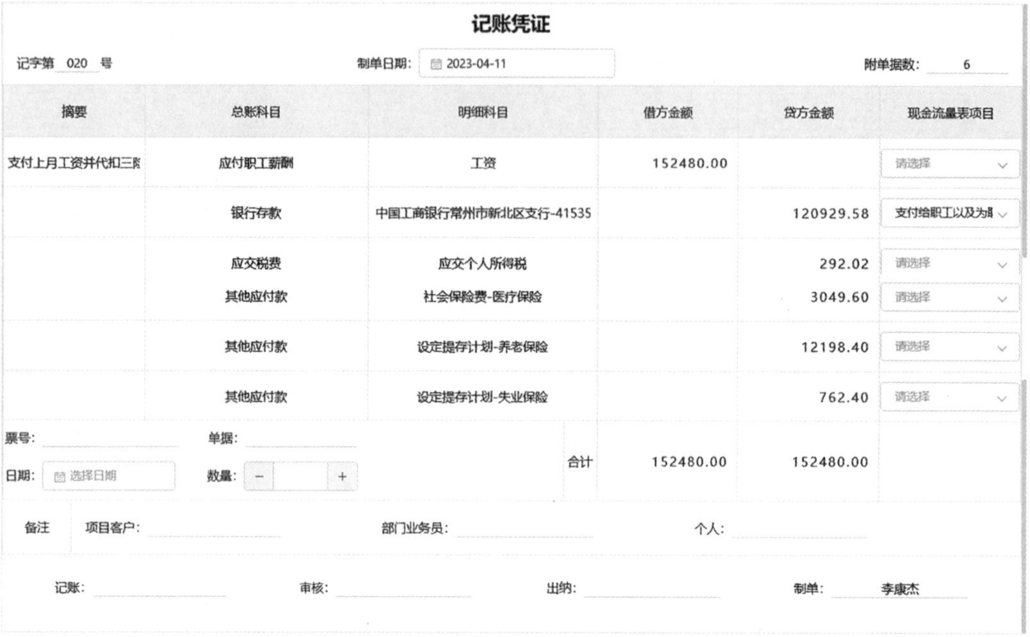

记账凭证

记字第 020 号　　制单日期：2023-04-11　　附单据数：6

摘要	总账科目	明细科目	借方金额	贷方金额	现金流量表项目
支付上月工资并代扣三险	应付职工薪酬	工资	152480.00		请选择
	银行存款	中国工商银行常州市新北区支行-41535		120929.58	支付给职工以及为职
	应交税费	应交个人所得税		292.02	请选择
	其他应付款	社会保险费-医疗保险		3049.60	请选择
	其他应付款	设定提存计划-养老保险		12198.40	请选择
	其他应付款	设定提存计划-失业保险		762.40	请选择
票号：　日期：选择日期	单据：　数量：- +	合计	152480.00	152480.00	

备注　项目客户：　部门业务员：　个人：

记账：　审核：　出纳：　制单：李康杰

图 3-77　预览[业务 20]生成的记账凭证内容页面

【业务 21】和【业务 22】　为自动整理业务，在上述“自动整理业务”篇章中已做整体讲解。

【业务 23】　固定资产报废转入清理

【知识链接】

固定资产处置是指包括固定资产的出售、转让、报废和毁损、对外投资、非货币性资产交换、债务重组等。

企业出售、转让、报废固定资产或发生固定资产毁损，应当将处置收入扣除账面价值和相关税费后的金额计入当期损益。

固定资产处置的会计处理一般经过 5 个步骤，如表 3-4 所示。

表 3-4　　固定资产处置的会计处理

业务	原始凭证
(1) 固定资产转入清理	固定资产处置申请单
(2) 发生的清理费用	增值税发票、银行客户专用回单
(3) 出售收入和残料等的处理	增值税发票、银行客户专用回单、入库单
(4) 保险赔偿的处理	保险定损单
(5) 固定资产清理完成后产生的清理净损益	固定资产处置结果表

1. 票据整理

财务人员根据固定资产处置申请单初步判断本业务为固定资产处置,预览处置申请单内容页面,如图3-78所示。

图3-78 预览申请单内容页面

从上述申请单可知,该固定资产有效使用年限为10年,已提120个月折旧,已提足折旧,直接转入固定资产清理。本业务只有1张单据,业务分类选择"非成本核算业务",业务描述处可输入文字"13日,固定资产转入清理"。业务描述完成后,点击右下角"确定"按钮,系统将提示"保存成功!"。

2. 业务审核与凭证生成

财务人员进行业务审核,并生成记账凭证,预览记账凭证内容页面,如图3-79所示。

图3-79 预览[业务23]生成的记账凭证内容页面

【业务24】 为自动整理业务,在上述"自动整理业务"篇章中已做整体讲解。

【业务25】 支付电信费

1. 票据整理

财务人员根据增值税专用发票上的项目名称"电信服务-电话费"初步判断本业务为支

付电话费,预览发票内容页面,如图3-80所示。

图 3-80　预览增值税专用发票内容页面

从上述发票可知,凯祥公司本月发生电话费1 600元,税额为144元,合计1 744元,开票日期为4月13日。财务人员搜索关键字"电信",筛选出银行客户专用回单和费用分配表,分别如图3-81和图3-82所示。

图 3-81　预览银行客户专用回单内容页面

费用分配表

费用类别：电信费　　　　　　　2023-04-13

受益部门	金额
办公室	200.00
财务部	200.00
采购部	200.00
专设销售机构	800.00
生产车间	200.00
合计	1600.00

制表：李康杰　　审核：钱月平

图 3-82　预览费用分配表内容页面

上述银行客户专用回单收款方为江苏电信股份有限公司,金额为 1 744 元,日期为 4 月 13 日。从上述分配表可知,费用类别为电信费,金额合计 1 600 元,为增值税专用发票中的电话费金额。综上分析,分配电信费业务单据包括增值税专用发票、银行客户专用回单和费用分配表,财务人员均已找出并确认勾选。本业务分类选择"非成本核算业务",业务描述处可输入文字"13 日,支付电信费"。业务描述完成后,点击右下角"确定"按钮,系统将提示"保存成功!"。

2. 业务审核与凭证生成

财务人员进行业务审核,并生成记账凭证,预览记账凭证内容页面,如图 3-83 所示。

记账凭证

记字第 025 号　　制单日期：2023-04-13　　附单据数：3

摘要	总账科目	明细科目	借方金额	贷方金额	现金流量表项目
支付电信费	管理费用	办公费	600.00		请选择
	销售费用	办公费	800.00		请选择
	制造费用	办公费	200.00		请选择
	应交税费	应交增值税-进项税额	144.00		请选择
	银行存款	中国工商银行常州市新北区支行-41535		1744.00	支付其他与经营活…
		合计	1744.00	1744.00	

票号：　　单据：
日期：选择日期　　数量：- +
备注：　项目客户：　　部门业务员：　　个人：
记账：　　审核：　　出纳：　　制单：李康杰

图 3-83　预览[业务 25]生成的记账凭证内容页面

【业务 26】　本月在途物资入库

1. 票据整理

财务人员根据收料单初步判断本业务为材料验收入库,预览收料单内容页面,如图 3-84 所示。

收 料 单

供应单位：常州顺安电子有限责任公司　　2023 年04月14日　　编号 SL0891

材料编号	名 称	单 位	规 格	数 量		实际成本			
				应 收	实 收	单 价	发票价格	运杂费	总价
101	T330	千克		3600	3600				
102	T445	千克		4500	4500				
103	T540	千克		500	500				
备注:									

第二联记账联

收料人：赵雪丽　　交料人：车福林

图 3-84　预览收料单内容页面

从上述收料单可知，供应商为常州顺安电子有限责任公司，3 种材料应收数与实收数相符，本业务为[业务 9]采购的材料入库。本业务只有 1 张单据，业务分类选择“非成本核算业务”，业务描述处可输入文字“材料验收入库”。业务描述完成后，点击右下角“确定”按钮，系统将提示“保存成功！”。

2. 业务审核与凭证生成

财务人员进行业务审核，并生成记账凭证，预览记账凭证内容页面，如图 3-85 所示。

记账凭证

记字第 026 号　　制单日期：2023-04-14　　附单据数：1

摘要	总账科目	明细科目	借方金额	贷方金额	现金流量表项目
本月在途物资入库	原材料	T330	432000.00		请选择
	原材料	T445	360000.00		请选择
	原材料	T540	17500.00		请选择
	在途物资	T330		432000.00	请选择
	在途物资	T445		360000.00	请选择
	在途物资	T540		17500.00	请选择
票号：　日期：选择日期	单据：　数量：- +	合计	809500.00	809500.00	

备注　项目客户：　部门业务员：　个人：

记账：　审核：　出纳：　制单：李康杰

图 3-85　预览[业务 26]生成的记账凭证内容页面

【业务 27】　销售商品，款已收

1. 票据整理

财务人员根据销售单初步判断本业务为销售业务，并获得购货单位、产品名称、单价、数量和金额等信息。预览销售单内容页面，如图 3-86 所示。

销 售 单

购货单位：镇江圣优机械制造有限责任公司　　地址和电话：江苏省镇江市润州区刘敬街钟国路60号0511-36767484　　单据编号：XS3317

纳税识别号：913211114305084278　　开户行及账号：中国建设银行镇江市润州区支行41931151385256　　制单日期：2023-04-14

编码	产品名称	规格	单位	单价	数量	金额	备注
201	E01		台	474.60	1500	711900.00	
202	E02		台	576.30	2300	1325490.00	
合计	人民币(大写)：贰佰零叁万柒仟叁佰玖拾元整				—	¥2037390.00	

会计联

销售经理：陆文豪　　经手人：高明哲　　会计：李康杰　　签收人：张琪

图 3-86　预览销售单内容页面

从上述销售单可知，购货单位名称为镇江圣优机械制造有限责任公司，销售单日期为 2023 年 4 月 14 日，合同标的物是 E01、E02，E01 的销售数量为 1 500 台，含税金额为 711 900 元，E02 的销售数量为 2 300 台，含税金额为 1 325 490 元，合同总金额为 2 037 390 元。财务人员搜索关键字“镇江圣优机械制造有限责任公司”，筛选出一系列单据，先预览购销合同内容页面，如图 3-87 所示。

购销合同

购方：镇江圣优机械制造有限责任公司　　合同编号：20238670

销方：常州凯祥家电有限责任公司　　签订地点：常州市

供、需双方本着互利互惠、长期合作的原则，根据《中华人民共和国民法典》及双方的实际情况，就需方向供方采购事宜，订立本合同，以使双方在合同履行中共同遵守。

一、产品名称、数量、单价、金额：

产品名称	规格型号	计量单位	数量	单价	金额	备注
E01		台	1500	474.60	711900.00	含税金额
E02		台	2300	576.30	1325490.00	
合计					¥2037390.00	
合计人民币（大写）：贰佰零叁万柒仟叁佰玖拾元整						

二、质量要求、技术标准、供方对质量负责的条件和期限：按合同企业标准。

三、（1）交（提）货地点、方式：江苏省常州市新北区杨红街刘海路35号。

（2）交货日期：2023-04-14。

四、付款时间与付款方式：付款方式：网银。

五、运输方式及到站、港和费用负担：销售方承担。

六、合理损耗及计算方法：以实际数量验收。

七、包装标准、包装物的供应与回收：普通包装，不回收包装物。

八、验收标准、方法及提出异议期限：

货到需方7天内提出质量异议，不包括运输过程中造成的质量问题。

自收到货物的30天内可以提出折让

九、违约责任：按《中华人民共和国民法典》

十、解决合同纠纷的方式：双方协商解决。

十一、其他约定事项：

本合同一式两份，供、需双方各一份，经双方盖章后即生效。

十二、本合同产品不含税金额1803000.00元，税率13%，税额234390.00元，并开具增值税专用发票。

购方（盖章）：镇江圣优机械制造有限责任公司　　销方（盖章）：常州凯祥家电有限责任公司

单位地址：江苏省镇江市润州区刘敬街钟国路60号　　单位地址：江苏省常州市新北区杨红街刘海路35号

电　话：0511-36767484　　电　话：0519-05592056

签订日期：2023-03-01　　签订日期：2023-03-01

开户银行：中国建设银行镇江市润州区支行　　开户银行：中国工商银行常州市新北区支行

账　号：41931151385256　　账　号：41535944818470

图 3-87　预览购销合同内容页面

从上述购销合同可知，购货单位为镇江圣优机械制造有限责任公司，购销合同上的产品名称为 E01、E02，E01 的销售数量为 1 500 台，含税金额为 711 900 元，E02 的销售数量为 2 300 台，含税金额为 1 325 490 元，合同总金额为 2 037 390 元。购销合同内容与销售单相匹配，则判断该购销合同与销售单属于同一笔销售业务。再预览增值税专用发票内容页面，如图 3-88 所示。

电子发票（增值税专用发票）

发票号码：23322000000000043123

开票日期：2023年04月14日

购买方信息	名称：镇江圣优机械制造有限责任公司 统一社会信用代码/纳税人识别号：913211114305084278	销售方信息	名称：常州凯祥家电有限责任公司 统一社会信用代码/纳税人识别号：913204117527805265

项目名称	规格型号	单位	数量	单价	金额	税率/征收率	税额
*家用厨房电器具*E01		台	1500	420	630000.00	13%	81900.00
*家用厨房电器具*E02		台	2300	510	1173000.00	13%	152490.00
合计					¥1803000.00		¥234390.00
价税合计（大写）	⊗贰佰零叁万柒仟叁佰玖拾元整				（小写） ¥2037390.00		
备注							

开票人：张弘文

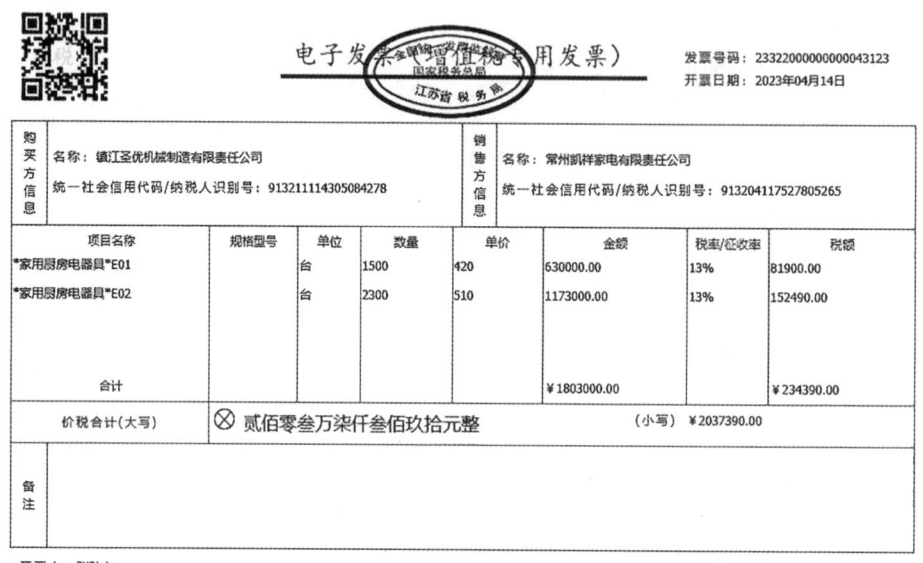

图 3-88　预览销售发票内容页面

从上述增值税专用发票可知，购买方名称为镇江圣优机械制造有限责任公司，发票上的开票日期为 2023 年 4 月 14 日，产品名称为 E01、E02，E01 的销售数量为 1 500 台，不含税金额为 630 000 元，税额为 81 900 元，E02 的销售数量为 2 300 台，不含税金额为 1 173 000 元，税额为 152 490 元，发票总金额为 2 037 390 元。预览银行客户专用回单内容页面，如图 3-89 所示。

中国工商银行客户专用回单

币别：人民币　　2023 年 04 月 14 日　　流水号 320420027J0500810012

付款人	全称	镇江圣优机械制造有限责任公司	收款人	全称	常州凯祥家电有限责任公司
	账号	41931151385256		账号	41535944818476
	开户行	中国建设银行镇江市润州区支行		开户行	中国工商银行常州市新北区支行
金额		（大写） 人民币贰佰零叁万柒仟叁佰玖拾元整		（小写） ¥2037390.00	
凭证种类		网银	凭证号码		
结算方式		转账	用途		货款

汇划日期：2023-04-14　汇划款项编号:46447542

报文顺序号：34925092　汇划行行号:105558172007721

汇出行行名：中国建设银行镇江市润州区支行

业务类型：0060　原始凭证金额：2037390.00

原始凭证种类：0703　原始凭证号码：

附言：

打印柜员：320425584257

打印机构：中国工商银行常州市新北区支行

打印卡号：41535944818476

打印时间：2023-04-14　交易柜员：320425584268　交易机构：320410247

第二联贷方（回单）

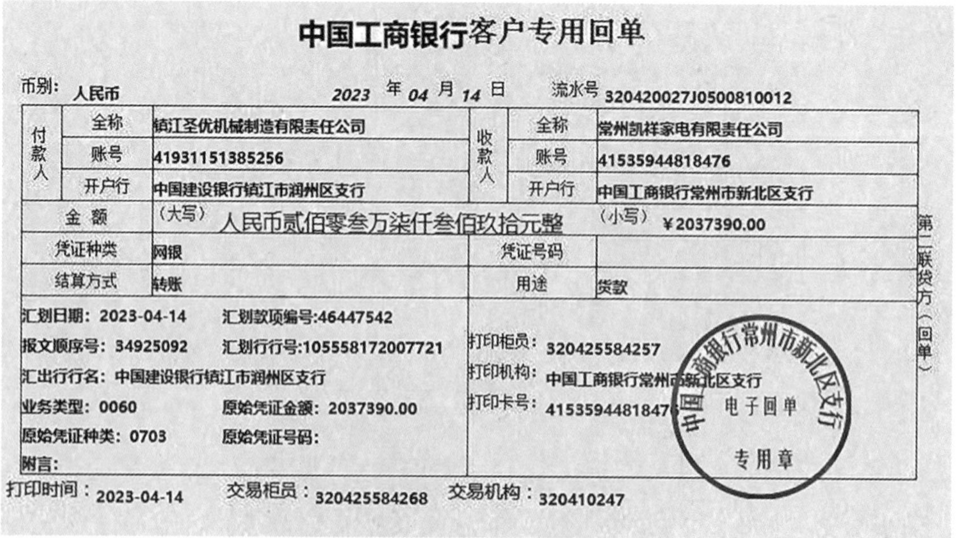

图 3-89　预览银行客户专用回单内容页面

从上述银行客户专用回单可知,付款人名称为镇江圣优机械制造有限责任公司,收款金额为 2 037 390 元,说明本销售业务的款项已收到。财务人员搜索关键字"经理办公会议纪要",从过滤后的单据中找出与本销售业务有关的"经理办公会议纪要"。预览经理办公会议纪要内容页面,如图 3-90 所示。

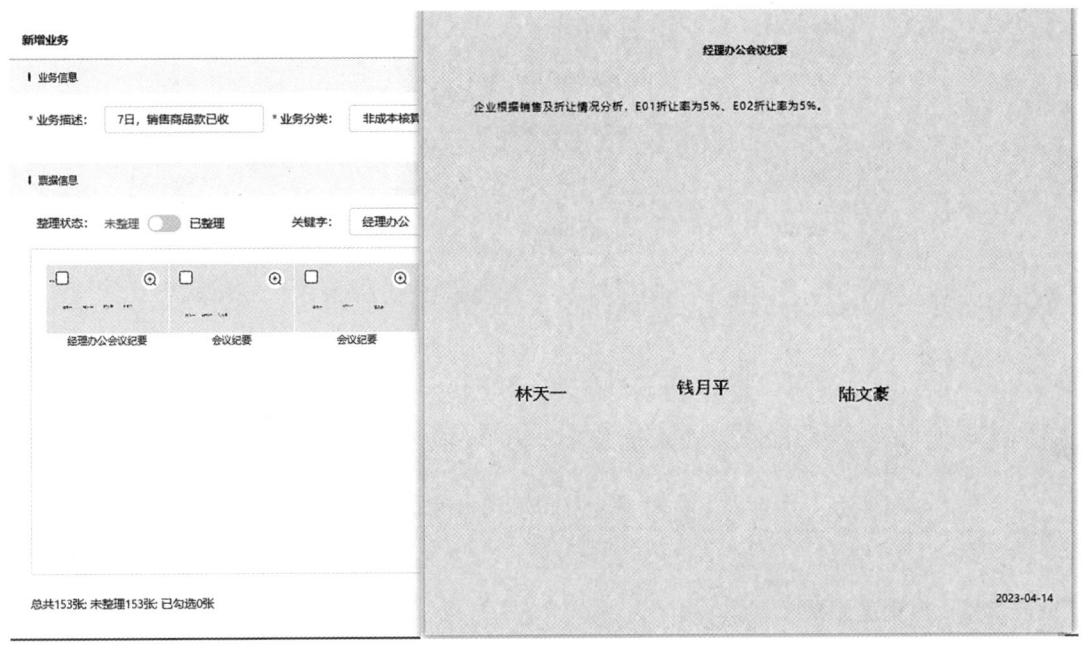

图 3-90　预览经理办公会议纪要内容页面

从上述经理办公会议纪要可知,会议纪要的签署日期为 4 月 14 日、会议纪要的内容为各产品折让率 5%。从本公司的会计政策和存货信息可知,对 E01、E02 产品同时进行预计退货、预计折让管理。

综上分析,本销售业务的单据包括购销合同、销售单、销售发票、经理办公会议纪要和银行客户专用回单,财务人员均已找出并确认勾选。本业务分类选择"非成本核算业务",业务描述处可输入文字"14 日,销售商品款已收"。业务描述完成后,点击右下角"确定"按钮,系统将提示"保存成功!"。

2. 业务审核与凭证生成

财务人员进行业务审核,并生成记账凭证,预览记账凭证内容页面,如图 3-91 所示。

记账凭证

记字第 027 号　　制单日期：2023-04-14　　附单据数：5

摘要	总账科目	明细科目	借方金额	贷方金额	现金流量表项目
销售产品	银行存款	中国工商银行常州市新北区支行-41535	2037390.00		销售商品、提供劳
	主营业务收入	商品销售收入-E01		598500.00	请选择
	主营业务收入	商品销售收入-E02		1114350.00	请选择
	应交税费	应交增值税-销项税额		234390.00	请选择
	预计负债	应付折让款-E01		31500.00	请选择
	预计负债	应付折让款-E02		58650.00	请选择
票号：　日期：选择日期	单据：　数量：- +	合计	2037390.00	2037390.00	

备注　项目客户：　部门业务员：　个人：

记账：　审核：　出纳：　制单：李康杰

图 3-91　预览[业务 27]生成的记账凭证内容页面

【业务 28】　报销差旅费

【知识链接】

根据《关于深化增值税改革有关政策的公告》2019 年第 39 号规定，纳税人购进国内旅客运输服务，其进项税额允许从销项税额中抵扣。纳税人未取得增值税专用发票的，暂按照以下规定确定进项税额：

（1）取得增值税电子普通发票的，为发票上注明的税额。

（2）取得注明旅客身份信息的航空运输电子客票行程单的，为按照下列公式计算进项税额：

$$航空旅客运输进项税额 =(票价 + 燃油附加费) \div (1+9\%)\times 9\%$$

（3）取得注明旅客身份信息的铁路车票的，为按照下列公式计算的进项税额：

$$铁路旅客运输进项税额 = 票面金额 \div (1+9\%)\times 9\%$$

（4）取得注明旅客身份信息的公路、水路等其他客票的，按照下列公式计算进项税额：

$$公路、水路等其他旅客运输进项税额 = 票面金额 \div (1+3\%)\times 3\%$$

1. 票据整理

财务人员根据差旅费报销单初步判断本业务为报销差旅费，预览报销单内容页面，如图 3-92 所示。

差旅费报销单

2023 年 04 月 14 日   附原始单据 4 张

姓名	王俊伟			工作部门	采购部				出差事由	洽谈公务			
日期		地点		车船费			深夜补贴	途中补贴	住勤费			旅馆费	公交费	金额合计
起	讫	起	讫	车次或船名	时间	金额			地区	天数	补贴			
04-09	04-13	常州市	北京市	飞机		1400.00				5	600.00	1060.00	82.40	3142.40

现金付讫

报销金额（大写）人民币 叁仟壹佰肆拾贰元肆角整   合计（小写）¥3142.40
补付金额： ¥1142.40   退回金额：
领导批准 林天一   会计主管 钱月平   部门负责人 王俊伟   审核 钱月平   报销人 王俊伟

图 3-92　预览报销单内容页面

从上述报销单可知，采购部王俊伟 4 月 9 日—4 月 13 日到北京出差，乘坐飞机，住宿 4 天发生住宿费 1 060 元，乘坐公交共花费 82.40 元，出差前预借差旅费 2 000 元，报销 3 142.40 元，用现金补付 1 142.40 元。财务人员搜索关键字"借款单"，筛选出 1 张单据，预览借款单内容页面，如图 3-93 所示。

借款单

2023 年 04 月 09 日   NO 98430

借款人：王俊伟	所属部门：采购部
借款用途：预借差旅费	
借款金额：人民币(大写) 贰仟元整	¥2000.00
部门负责人审批：王俊伟	借款人(签章)：王俊伟
财务部门 审核：钱月平	
单位负责人批示： 同意	签字：林天一
核销记录： 补付差旅费报销款1142.40元。	

第二联结算联（结算后记账）

图 3-93　预览借款单内容页面

从上述借款单可知，4 月 9 日，王俊伟预借差旅费 2 000 元，回来报销后单位补付差旅费 1 142.40 元。财务人员搜索关键字"航空"，筛选出 2 张单据，预览航空运输电子客票内容页面，如图 3-94 和图 3-95 所示。

从上述航空客票可知，旅客为王俊伟，4 月 9 日从常州出发，4 月 13 日从北京返回。财务人员搜索关键字"住宿"，筛选出 1 张单据，预览发票内容页面，如图 3-96 所示。

航空运输电子客票行程单
ITINERARY/RECEIPT OF E-TICKET FOR AIR TRANSPORT

印刷序号：
SERIAL NUMBER:142390179421

旅客姓名 NAME OF PASSENGER	有效身份证件号码 ID.NO.	签注 ENDORSEMENTS/RESTRICTIONS (CARBON)
王俊伟	320505199310255985	不得自愿签转变更退票

	承运人 CARRIER	航班号 FLIGHT	座位等级 CLASS	日期 DATE	时间 TIME	客票级别/客票类别 FARE BASIS	客票生效日期 NOT VALID BEFORE	有效截止日期 NOT VALID AFTER	免费行李 ALLOW
自 FROM 常州市	东航	MU3498	T	0409	09:00	ETD00			20k
至 TO 北京市									
至 TO									
至 TO									
至 TO	票价 FARE CNY650.00		民航发展基金 AIRPORT TAX CNY50.00		燃油附加费 FUEL SURCHARGE CNY0.00	其他税费 OTHER TAXES CNY0.00	合计 TOTAL CNY700.00		

电子客票号码 E-TICKET NO. 1394360504535 CONJ79/79	验证码 CK. 5331	提示信息 INFORMATION 东航进出常州市在1号候机楼	保险费 INSURANCE 0.00
销售单位代号 AGENT CODE. BJN515 00000003	填开单位 ISSUED BY 东方航空有限公司常州市营业部		填开日期 DATE OF ISSUE 20230409

验真网址：WWW.TRAVELSKY.COM 服务热线：400-815-8888 短信验真：发送JP至10669018

付款凭证 RECEIPT

手写无效 INVALID IN HANDWRITING

图 3-94 预览航空客票内容页面

航空运输电子客票行程单
ITINERARY/RECEIPT OF E-TICKET FOR AIR TRANSPORT

印刷序号：
SERIAL NUMBER:330402113520

旅客姓名 NAME OF PASSENGER	有效身份证件号码 ID.NO.	签注 ENDORSEMENTS/RESTRICTIONS (CARBON)
王俊伟	320505199310255985	不得自愿签转变更退票

	承运人 CARRIER	航班号 FLIGHT	座位等级 CLASS	日期 DATE	时间 TIME	客票级别/客票类别 FARE BASIS	客票生效日期 NOT VALID BEFORE	有效截止日期 NOT VALID AFTER	免费行李 ALLOW
自 FROM 北京市	东航	MU6868	T	0413	15:30	ETD00			20k
至 TO 常州市									
至 TO									
至 TO									
至 TO	票价 FARE CNY650.00		民航发展基金 AIRPORT TAX CNY50.00		燃油附加费 FUEL SURCHARGE CNY0.00	其他税费 OTHER TAXES CNY0.00	合计 TOTAL CNY700.00		

电子客票号码 E-TICKET NO. 3311634881092 CONJ73/68	验证码 CK. 5115	提示信息 INFORMATION 东航进出北京市在2号候机楼	保险费 INSURANCE 0.00
销售单位代号 AGENT CODE. BJN619 00000005	填开单位 ISSUED BY 东方航空有限公司北京市营业部		填开日期 DATE OF ISSUE 20230413

验真网址：WWW.TRAVELSKY.COM 服务热线：400-815-8888 短信验真：发送JP至10669018

付款凭证 RECEIPT

手写无效 INVALID IN HANDWRITING

图 3-95 预览航空客票内容页面

电子发票（增值税专用发票）

发票号码：23112000000000027323
开票日期：2023年04月13日

购买方信息	名称：常州凯祥家电有限责任公司 统一社会信用代码/纳税人识别号：913204117527805265	销售方信息	名称：北京市胡凤酒店有限责任公司 统一社会信用代码/纳税人识别号：911101084653828247

项目名称	规格型号	单位	数量	单价	金额	税率/征收率	税额
*住宿服务*住宿费		晚	4	250	1000.00	6%	60.00
合计					¥1000.00		¥60.00
价税合计（大写）	⊗ 壹仟零陆拾元整				（小写） ¥1060.00		
备注							

开票人：张长越

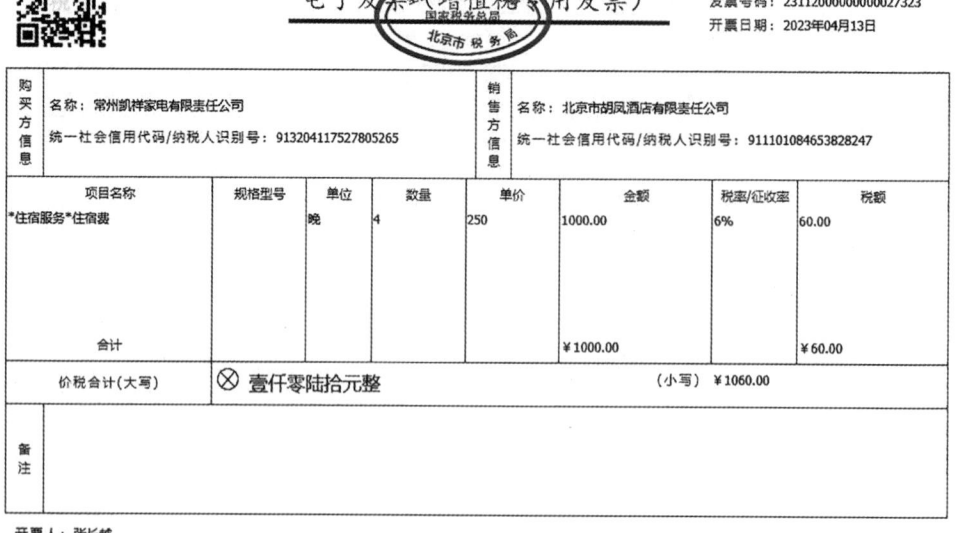

图 3-96 预览增值税发票内容页面

从上述增值税专用发票可知,北京市胡凤酒店开出4月13日住宿费发票共1 060元,和上述报销差旅费为同一业务。财务人员搜索关键字"公交",无搜索结果,继续搜索"出租车",筛选出1张单据,预览出租车发票内容页面,如图3-97所示。

图3-97　预览出租车发票内容页面

从上述发票可知,4月9日发生出租车费用82.40元,与报销单中公交费金额一致。综上分析,报销差旅费业务的单据包括差旅费报销单、借款单、航空运输电子客票、增值税专用发票和出租车发票,财务人员均以找出并确认勾选。本业务分类选择"非成本核算业务",业务描述处可输入文字"报销差旅费"。业务描述完成后,点击右下角"确定"按钮,系统将提示"保存成功!"。

2. 业务审核与凭证生成

财务人员进行业务审核,并生成记账凭证,预览记账凭证内容页面,如图3-98所示。

摘要	总账科目	明细科目	借方金额	贷方金额	现金流量表项目
报销差旅费	管理费用	差旅费	2975.06		请选择
	应交税费	应交增值税-进项税额	167.34		请选择
	其他应收款	王俊伟		2000.00	请选择
	库存现金			1142.40	支付其他与经营活
		合计	3142.40	3142.40	

记字第 028 号　　制单日期：2023-04-14　　附单据数：3

票号：　　单据：
日期：选择日期　　数量：- +

备注：　项目客户：　　部门业务员：　　个人：

记账：　　审核：　　出纳：　　制单：李康杰

图3-98　预览[业务28]生成的记账凭证内容页面

【业务29】 支付固定资产清理费

1. 票据整理

财务人员根据增值税普通发票备注栏初步判断本业务为发生固定资产清理费,预览发票内容页面,如图3-99所示。

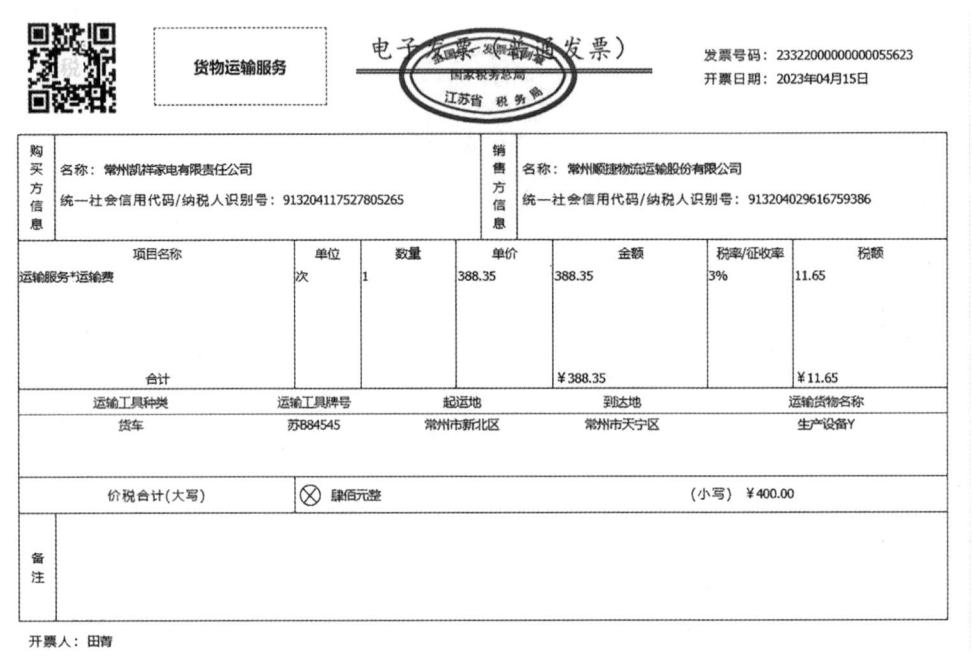

图 3-99 预览发票内容页面

从上述发票可知,凯祥公司4月15日以现金支付固定资产生产设备Y的清理费用400元,本业务为[业务23]的延续。本业务只有1张单据,业务分类选择"非成本核算业务",业务描述处可输入文字"发生清理费"。业务描述完成后,点击右下角"确定"按钮,系统将提示"保存成功!"。

2. 业务审核与凭证生成

财务人员进行业务审核,并生成记账凭证,预览记账凭证内容页面,如图3-100所示。

图 3-100 预览[业务29]生成的记账凭证内容页面

【业务 30】 支付税控专用设备技术维护费
【知识链接】

根据《财政部、国家税务总局关于增值税税控系统专用设备和技术维护费用抵减增值税税额有关政策的通知》规定：

(1) 增值税纳税人 2011 年 12 月 1 日(含,下同)以后初次购买增值税税控系统专用设备(包括分开票机)支付的费用,可凭购买增值税税控系统专用设备取得的增值税专用发票,在增值税应纳税额中全额抵减(抵减额为价税合计额),不足抵减的可结转下期继续抵减。增值税纳税人非初次购买增值税税控系统专用设备支付的费用,由其自行负担,不得在增值税应纳税额中抵减。

增值税税控系统包括:增值税防伪税控系统、货物运输业增值税专用发票税控系统、机动车销售统一发票税控系统和公路、内河货物运输业发票税控系统。

增值税防伪税控系统的专用设备包括金税卡、IC 卡、读卡器或金税盘和报税盘;货物运输业增值税专用发票税控系统专用设备包括税控盘和报税盘;机动车销售统一发票税控系统和公路、内河货物运输业发票税控系统专用设备包括税控盘和传输盘。

(2) 增值税纳税人 2011 年 12 月 1 日以后缴纳的技术维护费(不含补缴的 2011 年 11 月 30 日以前的技术维护费),可凭技术维护服务单位开具的技术维护费发票,在增值税应纳税额中全额抵减,不足抵减的可结转下期继续抵减。技术维护费按照价格主管部门核定的标准执行。

(3) 增值税一般纳税人支付的二项费用在增值税应纳税额中全额抵减的,其增值税专用发票不作为增值税抵扣凭证,其进项税额不得从销项税额中抵扣。

(4) 纳税人购买的增值税税控系统专用设备自购买之日起 3 年内因质量问题无法正常使用的,由专用设备供应商负责免费维修,无法维修的免费更换。

1. 票据整理

财务人员根据增值税普通发票上的项目名称"'信息技术服务'软件技术维护费"初步判断本业务为支付税控专用设备技术维护费,预览发票内容页面,如图 3-101 所示。

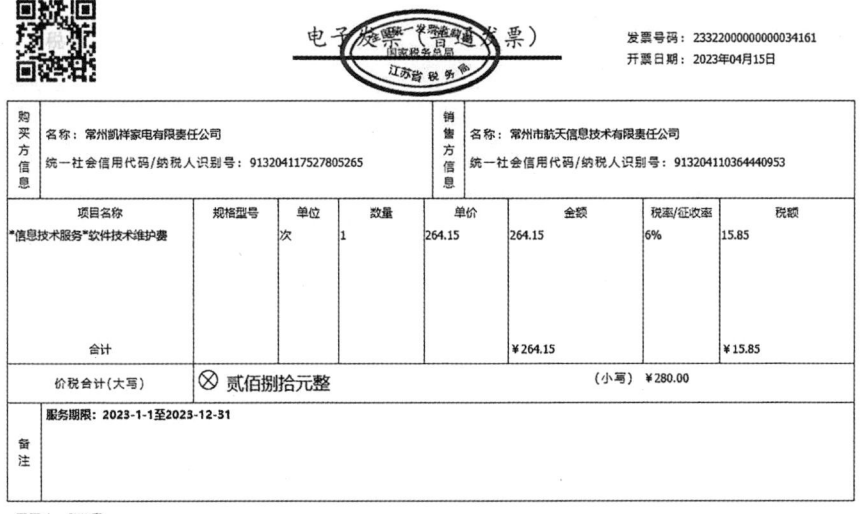

图 3-101 预览发票内容页面

从上述发票可知,凯祥公司支付技术维护费为 264.15 元,税额为 15.85 元,合计 280 元,开票日期为 4 月 15 日。财务人员搜索关键词"税控专用",筛选出 1 张单据。预览银行客户专用回单内容页面,如图 3-102 所示。

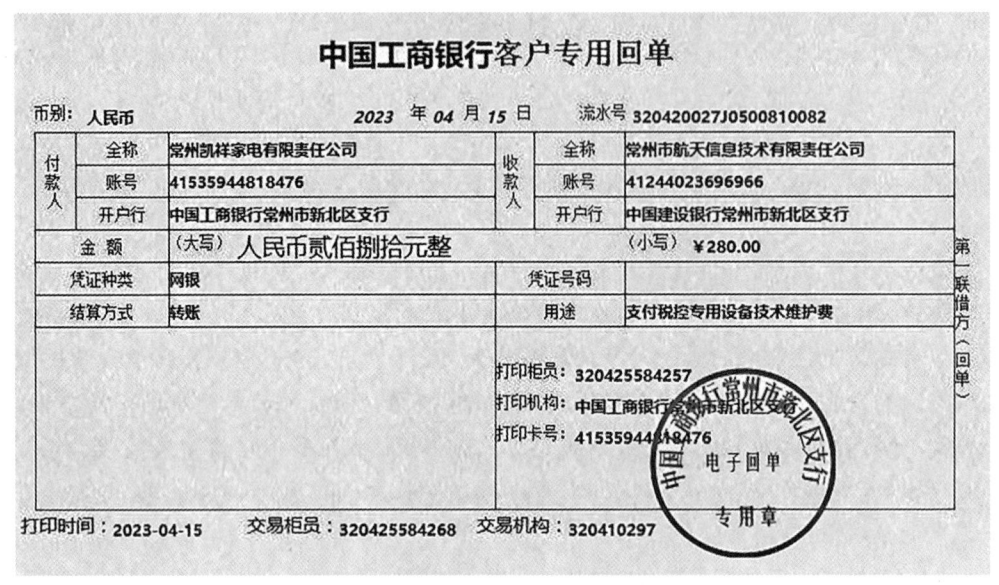

图 3-102 预览银行客户专用回单内容页面

从上述银行客户专用回单可知,收款人为常州市航天信息技术有限责任公司,金额为 280 元,和上述增值税发票属于同一笔业务,确认勾选。综上分析,支付税控专用设备技术维护费业务的单据包括增值税普通发票和银行客户专用回单,财务人员均已找出并确认勾选。本业务分类选择"非成本核算业务",业务描述处可输入文字"支付税控专用设备技术维护费"。业务描述完成后,点击右下角"确定"按钮,系统将提示"保存成功!"。

2. 业务审核与凭证生成

财务人员进行业务审核,并生成记账凭证,预览记账凭证内容页面,如图 3-103 所示。

图 3-103 预览[业务 30]生成的记账凭证内容页面

【业务 31】 支付本月前欠货款

1. 票据整理

财务人员根据银行客户专用回单初步判断本业务为支付前欠货款,预览银行客户专用回单内容页面，如图 3-104 所示。

中国工商银行客户专用回单

币别：人民币　　2023 年 04 月 17 日　　流水号 320420027J0500810030

付款人	全称	常州凯祥家电有限责任公司	收款人	全称	常州顺安电子有限责任公司
	账号	41535944818476		账号	41988571075874
	开户行	中国工商银行常州市新北区支行		开户行	中国工商银行常州市武进区支行
金额		（大写）人民币玖拾壹万肆仟柒佰叁拾伍元整		（小写）¥914735.00	
凭证种类		网银		凭证号码	
结算方式		转账		用途	货款

打印柜员：3204255842
打印机构：中国工商银行常州市新北区支行
打印卡号：41535944818476

中国工商银行常州市新北区支行 电子回单 专用章

第一联借方（回单）

打印时间：2023-04-17　　交易柜员：320425584268　　交易机构：320410254

图 3-104　预览银行客户专用回单内容页面

从银行客户专用回单可知，收款人为常州顺安电子有限责任公司，金额为 914 735 元。本业务只有 1 张单据，业务分类选择“非成本核算业务”，业务描述处可输入文字“17 日，支付本月前欠货款”。业务描述完成后，点击右下角“确定”按钮，系统将提示“保存成功！”。

2. 业务审核与凭证生成

财务人员进行业务审核，并生成记账凭证，预览记账凭证内容页面，如图 3-105 所示。

记账凭证

记字第 031 号　　制单日期：2023-04-17　　附单据数：1

摘要	总账科目	明细科目	借方金额	贷方金额	现金流量表项目
支付本月前欠货款	应付账款	常州顺安电子有限责任公司	914735.00		请选择
	银行存款	中国工商银行常州市新北区支行-41535		914735.00	购买商品、接受劳务
票号：　单据： 日期：选择日期　数量：- +		合计	914735.00	914735.00	

备注　项目客户：　部门业务员：　个人：

记账：　审核：　出纳：　制单：李康杰

图 3-105　预览[业务 31]生成的记账凭证内容页面

【业务 32】　收到固定资产报废残料收入

1. 票据整理

财务人员根据增值税专用发票与已整理好的[业务 23]初步判断本业务为处置固定资产设备 Y，产生报废残料收入，预览增值税专用发票内容页面，如图 3-106 所示。

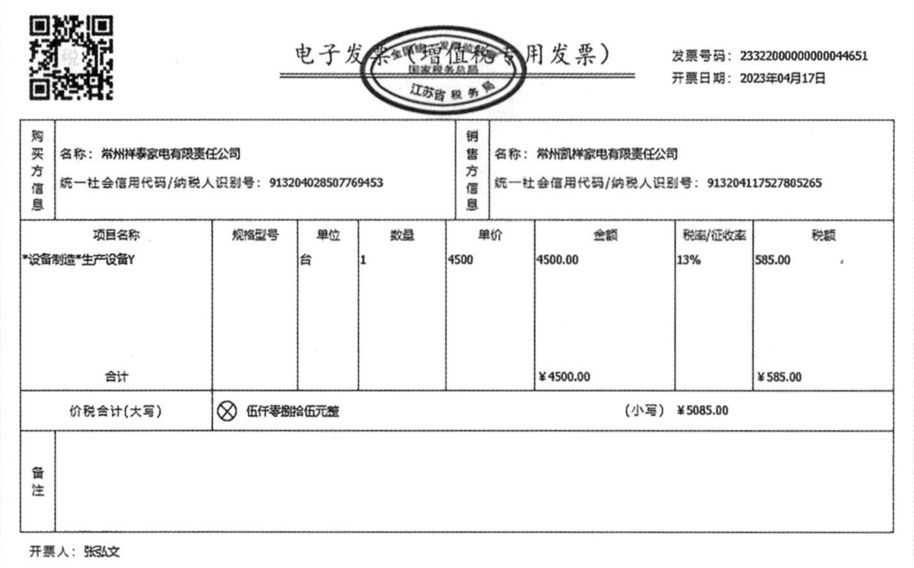

电子发票（增值税专用发票）

发票号码：23322000000000044651
开票日期：2023年04月17日

购买方信息	名称：常州祥泰家电有限责任公司 统一社会信用代码/纳税人识别号：913204028507769453	销售方信息	名称：常州凯祥家电有限责任公司 统一社会信用代码/纳税人识别号：913204117527805265

项目名称	规格型号	单位	数量	单价	金额	税率/征收率	税额
*设备制造*生产设备Y		台	1	4500	4500.00	13%	585.00
合计					¥4500.00		¥585.00
价税合计（大写）	⊗ 伍仟零捌拾伍元整				（小写） ¥5085.00		
备注							

开票人：张弘文

图 3-106　预览增值税专用发票内容页面

从上述发票可知，凯祥公司 4 月 17 日处置生产设备 Y，产生报废残料收入，不含税价款为 4 500 元，税额 585 元，总价款 5 085 元，购买方为常州祥泰家电有限责任公司。财务人员搜索关键字“设备”筛选出 1 张单据，预览银行客户专用回单内容页面，如图 3-107 所示。

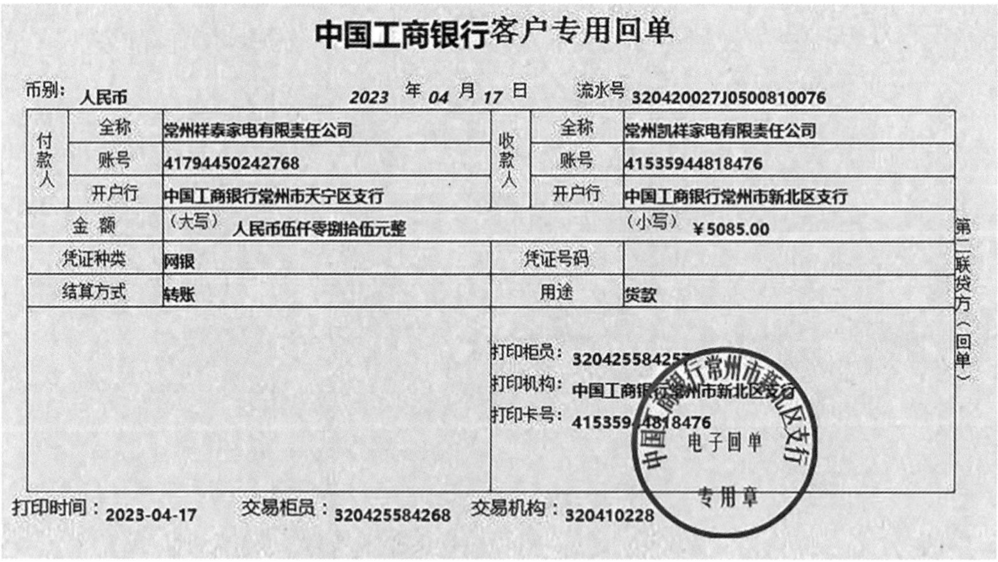

中国工商银行客户专用回单

币别：人民币　　2023 年 04 月 17 日　　流水号 320420027J0500810076

付款人	全称	常州祥泰家电有限责任公司	收款人	全称	常州凯祥家电有限责任公司
	账号	41794450242768		账号	41535944818476
	开户行	中国工商银行常州市天宁区支行		开户行	中国工商银行常州市新北区支行
金额		（大写） 人民币伍仟零捌拾伍元整		（小写） ¥5085.00	
凭证种类		网银	凭证号码		
结算方式		转账	用途		货款

打印柜员：320425584268
打印机构：中国工商银行常州市新北区支行
打印卡号：41535944818476

第二联贷方（回单）

打印时间：2023-04-17　交易柜员：320425584268　交易机构：320410228

图 3-107　预览银行客户专用回单内容页面

上述银行客户专用回单可知，收款人为凯祥公司，金额为 5 085 元，用途为收到货款，可以判断该回单和上述增值税专用发票为同一笔业务，确认勾选。综上分析，收到固定资产报废残料收入业务的单据包括增值税专用发票和银行客户专用回单，财务人员均已找出并确认勾选。本业务分类选择“非成本核算业务”，业务描述处可输入文字“17 日，收到固定资产报废残料收入”。业务描述完成后，点击右下角“确定”按钮，系统将提示“保存成功！”。

2. 业务审核与凭证生成

财务人员进行业务审核,并生成记账凭证,预览记账凭证内容页面,如图 3-108 所示。

摘要	总账科目	明细科目	借方金额	贷方金额	现金流量项目
报废固定资产	银行存款	中国工商银行常州市新北区支行-41535944818476	5085.00		处置固定资产、无形资产
	固定资产清理	生产设备-生产设备Y		4500.00	请选择
	应交税费	应交增值税-销项税额		585.00	请选择
		合计	5085.00	5085.00	

记字第 032 号　制单日期:2023-04-17　附单据数:2

图 3-108　预览[业务 32]生成的记账凭证内容页面

【业务 33】 购买股票

1. 票据整理

财务人员根据经理办公会议纪要初步判断本业务为购入股票,预览经理办公会议纪要内容页面,如图 3-109 所示。

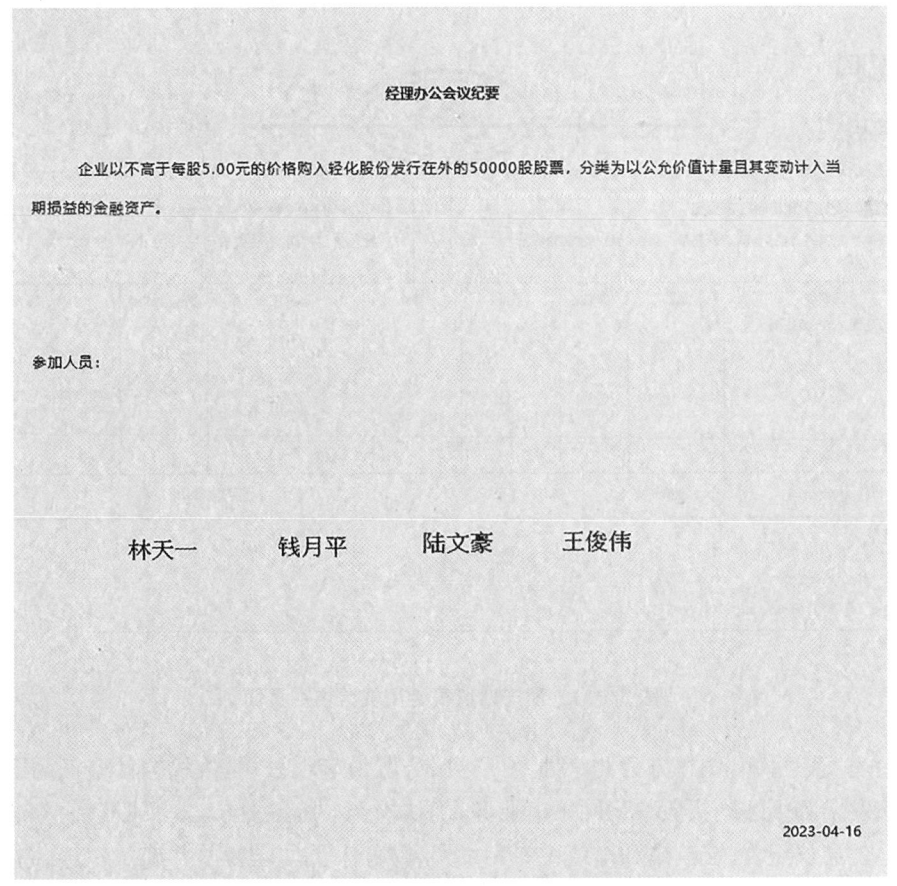

图 3-109　预览经理办公会议纪要内容页面

从经理办公会议纪要中可知，凯祥公司于 4 月 16 日购入轻化股份发行在外的股票 50 000 股，并划分为交易性金融资产。财务人员搜索关键字"轻化股份"筛选出一张交割单，预览交割单内容页面，如图 3-110 所示。

图 3-110 预览交割单内容页面

从上述交割单中可知，凯祥公司 4 月 16 日购入轻化股份的股票 50 000 股，成交价 5 元/股，成交金额 250 000 元，手续费 50 元。财务人员通过交割单可判断手续费应取得一张增值税专用发票，搜索关键字"金融服务"筛选出 1 张单据，预览增值税专用发票内容页面，如图 3-111 所示。

图 3-111 预览增值税专用发票内容页面

从上述发票可知，销售方为北京孙兰证券服务股份有限公司，价税合计金额为 50 元，可以判断该发票和上述购买股票为同一笔业务，确认勾选。综上分析，购买股票业务的单据包括经理办公会议纪要、交割单和增值税专用发票，财务人员均已找出并确认勾选。本业务分类选择"非成本核算业务"，业务描述处可输入文字"购买股票"。业务描述完成后，点击右下角"确定"按钮,系统将提示"保存成功!"。

2. 业务审核与凭证生成

财务人员进行业务审核,并生成记账凭证,预览记账凭证内容页面,如图 3-112 所示。

图 3-112　预览[业务 33]生成的记账凭证内容页面

【业务 34】　购买并领用办公用品

1. 票据整理

财务人员根据增值税专用发票初步判断本业务为办公用品购买业务,预览增值税专用发票内容页面,如图 3-113 所示。

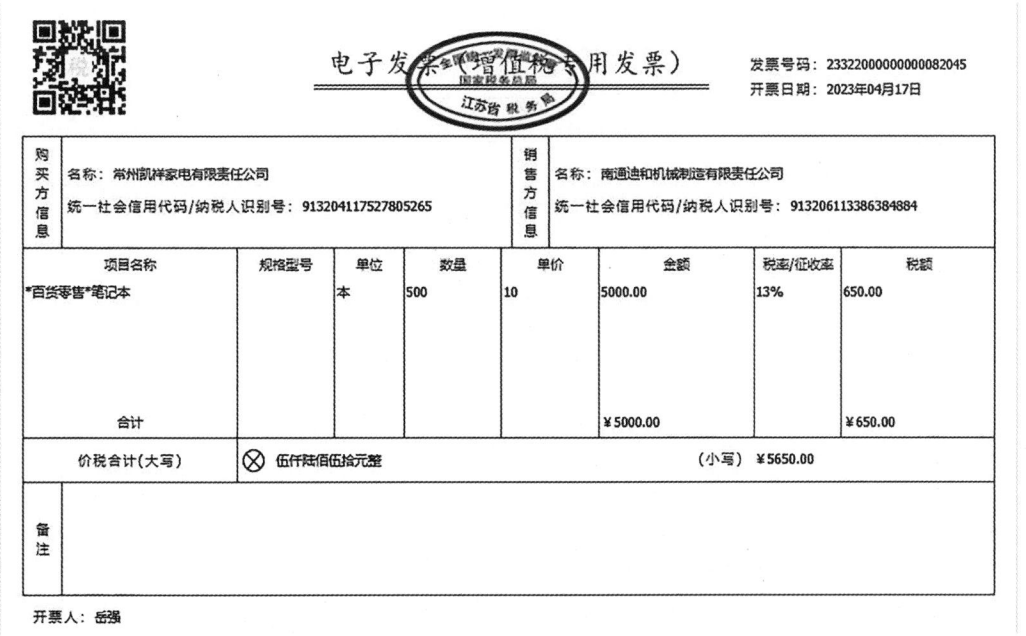

图 3-113　预览增值税专用发票内容页面

从上述发票可知，凯祥公司 4 月 17 日购买笔记本 500 本，不含税价款为 5 000 元，增值税 650 元，总价款 5 650 元。财务人员搜索关键字"办公"筛选出 2 张单据，其中，1 张为银行客户专用回单，1 张为办公用品领用单。预览银行客户专用回单内容页面，如图 3-114 所示。

图 3-114 预览银行客户专用回单内容页面

从上述银行客户专用回单可知，收款人为南通迪和机械制造有限责任公司，金额为 5 650 元，用途为购买办公用品，可以判断该回单和上述增值税发票为同一笔业务，确认勾选。继续预览办公用品领用单内容页面，如图 3-115 所示。

图 3-115 预览办公用品领用单内容页面

从领用单可知，办公室领用 200 本，财务部领用 150 本，采购部领用 150 本，合计 500 本笔记本，和增值税专用发票中购入的笔记本数量一致，确认勾选。综上分析，购买并领用办公用品业务的单据包括增值税专用发票、银行客户专用回单和办公用品领用单，财务人员均已找出并确认勾选。本业务分类选择"非成本核算业务"，业务描述处可输入文字"购买并领用办公用品"。业务描述完成后，点击右下角"确定"按钮，系统将提示"保存成功！"。

2. 业务审核与凭证生成

财务人员进行业务审核,并生成记账凭证,预览记账凭证内容页面,如图 3-116 所示。

记账凭证

记字第 034 号　　制单日期: 2023-04-17　　附单据数: 3

摘要	总账科目	明细科目	借方金额	贷方金额	现金流量表项目
购买并领用办公用品	管理费用	办公费	5000.00		请选择
	应交税费	应交增值税-进项税额	650.00		请选择
	银行存款	中国工商银行常州市新北区支行-41535944818476		5650.00	购买商品、接受劳务支付
票号: 日期: 选择日期	单据: 数量:	合计	5650.00	5650.00	

备注　项目客户:　　部门业务员:　　个人:

记账:　　审核:　　出纳:　　制单: 李康杰

图 3-116　预览[业务 34]生成的记账凭证内容页面

【业务 35】 结转报废固定资产净损失

1. 票据整理

财务人员根据固定资产处置结果表初步判断本业务为结转报废固定资产净损失,预览固定资产处置结果表内容页面,如图 3-117 所示。

固定资产处置结果表

2023 年 04 月 19 日

固定资产名称	生产设备Y	原价	150000.00	已提折旧	144000.00
净值	6000.00	出售价格(不含税)	4500.00	清理费用	400.00
出售净损益	-1900.00				
财务部意见: : 净损益按《企业会计准则》处理 钱月平 2023 年 04 月 19 日			公司领导意见 同意　林天一 2023 年 04 月 19 日		

图 3-117　预览固定资产处置结果表内容页面

从上述固定资产处置结果表可知,企业处置固定资产生产设备 Y,出售处置净损失 1 900 元。本业务只有 1 张原始凭证,业务分类选择“非成本核算业务”,业务描述处可输入文字“结转报废固定资产净损失”。业务描述完成后,点击右下角“确定”按钮,系统将提示“保存成功!”。

2. 业务审核与凭证生成

财务人员进行业务审核,并生成记账凭证,预览记账凭证内容页面,如图 3-118 所示。

记账凭证

记字第 035 号　　制单日期：2023-04-19　　附单据数：1

摘要	总账科目	明细科目	借方金额	贷方金额	现金流量表项目
结转清理净损益	营业外支出	非流动资产处置损失	1900.00		请选择
	固定资产清理	生产设备-生产设备Y		1900.00	请选择
		合计	1900.00	1900.00	

制单：李康杰

图 3-118　预览[业务 35]生成的记账凭证内容页面

【业务 36】 预付货款

1. 票据整理

财务人员根据银行客户专用回单上的用途初步判断本业务为预付货款,预览银行客户专用回单内容页面,如图 3-119 所示。

中国工商银行客户专用回单

币别：人民币　　2023 年 04 月 19 日　　流水号 320420027J0500810049

付款人	全称	常州凯祥家电有限责任公司	收款人	全称	常州和康电子有限责任公司
	账号	41535944818476		账号	41269939522924
	开户行	中国工商银行常州市新北区支行		开户行	中国工商银行常州市金坛市支行

金额	(大写) 人民币肆拾壹万肆仟贰佰玖拾伍元柒角整	(小写) ￥414295.70
凭证种类	网银	凭证号码
结算方式	转账	用途　预付货款

打印柜员：320425584257
打印机构：中国工商银行常州市新北区支行
打印卡号：41535944818476

打印时间：2023-04-19　　交易柜员：320425584268　　交易机构：320410284

图 3-119　预览银行客户专用回单内容页面

从上述银行客户专用回单可知,凯祥公司向常州和康电子有限责任公司支付预付款 414 295.70 元。本业务只有 1 张原始凭证,业务分类选择"非成本核算业务",业务描述处可输入文字"预付货款"。业务描述完成后,点击右下角"确定"按钮,系统将提示"保存成功!"。

2. 业务审核与凭证生成

财务人员进行业务审核,并生成记账凭证,预览记账凭证内容页面,如图 3-120 所示。

项目三 智能凭证管理 115

		记账凭证			
记字第 036 号		制单日期：2023-04-19			附单据数：1
摘要	总账科目	明细科目	借方金额	贷方金额	现金流量表项目
预付货款	预付账款	常州和康电子有限责任公司	414295.70		请选择
	银行存款	中国工商银行常州市新北区支行-41535		414295.70	购买商品、接受劳务
票号： 单据： 日期：选择日期 数量：- +		合计	414295.70	414295.70	
备注 项目客户： 部门业务员：			个人：		
记账：	审核：	出纳：		制单：李康杰	

图 3-120　预览[业务 36]生成的记账凭证内容页面

【业务 37】 商业汇票到期收款
【知识链接】

商业汇票根据承兑人不同，分为银行承兑汇票和商业承兑汇票。银行承兑汇票一式三联：第一联为卡片，由承兑银行作为底卡保存；第二联由收款人开户行向承兑银行收取票款时作联行往来账付出传票；第三联为存根联，由签发单位编制有关凭证。收款人入账的原始凭证为银行承兑汇票第二联的正、反面复印件，原件由承兑银行保存。

1. 票据整理

财务人员根据银行承兑汇票第二联正反面复印件初步判断本业务为银行承兑汇票到期收款，预览复印件内容页面，如图 3-121 所示。

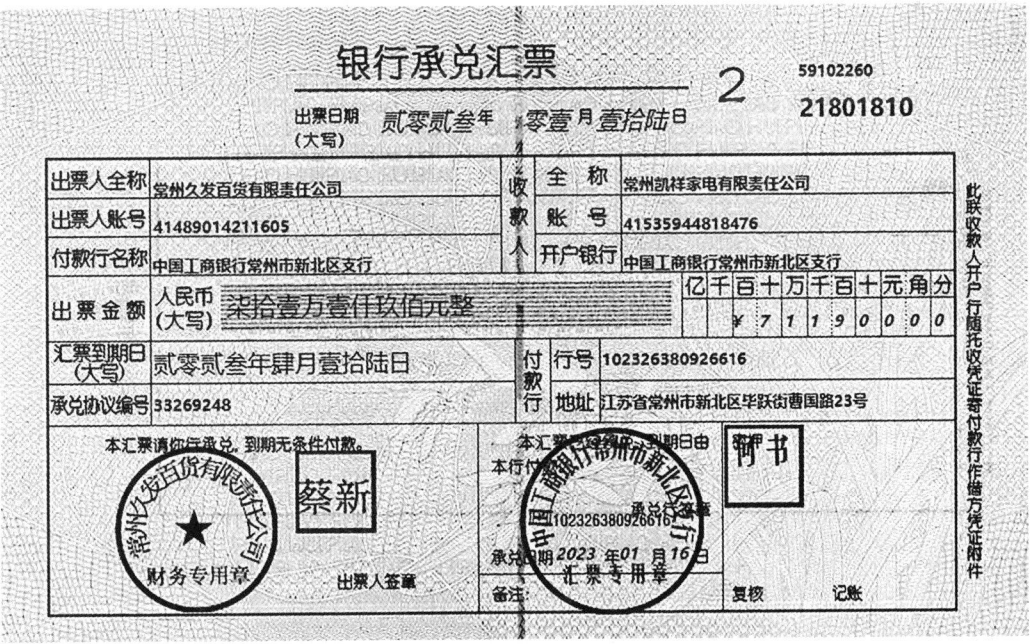

图 3-121(a)　预览银行承兑汇票复印件内容页面

图 3-121(b)　预览银行承兑汇票复印件内容页面

从上述银行承兑汇票第二联正反面复印件可知,出票人为常州久发百货有限责任公司,金额为 711 900 元,汇票到期日为 2023 年 4 月 16 日,已到银行办理提示付款手续。此时,如直接搜索关键字"银行客户专用回单"会显示很多结果,且银行承兑汇票到期收款的回单上不显示付款人名称,也无法通过出票人名称进行搜索。因此,财务人员应继续搜索关键字"银行承兑汇票",搜索出一张银行客户专用回单,预览银行客户专用回单内容页面,如图 3-122 所示。

图 3-122　预览银行客户专用回单内容页面

银行客户专用回单显示付款人为已到期未付款银承款项,金额为 711 900 元,和上述银行承兑汇票复印件为同一笔业务,确认勾选。综上分析,商业汇票到期收款业务的单据包括银行承兑汇票和银行客户专用回单,财务人员均已找出并确认勾选。本业务分类选择"非成本核算业务",业务描述处可输入文字"汇票到期收款"。业务描述完成后,点击右下角"确定"按钮,系统将提示"保存成功!"。

2. 业务审核与凭证生成

财务人员进行业务审核，并生成记账凭证，预览记账凭证内容页面，如图 3-123 所示。

摘要	总账科目	明细科目	借方金额	贷方金额	现金流量表项目
银行承兑汇票到期收款	银行存款	中国工商银行常州市新北区支行-41535	711900.00		销售商品、提供劳务
	应收票据	常州久发百货有限责任公司		711900.00	请选择
		合计	711900.00	711900.00	

记字第 037 号　制单日期：2023-04-19　附单据数：2
制单：李康杰

图 3-123　预览[业务 37]生成的记账凭证内容页面

【业务 38】　采购材料未入库，有运费

1. 票据整理

财务人员根据采购发票初步判断本业务为采购业务，预览采购发票内容页面，如图 3-124 所示。

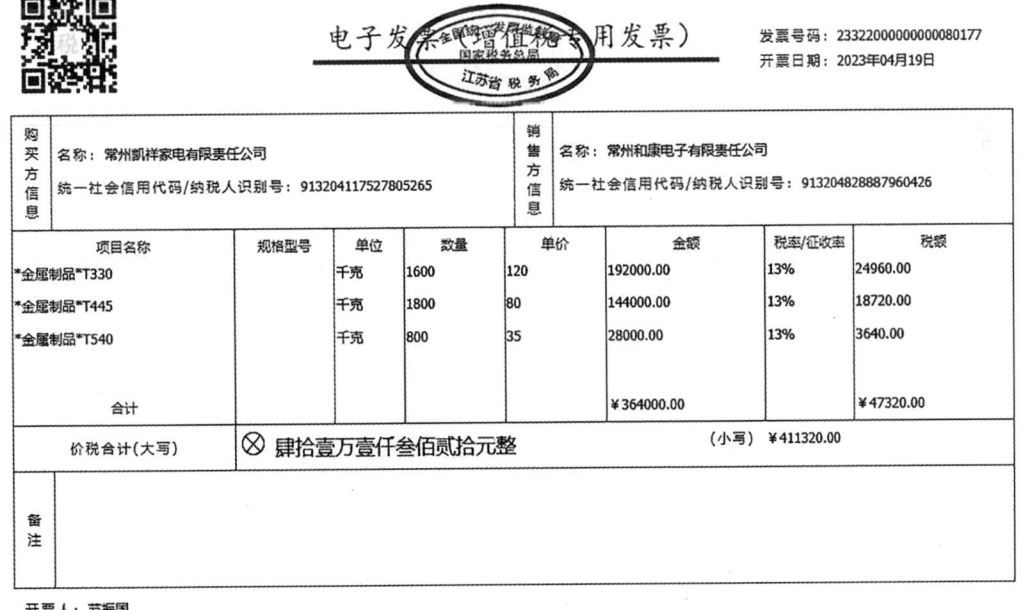

图 3-124　预览增值税专用发票内容页面

从上述发票可知，凯祥公司 4 月 19 日从常州和康电子有限责任公司购入材料 T330 共 1 600 千克，T445 共 1 800 千克，T540 共 800 千克，含税总金额为 411 320 元。财务人员搜索关键字"运输费"，筛选出一张运费的增值税专用发票，预览发票内容页面，如图 3-125 所示。

图 3-125 预览增值税专用发票内容页面

从上述发票备注栏可知，为运输材料 T330、T445 和 T540 发生运输费 2 730 元，税额 245.70 元，该运输费由供应商垫付。由于购买多种材料发生共同的运费，运费需要分配，所以继续搜索关键字"采购费用分配表"，预览分配表内容页面如图 3-126 所示。

采购费用分配表

日期：2023-04-19　　　　　　　　　　　　　　　　　　　　　　　　　　　　单位：元

材料名称	分配标准	分配率	分配金额
T330	1600	0.65	1040.00
T445	1800	0.65	1170.00
T540	800	0.65	520.00
合计	4200		2730.00

制表：李康杰　　　　　　　　　　　　　　　　　　　　　　　　　　　　审核：钱月平

图 3-126 预览采购费用分配表内容页面

通过预览运费发票和费用分配表可见，与上述采购发票的内容相匹配。采购的材料一共发生运费 2 730 元，由供应商垫付，按材料的重量比例进行分配，其中材料 T330 分配 1 040 元，T445 分配 1 170 元，T540 分配 520 元。继续搜索关键字"常州和康"，筛选出的单据中没有收料单和银行客户专用回单，说明采购的材料未入库。对于货款，需要关注是否存在预付款项,自[业务36]可知,当前采购业务的购货款已预付。综上分析,采购材料未入库有运费业务的单据包括采购发票、运费发票和采购费用分配表,财务人员均已找出并确认勾选。本业务分类选择"非成本核算业务",业务描述处可输入文字"采购材料未入库,有运费"。业务描述完成后,点击右下角"确定"按钮,系统将提示"保存成功!"。

2. 业务审核与凭证生成

财务人员进行业务审核,并生成记账凭证,预览记账凭证内容页面,如图3-127所示。

摘要	总账科目	明细科目	借方金额	贷方金额	现金流量表项目
采购材料未入库	在途物资	T330	193040.00		请选择
	在途物资	T445	145170.00		请选择
	在途物资	T540	28520.00		请选择
	应交税费	应交增值税-进项税额	47565.70		请选择
	预付账款	常州和康电子有限任公司		414295.70	请选择
		合计	414295.70	414295.70	

记字第 038 号　制单日期:2023-04-19　附单据数:3
制单:李康杰

图 3-127　预览[业务38]生成的记账凭证内容页面

【业务39】　在安装设备竣工决算

1. 票据整理

财务人员根据固定资产竣工决算表初步判断本业务为在安装设备竣工决算,预览固定资产竣工决算表内容页面,如图3-128所示。

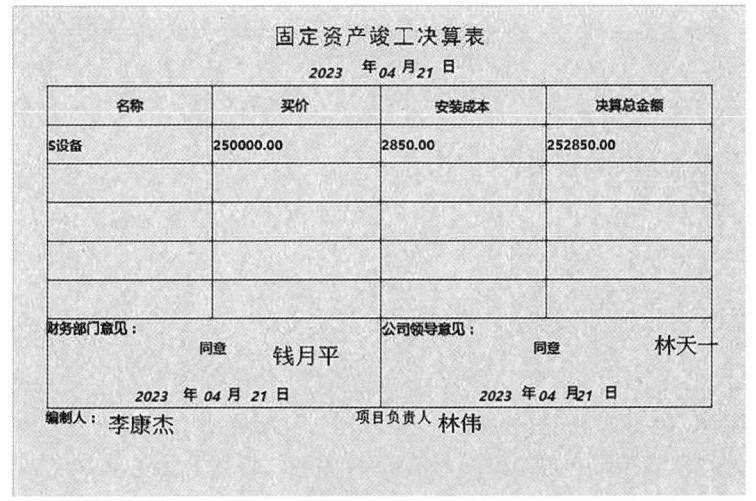

图 3-128　预览固定资产竣工决算表内容页面

从上述固定资产竣工决算表可知,企业在安装 S 设备竣工决算,买价 250 000 元,安装成本 2 850 元,决算总金额为 252 850 元。财务人员搜索关键字"新增固定资产",筛选出 1 张凭证为新增固定资产登记表,预览登记表内容页面,如图 3-129 所示。

图 3-129　预览新增固定资产登记表内容页面

从上述固定资产登记表可知,公司 4 月 21 日新增固定资产 S 设备一台,确认勾选。本业务分类选择"非成本核算业务",业务描述处可输入文字"设备安装完毕,投入使用"。业务描述完成后,点击右下角"确定"按钮,系统将提示"保存成功!"。

2. 业务审核与凭证生成

财务人员进行业务审核,并生成记账凭证,预览记账凭证内容页面,如图 3-130 所示。

图 3-130　预览[业务 39]生成的记账凭证内容页面

【业务 40】 支付委托加工物资加工费

1. 票据整理

财务人员根据增值税专用发票初步判断本业务为发生委托加工物资加工费,预览发票内容页面,如图 3-131 所示。

从上述发票可知,凯祥公司 4 月 21 日发生不含税加工费 120 000 元,税费为 15 600 元,共计 135 600 元,加工方为南京交电家电有限责任公司,根据前面已发生业务,判断本业务为[业务 2]的延续。财务人员搜索关键字"南京交电",筛选出 1 张银行客户专用回单和 1 张委托加工协议,预览银行客户专用回单内容页面,如图 3-132 所示。

电子发票（增值税专用发票）　　发票号码：23322000000000083037
　　　　　　　　　　　　　　　　　开票日期：2023年04月21日

购买方信息	名称：常州凯祥家电有限责任公司 统一社会信用代码/纳税人识别号：913204117527805265	销售方信息	名称：南京交电家电有限责任公司 统一社会信用代码/纳税人识别号：913201066749980646

项目名称	规格型号	单位	数量	单价	金额	税率/征收率	税额
*劳务*加工费		台	1200	100	120000.00	13%	15600.00
合计					¥120000.00		¥15600.00
价税合计（大写）	⊗ 壹拾叁万伍仟陆佰元整				（小写）¥135600.00		
备注							

开票人：杨秋青

图 3-131　预览发票内容页面

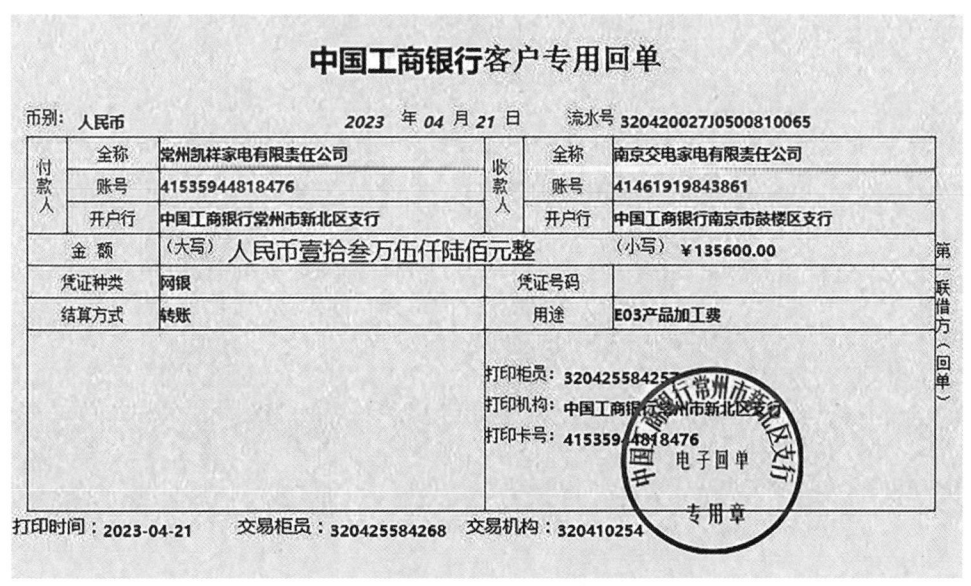

图 3-132　预览银行客户专用回单内容页面

　　从上述回单可知，凯祥公司 4 月 21 日支付加工费共 135 600 元，与上述发票为同一笔业务，确认勾选。继续预览加工协议内容页面，如图 3-133 所示。

　　上述协议中注明加工费 135 600 元，与上述发票及回单为同一笔业务，确认勾选。综上分析，委托加工物资加工费业务的单据包括增值税专用发票、银行客户专用回单和委托加工协议，财务人员均已找出并确认勾选。本业务分类选择"非成本核算业务"，业务描述处可输

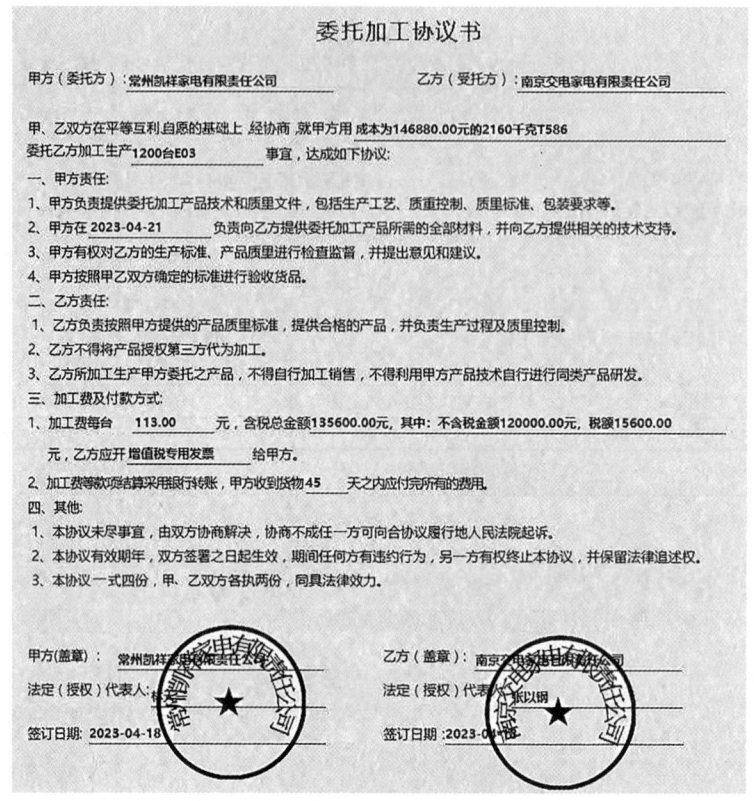

图 3-133　预览委托加工协议内容页面

入文字"支付委托加工物资加工费"。业务描述完成后,点击右下角"确定"按钮,系统将提示"保存成功!"。

2. 业务审核与凭证生成

财务人员进行业务审核,并生成记账凭证,预览记账凭证内容页面,如图 3-134 所示。

摘要	总账科目	明细科目	借方金额	贷方金额	现金流量表项目
支付委托加工物资加工费	委托加工物资	E03-加工费	120000.00		请选择
	应交税费	应交增值税-进项税额	15600.00		请选择
	银行存款	中国工商银行常州市新北区支行-41535		135600.00	购买商品、接受劳务
		合计	135600.00	135600.00	

记字第 040 号　制单日期:2023-04-21　附单据数:3　制单:李康杰

图 3-134　预览[业务 40]生成的记账凭证内容页面

【业务 41】 委托加工物资完工入库

1. 票据整理

财务人员根据委托加工物资入库单初步判断本业务为委托加工物资完工入库,预览入库单内容页面,如图 3-135 所示。

委托加工物资入库单

供应单位:苏州铭江机械制造有限责任公司　　2023 年 04 月 21 日　　编号:RK9013

产品编号	名称	单位	规格	数量		实际成本			
				应收	实收	发出材料成本	加工费	运费	总金额
203	E03	台		1200	1200				

收货人:赵雪丽　　　　交货人:李东升

图 3-135　预览入库单内容页面

从上述入库单可知,委托苏州铭江机械制造有限责任公司加工的 E03 产品入库 1 200 台。财务人员搜索关键字"委托加工物资",筛选出 1 张成本计算表,预览计算表内容页面,如图 3-136 所示。

委托加工物资完工入库成本计算表

2023-04-21　　　　　　　　　　　　　　　　单位:元

产品名称	材料费	加工费	运费	合计
E03	146880.00	120000.00	2000.00	268880.00
合计	146880.00	120000.00	2000.00	

制表:李康杰　　　　　　　　　　　　　　　　审核:钱月平

图 3-136　预览成本计算表内容页面

从上述成本计算表可知,委托加工物资材料费 146 880 元,加工费 120 000 元,运费 2 000 元,共计 268 880 元,根据前面已发生业务,本业务为[业务 2][业务 3]和[业务 40]的延续,确认勾选。综上分析,委托加工物资完工入库业务的单据包括委托加工物资完工入库单和委托加工物资完工入库成本计算表,财务人员均已找出并确认勾选。本业务分类选择"非成本核算业务",业务描述处可输入文字"委托加工物资完工入库"。业务描述完成后,点击右下角"确定"按钮,系统将提示"保存成功!"。

2. 业务审核与凭证生成

财务人员进行业务审核,并生成记账凭证,预览记账凭证内容页面,如图 3-137 所示。

记账凭证

记字第 041 号　　制单日期：2023-04-21　　附单据数：0

摘要	总账科目	明细科目	借方金额	贷方金额	现金流量表项目
支付委托加工物资运费	库存商品	E03	268880.00		请选择
	委托加工物资	E03-材料费		146880.00	请选择
	委托加工物资	E03-加工费		120000.00	请选择
	委托加工物资	E03-运费		2000.00	请选择
票号： 日期：选择日期	单据： 数量：- +	合计	268880.00	268880.00	

备注　项目客户：　　部门业务员：　　个人：

记账：　　审核：　　出纳：　　制单：李康杰

图 3-137　预览[业务 41]生成的记账凭证内容页面

【业务 42】　支付短期借款利息

1. 票据整理

财务人员根据贷款还息凭证初步判断本业务为支付短期借款利息，预览还息凭证内容页面，如图 3-138 所示。

交通银行　　股份有限公司贷款还息凭证

打印日期 2023 年 04 月 21 日

客户号：62286192877657　　机构代码：301464183895855

借款单位：常州凯祥家电有限责任公司

产生利息账号	还息金额	Osp现有余额	备　注
62901948308653	1550.00		合同号：170590000130127

金额合计　（大写）人民币 壹仟伍佰伍拾元整
　　　　　（小写）CNY****1550.00

付款账号：62901948308653

合同编号：30127

交易业务号：LAA110089008

开票柴键　　记账　　复核　　（盖章）

交通银行常州市新北区支行　2023-04-21　转讫　(01)

图 3-138　预览还息凭证内容页面

从上述凭证可知，凯祥公司通过交通银行归还短期借款利息 1 550 元。财务人员搜索关键字“贷款”，筛选出 2 张单据，其中，1 张为增值税普通发票，预览发票内容页面，如图 3-139 所示。

上述发票可知，凯祥公司 4 月 22 日发生交通银行贷款服务费 1 550 元，与上述还息凭证为同一笔业务，确认勾选。综上分析，支付短期借款利息业务的单据包括贷款还息凭证和增值税普通发票，财务人员均已找出并确认勾选。本业务分类选择“非成本核算业务”，业务描述处可输入文字“支付短期借款利息”。业务描述完成后，点击右下角“确定”按钮，系统将提示“保存成功！”。

图 3-139　预览增值税普通发票内容页面

2. 业务审核与凭证生成

财务人员进行业务审核,并生成记账凭证,预览记账凭证内容页面,如图 3-140 所示。

图 3-140　预览[业务 42]生成的记账凭证内容页面

【业务 43】　本月在途物资入库

1. 票据整理

财务人员根据收料单初步判断本业务为材料验收入库,预览收料单内容页面,如图 3-141 所示。

从上述收料单可知,供应商为常州和康电子有限责任公司,3 种材料应收数与实收数符,本业务为[业务 38]采购的材料入库。本业务只有 1 张单据,业务分类选择"非成本核算业务",业务描述处可输入文字"材料验收入库"。业务描述完成后,点击右下角"确定"按钮,系统将提示"保存成功!"。

收料单

供应单位：常州和康电子有限责任公司　　2023年04月23日　　编号 SL0999

材料编号	名称	单位	规格	数量 应收	数量 实收	实际成本 单价	实际成本 发票价格	实际成本 运杂费	实际成本 总价
101	T330	千克		1600	1600				
102	T445	千克		1800	1800				
103	T540	千克		800	800				

备注：
收料人：赵雪丽　　交料人：张玮

图 3-141　预览收料单内容页面

2. 业务审核与凭证生成

财务人员进行业务审核，并生成记账凭证，预览记账凭证内容页面，如图 3-142 所示。

记账凭证

记字据 043 号　　制单日期：2023-04-23　　附单据数：1

摘要	总账科目	明细科目	借方金额	贷方金额	现金流量表项目
本月在途物资入库	原材料	T330	193040.00		请选择
	原材料	T445	145170.00		请选择
	原材料	T540	28520.00		请选择
	在途物资	T330		193040.00	请选择
	在途物资	T445		145170.00	请选择
	在途物资	T540		28520.00	请选择
		合计	366730.00	366730.00	

票号：　　单据：
日期：选择日期　　数量：－ ＋

备注：　项目客户：　　部门业务员：　　个人：

记账：　　审核：　　出纳：　　制单：李康杰

图 3-142　预览[业务 43]生成的记账凭证内容页面

【业务 44】 本月销售退回

1. 票据整理

财务人员根据增值税负数发票初步判断本业务为销售退回或销售折让，预览发票内容页面，如图 3-143 所示。

从上述发票可知，购买方为常州国益百货有限责任公司，结合已发生的[业务 11]分析，本业务为本月销售退回，退回 E01 产品 56 件，E02 产品 32 件。财务人员继续搜索关键字"入库单"，筛选出 1 张单据，预览入库单内容页面，如图 3-144 所示。

上述入库单中，退回 E01 产品 56 件，E02 产品 32 件，与上述销售发票为同一笔业务，确认勾选。综上分析，销售退回业务的单据包括增值税负数发票和入库单，财务人员均已找出并确认勾选。本业务分类选择"非成本核算业务"，业务描述处可输入文字"销售退回"。业务描述完成后，点击右下角"确定"按钮，系统将提示"保存成功！"

电子发票（增值税专用发票）
发票号码：23322000000000057796
开票日期：2023年04月23日

购买方信息	名称：常州国益百货有限责任公司 统一社会信用代码/纳税人识别号：913204024018588622				销售方信息	名称：常州凯祥家电有限责任公司 统一社会信用代码/纳税人识别号：913204117527805265		
项目名称	规格型号	单位	数量	单价	金额	税率/征收率	税额	
*家用厨房电器具*E01		台	-56	420	-23520.00	13%	-3057.60	
*家用厨房电器具*E02		台	-32	510	-16320.00	13%	-2121.60	
合计					¥-39840.00		¥-5179.20	
价税合计(大写)	⊗（负数）肆万伍仟零壹拾玖元贰角整				(小写) ¥-45019.20			
备注	被红冲蓝字全电发票号码：23322000000000047793 红字发票信息确认单编号：35025222121000000000							

开票人：张弘文

图 3-143　预览发票内容页面

简易入库单
2023 年 04 月 23 日　　编号 RK9015

产品编号	名称	规格	计量单位	数量	单位成本	金额	备注
201	E01		台	56			当月销售本月退货
202	E02		台	32			当月销售本月退货

交库人：钟国钊　　　　　收货人：赵雪丽

图 3-144　预览入库单内容页面

2. 业务审核与凭证生成

财务人员进行业务审核，并生成记账凭证，预览记账凭证内容页面，如图 3-145 所示。

记账凭证
记字第 044 号　制单日期：2023-04-23　附单据数：2

摘要	总账科目	明细科目	借方金额	贷方金额	现金流量项目
销售退回	应收账款	常州国益百货有限责任公司	-45019.20		请选择
	预计负债	应付退货款-E01		-23520.00	请选择
	预计负债	应付退货款-E02		-16320.00	请选择
	应交税费	应交增值税-销项税额		-5179.20	请选择
		合计	-45019.20	-45019.20	

记账：　　审核：　　出纳：　　制单：李康杰

图 3-145　预览[业务 44]生成的记账凭证内容

【业务45】 支付咨询费

1. 票据整理

财务人员根据增值税专用发票初步判断本业务为发生咨询费,预览发票内容页面,如图3-146所示。

图 3-146 预览发票内容页面

从上述发票可知,盐城旭鼎鉴证咨询服务有限责任公司提供咨询服务,发生咨询费不含税金额5 000元,税额300元,共计5 300元。财务人员搜索关键字"盐城旭鼎",筛选出1张银行客户专用回单,预览银行客户专用回单内容页面,如图3-147所示。

图 3-147 预览银行客户专用回单内容页面

上述银行客户专用回单中,收款人为盐城旭鼎鉴证咨询服务有限责任公司,金额为5 300元,与上述发票为同一笔业务,确认勾选。综上分析,支付咨询费业务的单据包括增值税专用发票和银行客户专用回单,财务人员均已找出并确认勾选。本业务分类选择"非成本核算业务",业务描述处可输入文字"支付咨询费"。业务描述完成后,点击右下角"确定"按钮,系统将提示"保存成功!"。

2. 业务审核与凭证生成

财务人员进行业务审核,并生成记账凭证,预览记账凭证内容页面,如图3-148所示。

图3-148 预览[业务45]生成的记账凭证内容页面

【业务46】 发生销售折让

1. 票据整理

财务人员根据增值税负数发票初步判断本业务为销售退回或销售折让,预览发票内容页面,如图3-149所示。

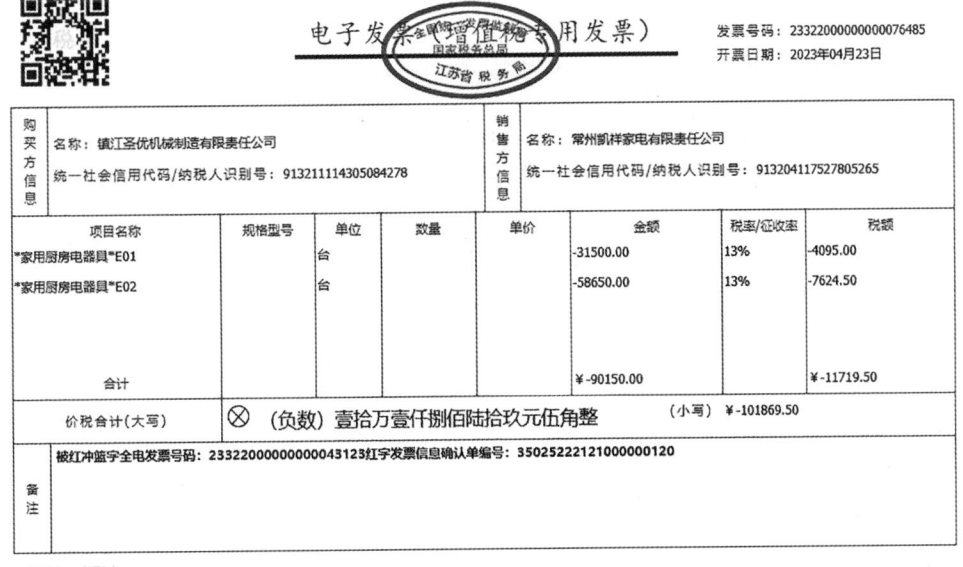

图3-149 预览发票内容页面

从上述发票可知，购买方为镇江圣优机械制造有限责任公司，结合已发生的[业务 27]分析，本业务为本月销售折让，发生折让款 101 869.50 元。[业务 27]中销售货款已收到，所以，财务人员继续搜索关键字“镇江圣优”，筛选出 1 张单据，预览回单内容页面，如图 3-150 所示。

中国工商银行客户专用回单

币别：人民币　　2023 年 04 月 23 日　　流水号 320420027J0500810055

付款人	全称	常州凯祥家电有限责任公司	收款人	全称	镇江圣优机械制造有限责任公司
	账号	41535944818476		账号	41931151385256
	开户行	中国工商银行常州市新北区支行		开户行	中国建设银行镇江市润州区支行
金额	（大写）人民币壹拾万壹仟捌佰陆拾玖元伍角整			（小写）¥101869.50	
凭证种类	网银		凭证号码		
结算方式	网银		用途	折让款	

汇划日期：2023-04-23　　汇划款项编号：46865188
报文顺序号:49524563　　汇出行行号：102326380926616
汇出行行名：中国工商银行常州市新北区支行
业务类型：0060　　原凭证金额:101869.50
原凭证种类:0703　　原凭证号码：
附言：

打印柜员：320425584257
打印机构：中国工商银行常州市新北区支行
打印卡号：41535944818476

第一联借方（回单）

打印时间：2023-04-23　　交易柜员：320425584257　　交易机构：320410269

中国工商银行常州市新北区支行 电子回单 专用章

图 3-150　预览银行客户专用回单内容页面

上述银行客户专用回单中，退回折让款 101 869.50 元，与上述发票为同一笔业务，确认勾选。综上分析，发生销售折让业务的单据包括增值税负数发票和银行客户专用回单，财务人员均已找出并确认勾选。本业务分类选择“非成本核算业务”，业务描述处可输入文字“销售折让”。业务描述完成后，点击右下角“确定”按钮，系统将提示“保存成功!”。

2. 业务审核与凭证生成

财务人员进行业务审核，并生成记账凭证，预览记账凭证内容页面，如图 3-151 所示。

记账凭证

记字第 046 号　　制单日期：2023-04-23　　附单据数：2

摘要	总账科目	明细科目	借方金额	贷方金额	现金流量表项目
销售折让	银行存款	中国工商银行常州市新北区支行-4153594481:		101869.50	销售商品、提供劳务收到
	预计负债	应付折让款-E01		-31500.00	请选择
	预计负债	应付折让款-E02		-58650.00	请选择
	应交税费	应交增值税-销项税额		-11719.50	请选择
票号：　日期：选择日期	单据：　数量：- +	合计	0.00	0.00	

备注　项目客户：　部门业务员：　个人：

记账：　审核：　出纳：　制单：李康杰

图 3-151　预览[业务 46]生成的记账凭证内容页面

【业务 47】 支付过路费

【知识链接】

自 2018 年 1 月 1 日起,纳税人所支付的桥、道路、闸通行费,应当按照以下规定抵扣进项税额:

(1) 纳税人所支付的道路通行费,应当按照公路通行费增值税电子普通发票上所注明的增值税税额抵扣相应的进项税额。

(2) 纳税人支付的桥、闸通行费,暂凭取得的通行费发票上注明的收费金额按照下列公式计算可抵扣的进项税额:

桥、闸通行费可抵扣进项税额＝桥、闸通行费发票上注明的金额÷(1+5%)×5%

1. 票据整理

财务人员根据增值税普通发票初步判断本业务为发生过路费,预览发票内容页面,如图 3-152 所示。

图 3-152 预览发票内容页面

从上述发票可知,发生过路费不含税金额 625 元,税额 18.75 元,共计 643.75 元。财务人员搜索关键字"费用分配",筛选出 3 张费用分配,预览其中 1 张费用分配表,如图 3-153 所示。

图 3-153 预览费用分配表内容页面

从上述费用分配可知,分配的费用为汽车通行费,金额为 625 元,与上述发票为同一笔业务,确认勾选。财务人员搜索关键字"江苏高速",筛选出 1 张银行客户专用回单,预览银行客户专用回单内容,如图 3-154 所示。

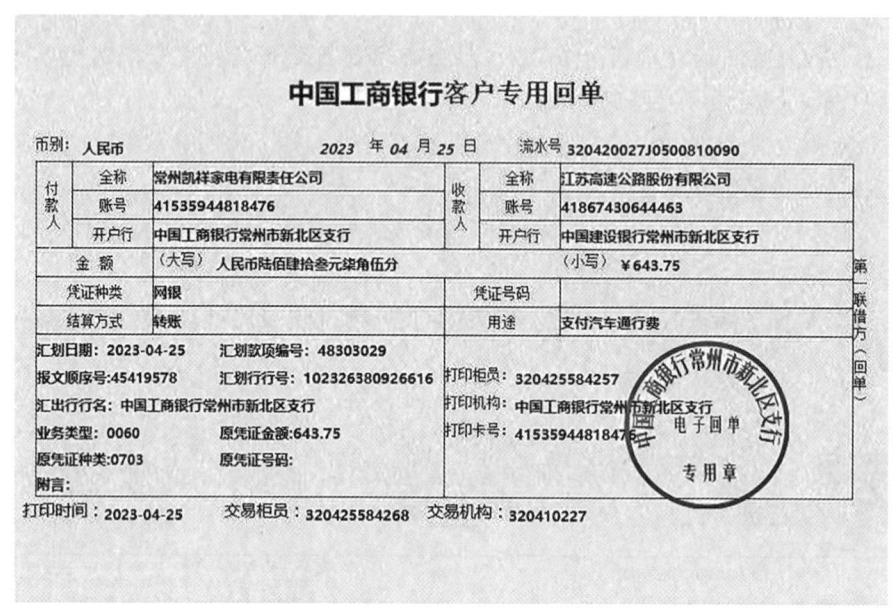

图 3-154 预览银行客户专用回单内容页面

从上述银行客户专用回单可知,支付汽车通行费共 643.75 元,与上述发票为同一笔业务,确认勾选。综上分析,支付过路费业务的单据包括增值税普通发票、费用分配表和银行客户专用回单,财务人员均已找出并确认勾选。本业务分类选择"非成本核算业务",业务描述处可输入文字"支付过路费"。业务描述完成后,点击右下角"确定"按钮,系统将提示"保存成功!"。

2. 业务审核与凭证生成

财务人员进行业务审核,并生成记账凭证,预览记账凭证内容页面,如图 3-155 所示。

图 3-155 预览[业务 47]生成的记账凭证内容页面

【业务 48】 销售商品,款未收

1. 票据整理

财务人员根据销售单初步判断本业务为销售业务,预览销售单内容页面,如图 3-156 所示。

销售单

购货单位:	常州新佳百货有限责任公司	地址和电话:	江苏省常州市金坛市何兰路74号0519-73991761			单据编号:	XS3318
纳税识别号:	913204826728366687	开户行及账号:	中国工商银行常州市金坛市支行41217746386040			制单日期:	2023-04-25

编码	产品名称	规格	单位	单价	数量	金额	备注
201	E01		台	474.60	800	379680.00	
202	E02		台	576.30	600	345780.00	
合计	人民币(大写)： 柒拾贰万伍仟肆佰陆拾元整				—	¥725460.00	
		销售经理：陆文豪	经手人：高明哲	会计：李康杰		签收人：唐剑	

图 3-156 预览销售单内容页面

从上述销售单可知，购买方名称为常州新佳百货有限责任公司，销售单日期为4月25日，合同标的物是 E01、E02，E01 的销售数量为 800 台，含税金额为 379 680 元，E02 的销售数量为 600 台，含税金额为 345 780 元，合同总金额为 725 460 元。财务人员搜索关键字"常州新佳百货"，系统将过滤出购销合同、增值税专用发票。预览购销合同内容页面，如图 3-157 所示。

购销合同

购方：常州新佳百货有限责任公司　　合同编号：2023197
销方：常州鸣祥家电有限责任公司　　签订地点：常州市

供、需双方本着互利互惠、长期合作的原则，根据《中华人民共和国民法典》及双方的实际情况，就需方向供方采购事宜，订立本合同，以使双方在合同履行中共同遵守。
一、产品名称、数量、单位、金额：

产品名称	规格型号	计量单位	数量	单价	金额	备注
E01		台	800	474.60	379680.00	含税金额
E02		台	600	576.30	345780.00	
合计					¥725460.00	
合计人民币(大写)： 柒拾贰万伍仟肆佰陆拾元整						

二、质量要求、技术标准、供方对质量负责的条件和期限：按合同企业标准。
三、(1) 交（提）货地点、方式：江苏省常州市新北区杨红街刘海路35号。
　　(2) 交货日期：2023-04-25。
四、付款时间与付款方式：
五、运输方式及到站、港和费用负担：销售方承担。
六、合理损耗及计算方法：以实际数量验收。
七、包装标准、包装物的供应与回收：普通包装，不回收包装物。
八、验收标准、方法及提出异议期限：
　　货到需方7天内提出质量异议，不包括运输过程中造成的质量问题。
　　自收到货物的30天内可以提出退货，运费由购货方承担。
九、违约责任：按《中华人民共和国民法典》
十、解决合同纠纷的方式：双方协商解决。
十一、其他约定事项：
　　本合同一式两份，供、需双方各一份，经双方盖章后即生效。
十二、本合同产品不含税金额642000.00元，税率13%，税额83460.00元，并开具增值税专用发票。

购方（盖章）：常州新佳百货有限责任公司　　销方（盖章）：常州鸣祥家电有限责任公司
单位地址：江苏省常州市金坛市何兰路74号　　单位地址：江苏省常州市新北区杨红街刘海路35号
电　话：0519-73991761　　电　话：0519-05293056
签订日期：2023-03-01　　签订日期：2023-03-01
开户银行：中国工商银行常州市金坛市支行　　开户银行：中国工商银行常州市新北支行
账　号：41217746386040　　账　号：41535944918476

图 3-157 预览销售合同内容页面

从上述购销合同可知,购买方为常州新佳百货有限责任公司,日期为 4 月 25 日,合同标的物是 E01、E02,E01 的销售数量为 800 台,含税金额为 379 680 元,E02 的销售数量为 600 台,含税金额为 345 780 元,合同总金额为 725 460 元,购销合同内容与销售单相匹配。预览销售发票内容页面,如图 3-158 所示。

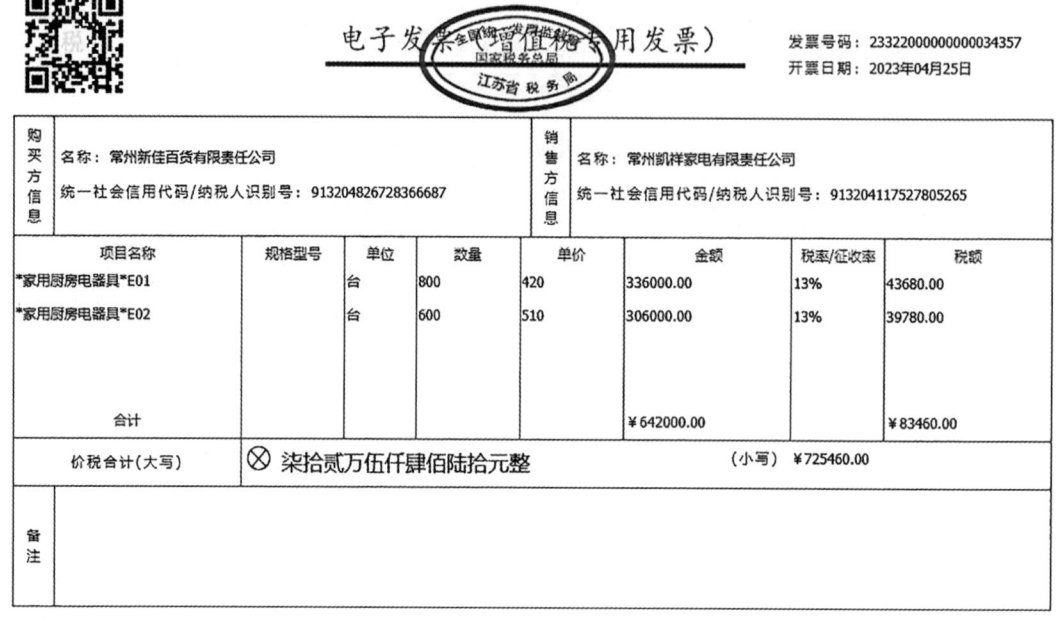

图 3-158　预览销售发票内容页面

从上述销售发票可知,购买方为常州新佳百货有限责任公司,销售发票上的日期为 4 月 25 日,合同标的物是 E01、E02,E01 的销售数量为 800 台,不含税金额为 336 000 元,税额为 43 680 元,E02 的销售数量为 600 台,不含税金额为 306 000 元,税额为 39 780 元,合同总金额为 725 460 元,销售发票的内容与销售单、购销合同相匹配。财务人员搜索关键字"经理办公",预览其中 1 张经理办公会议纪要内容页面,如图 3-159 所示。

从上述经理办公会议纪要可知,会议纪要的签署日期为 4 月 25 日、会议纪要的内容为各产品退货率2%,以此可判断该张单据与本业务属于同一笔销售业务的原始凭证。财务人员关键字搜索"新佳",凯祥公司有收到该公司的款项,收款时间为 4 月 29 日,与本月业务时间不匹配,在销售发货当天并未收到款项,属于赊销。

综上分析,销售商品,款未收业务的单据包括购销合同、销售单、销售发票和经理办公会议纪要,财务人员均已找出并确认勾选。本业务分类选择"非成本核算业务",业务描述处可输入文字"25 日,销售商品款未收"。业务描述完成后,点击右下角"确定"按钮,系统将提示"保存成功!"。

2. 业务审核与凭证生成

财务人员进行业务审核,并生成记账凭证,预览记账凭证内容页面,如图 3-160 所示。

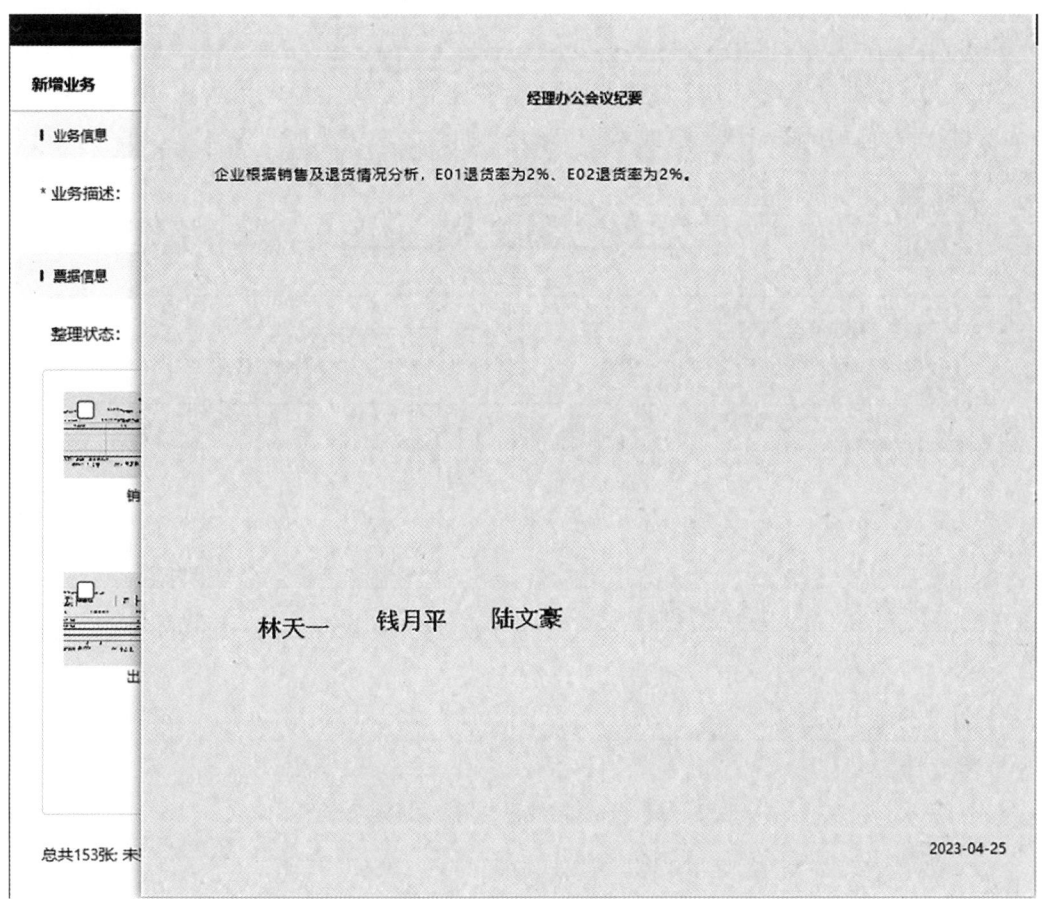

图 3-159　预览经理办公会议纪要内容页面

图 3-160　预览[业务 48]生成的记账凭证内容页面

【业务 49】 支付宽带费

1. 票据整理

财务人员根据增值税专用发票上的项目名称"电信服务-增值电信服务"初步判断本业务为支付宽带费,预览发票内容页面,如图 3-161 所示。

图 3-161 预览增值税专用发票内容页面

从上述发票可知,凯祥公司本月发生宽带费 1 800 元,税额为 108 元,合计 1 908 元,开票日期为 4 月 25 日。财务人员搜索关键字"宽带",筛选出 2 张单据,预览银行客户专用回单内容页面,如图 3-162 所示。

图 3-162 预览银行客户专用回单内容页面

从上述银行客户专用回单可知，收款方为江苏电信股份有限公司，金额为 1 908 元，日期为 4 月 25 日，与上述增值税发票为同一笔业务，确认勾选。预览费用分配表内容页面，如图 3-163 所示。

费用分配表

费用类别：宽带费　　2023-04-25

受益部门	金额
办公室	324.00
办公室	324.00
财务部	648.00
采购部	504.00
合计	1800.00

制表：李康杰　　审核：钱月平

图 3-163　预览费用分配表内容页面

从上述分配表可知，费用类别为宽带费，金额合计 1 800 元，为增值税专用发票中的不含税金额，由此可知，上述 3 张凭证为同一业务。综上分析，支付宽带费业务的单据包括增值税专用发票、银行客户专用回单和费用分配表，财务人员均已找出并确认勾选。本业务分类选择“非成本核算业务”，业务描述处可输入文字“25 日，支付宽带费”。业务描述完成后，点击右下角“确定”按钮，系统将提示“保存成功！”。

2. 业务审核与凭证生成

财务人员进行业务审核，并生成记账凭证，预览记账凭证内容页面，如图 3-164 所示。

记账凭证

记字第 049 号　　制单日期：2023-04-25　　附单据数：3

摘要	总账科目	明细科目	借方金额	贷方金额	现金流量表项目
支付宽带费	管理费用	办公费	1800.00		请选择
	应交税费	应交增值税-进项税额	108.00		请选择
	银行存款	中国工商银行常州市新北区支行-41535944818		1908.00	支付其他与经营活动有关
票号：　日期：选择日期	单据：　数量：	合计	1908.00	1908.00	

备注　项目客户：　部门业务员：　个人：

记账：　审核：　出纳：　制单：李康杰

图 3-164　预览[业务 49]生成的记账凭证内容页面

【业务 50】　采购材料并入库

1. 票据整理

财务人员根据采购发票初步判断本业务为采购业务，预览采购发票内容，如图 3-165 所示。

从上述发票可知，凯祥公司 4 月 27 日从常州祥泰家电有限责任公司购入材料 T330 共 1 800 千克，T445 共 3 400 千克，T540 共 600 千克，含税总金额为 575 170 元。财务人员搜索关键字“常州祥泰”，筛选出 1 张收料单，预览收料单内容页面，如图 3-166 所示。

电子发票（增值税专用发票）

发票号码：23322000000000093044
开票日期：2023年04月27日

购买方信息	名称：常州凯祥家电有限责任公司 统一社会信用代码/纳税人识别号：913204117527805265	销售方信息	名称：常州祥泰家电有限责任公司 统一社会信用代码/纳税人识别号：913204028507769453

项目名称	规格型号	单位	数量	单价	金额	税率/征收率	税额
*金属制品*T330		千克	1800	120	216000.00	13%	28080.00
*金属制品*T445		千克	3400	80	272000.00	13%	35360.00
*金属制品*T540		千克	600	35	21000.00	13%	2730.00
合计					¥509000.00		¥66170.00
价税合计（大写）	⊗ 伍拾柒万伍仟壹佰柒拾元整				（小写）¥575170.00		
备注							

开票人：曹志文

图 3-165　预览采购发票内容页面

收 料 单

供应单位：常州祥泰家电有限责任公司　　2023年04月27日　　编号：SL1000

材料编号	名称	单位	规格	数量 应收	数量 实收	实际成本 单价	实际成本 发票价格	实际成本 运杂费	实际成本 总价
101	T330	千克		1800	1800				
102	T445	千克		3400	3400				
103	T540	千克		600	600				

备注：　　收料人：赵雪丽　　交料人：汪宏伟

图 3-166　预览收料单内容页面

从上述收料单可知，4月27日验收一批材料入库，供应商为常州祥泰公司，入库T330 1 800千克，T445 3 400千克，T540 600千克，实收与应收一致，该入库单和上述发票为同一笔业务，确认勾选。财务人员继续搜索"运输费"，无单据，说明该采购业务无运输费，款项未付。综上分析，采购材料业务的单据包括采购发票和收料单，财务人员均已找出并确认勾选。本业务分类选择"非成本核算业务"，业务描述处可输入文字"27日，购入材料，料到，款未付"。业务描述完成后，点击右下角"确定"按钮，系统将提示"保存成功！"。

2. 业务审核与凭证生成

财务人员进行业务审核，并生成记账凭证，预览记账凭证内容页面，如图3-167所示。

记账凭证

摘要	总账科目	明细科目	借方金额	贷方金额	现金流量表项目
采购材料并入库	原材料	T330	216000.00		请选择
	原材料	T445	272000.00		请选择
	原材料	T540	21000.00		请选择
	应交税费	应交增值税-进项税额	66170.00		请选择
	应付账款	常州祥泰家电有限责任公司		575170.00	请选择
		合计	575170.00	575170.00	

记字第 050 号 制单日期：2023-04-27 附单据数：2

制单：李康杰

图 3-167 预览[业务 50]生成的记账凭证内容页面

【业务 51】 支付广告费

1. 票据整理

财务人员根据增值税专用发票上的项目名称"广告服务"初步判断本业务为支付广告费，预览发票内容页面，如图 3-168 所示。

图 3-168 预览增值税专用发票内容页面

从上述发票可知，凯祥公司本月发生广告费 50 000 元，税额为 3 000 元，合计 53 000 元，开票日期为 4 月 26 日。财务人员搜索关键词"广告"，筛选出 2 张单据，其中 1 张为银行客户专用回单，预览回单内容页面，如图 3-169 所示。

中国工商银行客户专用回单

币别：人民币　　2023 年 04 月 27 日　　流水号 320420027J0500810027

付款人	全称	常州凯祥家电有限责任公司	收款人	全称	宣广传媒服务有限公司
	账号	41535944818476		账号	41397213114744
	开户行	中国工商银行常州市新北区支行		开户行	中国建设银行常州市新北区支行
金额		（大写）人民币伍万叁仟元整			（小写）¥53000.00
凭证种类		网银		凭证号码	
结算方式		转账		用途	支付广告费

汇划日期：2023-04-27　　汇划款项编号：45753097
报文顺序号:70498420　　汇划行行号：102326380926616
汇出行行名：中国工商银行常州市新北区支行
业务类型：0060　　原凭证金额:53000.00
原凭证种类:0703　　原凭证号码：
附言：

打印柜员：320425584268
打印机构：中国工商银行常州市新北区支行
打印卡号：41535944818476

中国工商银行常州市新北区支行 电子回单 专用章

第一联借方（回单）

打印时间：2023-04-27　　交易柜员：320425584268　　交易机构：320410273

图 3-169　预览银行客户专用回单内容页面

从上述银行客户专用回单可知，收款方为宣广传媒服务有限公司，金额为 53 000 元，日期为 4 月 27 日，与上述增值税专用发票为同一笔业务，确认勾选。综上分析，支付广告费业务的单据包括增值税专用发票和银行客户专用回单，财务人员均已找出并确认勾选。本业务分类选择“非成本核算业务”，业务描述处可输入文字“27 日，支付广告费”。业务描述完成后，点击右下角“确定”按钮，系统将提示“保存成功！”。

2. 业务审核与凭证生成

财务人员进行业务审核，并生成记账凭证，预览记账凭证内容页面，如图 3-170 所示。

记账凭证

记字第 051 号　　制单日期：2023-04-27　　附单据数：2

摘要	总账科目	明细科目	借方金额	贷方金额	现金流量表项目
支付广告费	销售费用	广告宣传费	50000.00		请选择
	应交税费	应交增值税-进项税额	3000.00		请选择
	银行存款	中国工商银行常州市新北区支行-4153594481		53000.00	支付其他与经营活动有关
票号：　日期：选择日期	单据：　数量：	合计	53000.00	53000.00	

备注　项目客户：　部门业务员：　个人：

记账：　审核：　出纳：　制单：李康杰

图 3-170　预览[业务 51]生成的记账凭证内容页面

【业务 52】 对外赠送样品

1. 票据整理

财务人员根据增值税专用发票上的备注栏“样品”初步判断本业务为赠送样品，预览发票内容页面，如图 3-171 所示。

电子发票（增值税专用发票）　　发票号码：23322000000000048909　开票日期：2023年04月28日

（印章：全国统一发票监制章 国家税务总局 江苏省税务局）

购买方信息	名称：苏州香烨机械制造有限责任公司 统一社会信用代码/纳税人识别号：913205064262524745	销售方信息	名称：常州凯祥家电有限责任公司 统一社会信用代码/纳税人识别号：913204117527805265

项目名称	规格型号	单位	数量	单价	金额	税率/征收率	税额
*家用厨房电器具*E01		台	20	420	8400.00	13%	1092.00
合计					¥8400.00		¥1092.00
价税合计（大写）	⊗玖仟肆佰玖拾贰元整				（小写）¥9492.00		
备注	用途：样品						

开票人：李康杰

图 3-171　预览增值税专用发票内容页面

从上述发票可知，凯祥公司赠送给苏州香烨机械制造有限公司 E01 样品 20 台，不含税金额 8 400 元，开票日期为 4 月 28 日。本业务只有 1 张单据，业务分类选择“非成本核算业务”，业务描述处可输入文字“28 日，赠送样品”。业务描述完成后，点击右下角“确定”按钮，系统将提示“保存成功！”。

2. 业务审核与凭证生成

财务人员进行业务审核，并生成记账凭证，预览记账凭证内容页面，如图 3-172 所示。

记账凭证

记字第 052 号　　制单日期：2023-04-28　　附单据数：1

摘要	总账科目	明细科目	借方金额	贷方金额	现金流量表项目
对外赠送样品	销售费用	样品费	9492.00		请选择
	主营业务收入	商品销售收入-E01		8400.00	请选择
	应交税费	应交增值税-销项税额		1092.00	请选择
票号： 日期：选择日期	单据： 数量：	合计	9492.00	9492.00	

备注　项目客户：　部门业务员：　个人：

记账：　审核：　出纳：　制单：李康杰

图 3-172　预览[业务 52]生成的记账凭证内容页面

【业务 53】　销售商品，款已收

1. 票据整理

财务人员根据销售单初步判断本业务为销售业务，预览销售单内容页面，如图 3-173 所示。

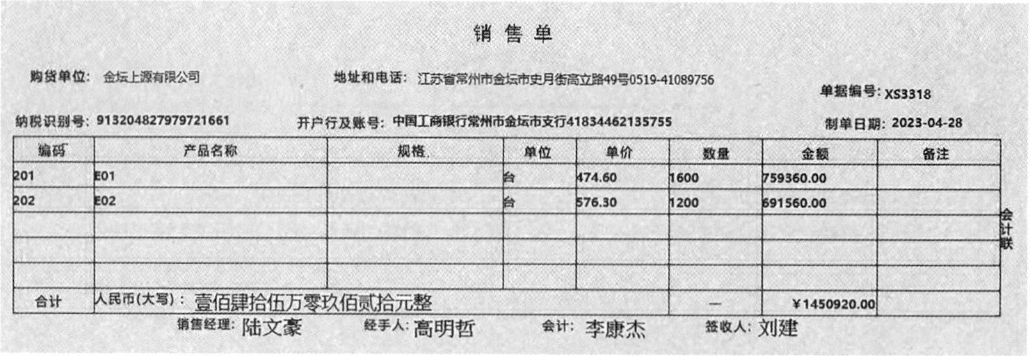

销 售 单

购货单位：金坛上源有限公司　　地址和电话：江苏省常州市金坛市史月街高立路49号0519-41089756　　单据编号：XS3318

纳税识别号：913204827979721661　　开户行及账号：中国工商银行常州市金坛市支行41834462135755　　制单日期：2023-04-28

编码	产品名称	规格	单位	单价	数量	金额	备注
201	E01		台	474.60	1600	759360.00	
202	E02		台	576.30	1200	691560.00	
合计	人民币(大写)：壹佰肆拾伍万零玖佰贰拾元整				—	¥1450920.00	

会计联

销售经理：陆文豪　　经手人：高明哲　　会计：李康杰　　签收人：刘建

图 3-173　预览销售单内容页面

从上述销售单可知，购买方名称为金坛上源有限公司，销售单日期为 4 月 28 日，合同标的物是 E01、E02，E01 的销售数量为 1 600 台，含税金额为 759 360 元，E02 的销售数量为 1 200 台，含税金额为 691 560 元，合同总金额为 1 450 920 元。财务人员搜索关键字“金坛上源”，系统将过滤出购销合同、银行客户专用回单及增值税专用发票。预览购销合同内容页面，如图 3-174 所示。

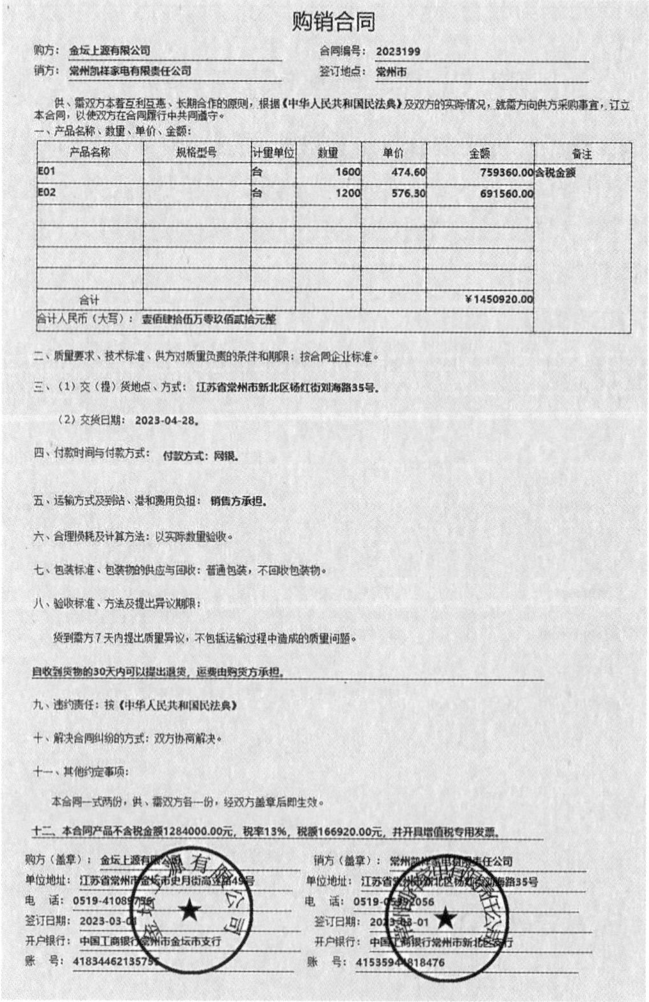

购销合同

购方：金坛上源有限公司　　合同编号：2023199

销方：常州凯祥家电有限责任公司　　签订地点：常州市

供、需双方本着互利互惠、长期合作的原则，根据《中华人民共和国民法典》及双方的实际情况，就需方向供方采购事宜，订立本合同，以使双方在合同履行中共同遵守。

一、产品名称、数量、单价、金额：

产品名称	规格型号	计量单位	数量	单价	金额	备注
E01		台	1600	474.60	759360.00	含税金额
E02		台	1200	576.30	691560.00	
合计					¥1450920.00	
合计人民币（大写）：壹佰肆拾伍万零玖佰贰拾元整						

二、质量要求、技术标准、供方对质量负责的条件和期限：按合同企业标准。

三、（1）交（提）货地点、方式：江苏省常州市新北区杨红街刘海路35号。

（2）交货日期：2023-04-28。

四、付款时间与付款方式：付款方式：网银。

五、运输方式及到站、港和费用负担：销售方承担。

六、合理损耗及计算方法：以实际数量验收。

七、包装标准、包装物的供应与回收：普通包装，不回收包装物。

八、验收标准、方法及提出异议期限：

货到需方 7 天内提出质量异议，不包括运输过程中造成的质量问题。

自收到货物的30天内可以提出退货，运费由购货方承担。

九、违约责任：按《中华人民共和国民法典》

十、解决合同纠纷的方式：双方协商解决。

十一、其他约定事项：

本合同一式两份，供、需双方各一份，经双方盖章后即生效。

十二、本合同产品不含税金额1284000.00元，税率13%，税额166920.00元，并开具增值税专用发票。

购方（盖章）：金坛上源有限公司
单位地址：江苏省常州市金坛市史月街高立路49号
电　话：0519-41089756
签订日期：2023-03-01
开户银行：中国工商银行常州市金坛市支行
账　号：41834462135755

销方（盖章）：常州凯祥家电有限责任公司
单位地址：江苏省常州市新北区杨红街刘海路35号
电　话：0519-0[illegible]2056
签订日期：2023-03-01
开户银行：中国工商银行常州市新北区支行
账　号：41535941818476

图 3-174　预览销售合同内容页面

从上述购销合同可知,购买方为金坛上源有限公司,日期为 4 月 28 日,合同标的物是 E01、E02,E01 的销售数量为 1 600 台,含税金额为 759 360 元,E02 的销售数量为 1 200 台,含税金额为 691 560 元,合同总金额为 1 450 920 元,购销合同内容与销售单相匹配。预览销售发票内容页面,如图 3-175 所示。

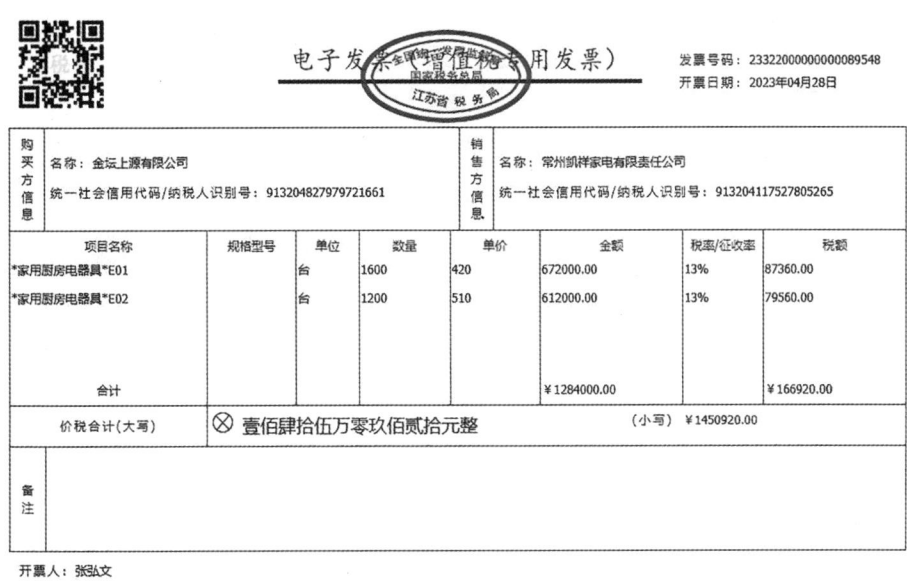

图 3-175　预览销售发票内容页面

从上述销售发票可知,购买方为金坛上源有限公司,日期为 4 月 28 日,合同标的物是 E01、E02,E01 的销售数量为 1 600 台,不含税金额为 672 000 元,税额为 87 360 元;E02 的销售数量为 1 200 台,不含税金额为 612 000 元,税额为 79 560 元。价税合计金额为 1 450 920 元,销售发票的内容与销售单、购销合同相匹配。预览银行客户专用回单页面内容,如图 3-176 所示。

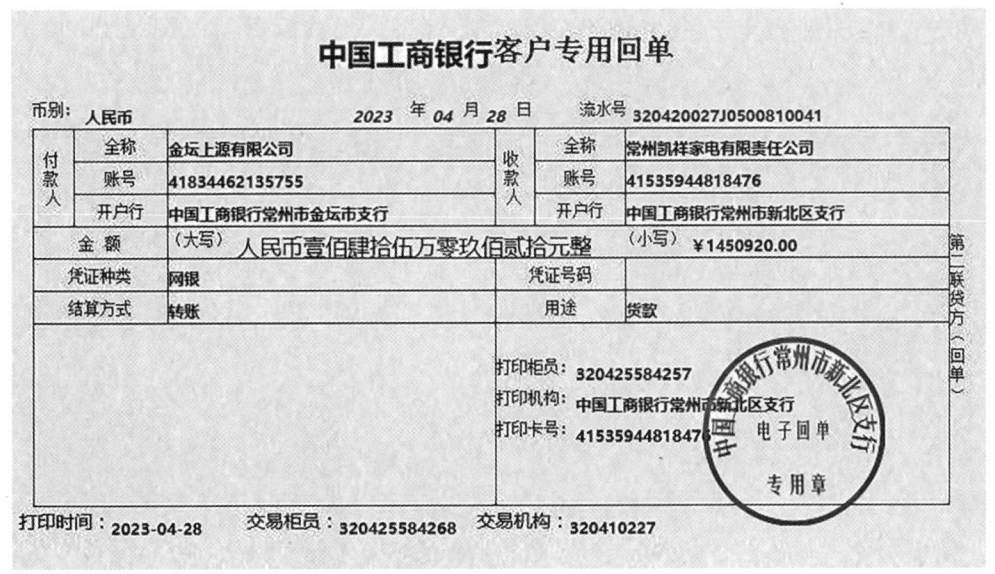

图 3-176　预览银行客户专用回单内容页面

从上述银行客户专用回单可知,付款人为金坛公司,金额为 1 450 920 元,上述销售款项全部收到。财务人员搜索关键字"经理办公",预览其中 1 张经理办公会议纪要内容页面,如图 3-177 所示。

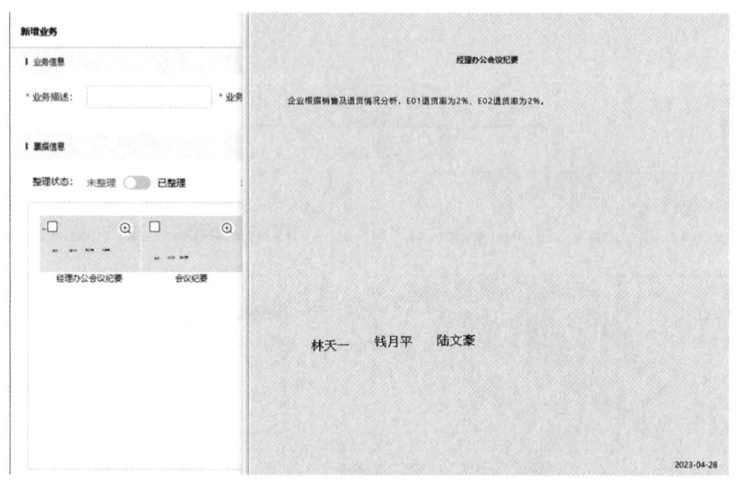

图 3-177 预览经理办公会议纪要内容页面

从上述经理办公会议纪要可知,会议纪要的签署日期为 4 月 28 日,会议纪要的内容为各产品退货率 2%,综合判断其他"经理办公会议纪要"单据,该张票据与当前销售业务属于同一笔销售业务的原始凭证。

综上分析,销售商品,款已收业务的单据包括购销合同、销售单、销售发票、银行客户专用回单和经理办公会议纪要,财务人员均已找出并确认勾选。本业务分类选择"非成本核算业务",业务描述处可输入文字"28 日,销售商品款已收"。业务描述完成后,点击右下角"确定"按钮,系统将提示"保存成功!"。

2. 业务审核与凭证生成

财务人员进行业务审核,并生成记账凭证,预览记账凭证内容页面,如图 3-178 所示。

摘要	总账科目	明细科目	借方金额	贷方金额	现金流量表项目
销售产品	银行存款	中国工商银行常州市新北区支行-4153594481:	1450920.00		销售商品、提供劳务收到
	主营业务收入	商品销售收入-E01		658560.00	请选择
	主营业务收入	商品销售收入-E02		599760.00	请选择
	应交税费	应交增值税-销项税额		166920.00	请选择
	预计负债	应付退货款-E01		13440.00	请选择
	预计负债	应付退货款-E02		12240.00	请选择
		合计	1450920.00	1450920.00	

记字第 053 号　制单日期: 2023-04-28　附单据数: 5

图 3-178 预览[业务 53]生成的记账凭证内容页面

【业务54】 支付当月厂房租赁费

1. 票据整理

财务人员根据增值税专用发票初步判断本业务为支付房屋租赁费,预览发票内容页面,如图3-179所示。

图 3-179 预览发票内容页面

从上述发票可知,凯祥公司向常州科立科技有限公司租赁房屋,发生租金不含税金额18 000元,税额1 620元,共计19 620元。财务人员搜索关键字"租金",筛选出2张单据。其中1张为银行客户专用回单,预览回单内容页面,如图3-180所示。

图 3-180 预览银行客户专用回单内容页面

从上述回单可知,凯祥公司支付常州科立公司租金 19 620 元,与发票为同一笔业务。预览另一张租金分配表内容页面,如图 3-181 所示。

图 3-181 预览租金分配表内容页面

从上述租金分配表可知,该笔租金由生产车间承担,应当计入制造费用,金额为 18 000 元,为发票中的不含税金额,与上述发票及回单为同一笔业务,确认勾选。综上分析,支付当月厂房租赁费业务的单据包括增值税专用发票、银行客户专用回单和租金分配表,财务人员均已找出并确认勾选。本业务分类选择"非成本核算业务",业务描述处可输入文字"支付当月厂房租赁费"。业务描述完成后,点击右下角"确定"按钮,系统将提示"保存成功!"。

2. 业务审核与凭证生成

财务人员进行业务审核,并生成记账凭证,预览记账凭证内容页面,如图 3-182 所示。

图 3-182 预览[业务 54]生成的记账凭证内容页面

【业务 55】 支付汽车加油费

1. 票据整理

财务人员根据增值税专用发票初步判断本业务为发生汽车加油费,预览发票内容页面,如图 3-183 所示。

购买方信息	名称: 常州凯祥家电有限责任公司				销售方信息	名称: 江苏石油股份有限公司		
	统一社会信用代码/纳税人识别号: 913204117527805265					统一社会信用代码/纳税人识别号: 913232042334883056		

发票号码: 23322000000000033334
开票日期: 2023年04月29日

项目名称	规格型号	单位	数量	单价	金额	税率/征收率	税额
*汽油*成品油	95号车用汽油	升	200	6	1200.00	13%	156.00
合计					¥1200.00		¥156.00

价税合计(大写)	⊗ 壹仟叁佰伍拾陆元整	(小写) ¥1356.00

备注:

开票人: 李纪标

图 3-183 预览发票内容页面

从上述发票可知,凯祥公司从江苏石油股份有限公司购买成品油,即发生加油费不含税金额 1 200 元,税额 156 元,共计 1 356 元。财务人员搜索关键字"加油费",筛选出 2 张单据。其中 1 张为银行客户专用回单,预览回单内容页面,如图 3-184 所示。

中国工商银行客户专用回单

币别: 人民币　　2023 年 04 月 29 日　　流水号 320420027J0500810037

付款人	全称	常州凯祥家电有限责任公司	收款人	全称	江苏石油股份有限公司
	账号	41535944818476		账号	41865368965997
	开户行	中国工商银行常州市新北区支行		开户行	中国建设银行常州市新北区支行

金额	(大写) 人民币壹仟叁佰伍拾陆元整	(小写) ¥1356.00

| 凭证种类 | 网银 | 凭证号码 | |
| 结算方式 | 转账 | 用途 | 支付汽车加油费 |

汇划日期: 2023-04-29　　汇划款项编号: 51017908　　打印柜员: 320425584257
报文顺序号: 04086707　　汇划行号: 102326380926616　　打印机构: 中国工商银行常州市新北区支行
汇出行名: 中国工商银行常州市新北区支行　　打印卡号: 41535944818476
业务类型: 0060　　原凭证金额: 1356.00
原凭证种类: 0703　　原凭证号码:
附言:
打印时间: 2023-04-29　　交易柜员: 320425584268　　交易机构: 320410289

图 3-184 预览银行客户专用回单内容页面

从上述银行客户专用回单可知,金额为 1 356 元,用途为支付汽车加油费,与上述发票系同一笔业务。预览另一张费用分配表内容页面,如图 3-185 所示。

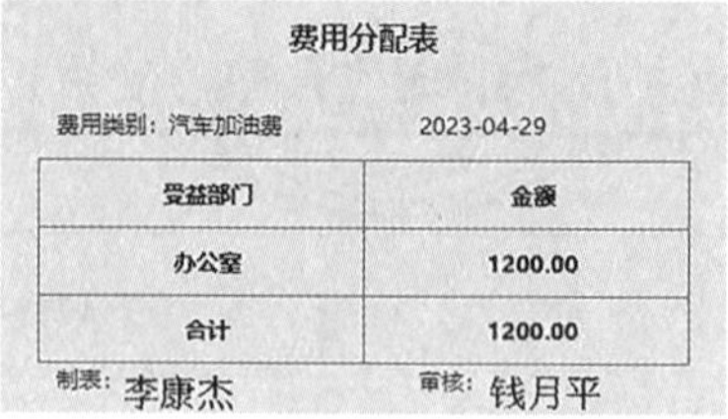

费用分配表

费用类别：汽车加油费　　2023-04-29

受益部门	金额
办公室	1200.00
合计	1200.00

制表：李康杰　　审核：钱月平

图 3-185　预览费用分配表内容页面

从上述费用分配表可知，该笔加油费的受益部门为办公室，应当计入管理费用，金额为增值税专用发票中不含税金额 1 200 元，与增值税专用发票及回单为同一笔业务，确认勾选。综上分析，支付汽车加油费业务的单据包括增值税专用发票、银行客户专用回单和费用分配表，财务人员均已找出并确认勾选。本业务分类选择“非成本核算业务”，业务描述处可输入文字“支付汽车加油费”。业务描述完成后，点击右下角“确定”按钮，系统将提示“保存成功！”。

2. 业务审核与凭证生成

财务人员进行业务审核，并生成记账凭证，预览记账凭证内容页面，如图 3-186 所示。

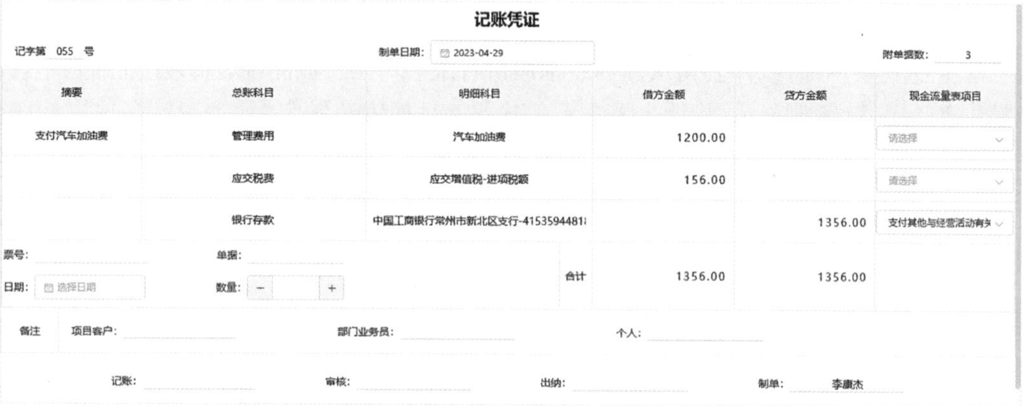

记账凭证

记字第 055 号　　制单日期：2023-04-29　　附单据数：3

摘要	总账科目	明细科目	借方金额	贷方金额	现金流量表项目
支付汽车加油费	管理费用	汽车加油费	1200.00		请选择
	应交税费	应交增值税-进项税额	156.00		请选择
	银行存款	中国工商银行常州市新北区支行-41535944818		1356.00	支付其他与经营活动有关
票号：　日期：选择日期	单据：　数量：	合计	1356.00	1356.00	

备注　项目客户：　部门业务员：　个人：

记账：　审核：　出纳：　制单：李康杰

图 3-186　预览[业务 55]生成的记账凭证内容页面

【业务 56】　收到前欠货款

1. 票据整理

财务人员根据银行客户专用回单初步判断本业务为收到货款，预览银行客户专用回单内容页面，如图 3-187 所示。

从银行客户专用回单可知，付款人为常州新佳百货有限责任公司，金额为 725 460 元，根据付款人与金额，可判断该笔业务为收到[业务 48]的货款。本业务只有 1 张单据，业务分类选择“非成本核算业务”，业务描述处可输入文字“收到应收账款”。业务描述完成后，点击右下角“确定”按钮，系统将提示“保存成功！”。

2. 业务审核与凭证生成

财务人员进行业务审核，并生成记账凭证，预览记账凭证内容页面，如图 3-188 所示。

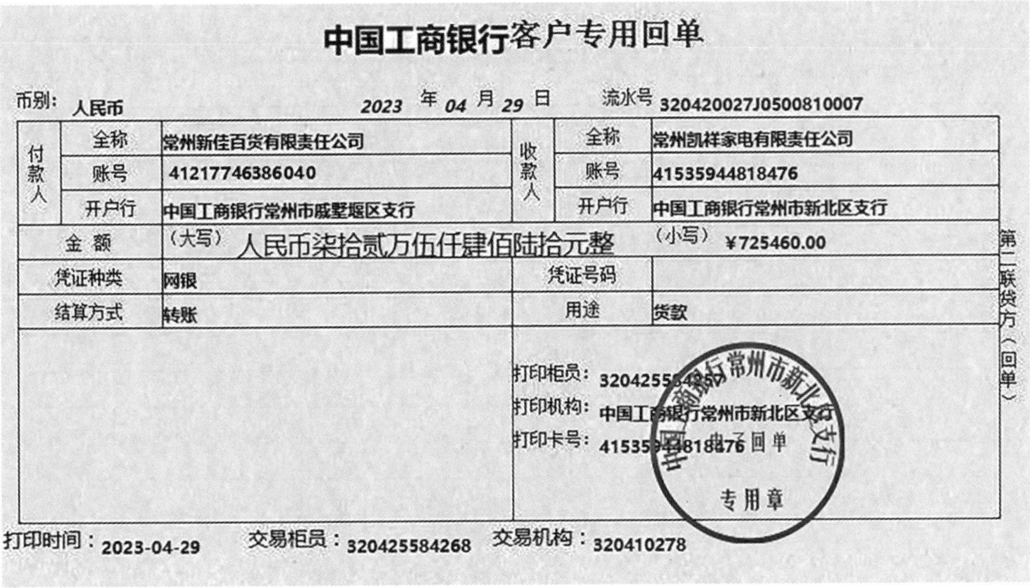

图 3-187　预览银行客户专用回单内容页面

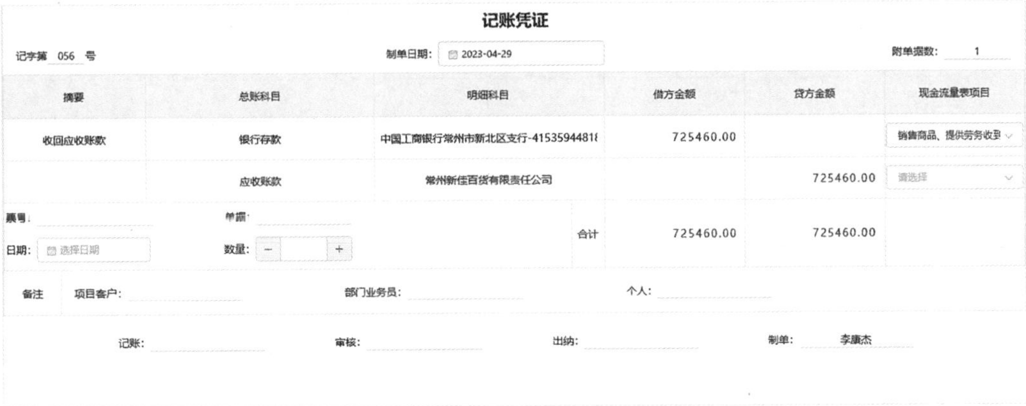

图 3-188　预览[业务 56]生成的记账凭证内容页面

【业务 57】　存货盘盈

1. 票据整理

财务人员根据存货盘盈盘亏报告表初步判断本业务为存货清查业务,预览存货盘盈盘亏报告表内容页面,如图 3-189 所示。

从存货盘盈盘亏报告表可知,存货 T445 盘盈 40 千克,金额为 3 200 元。本业务只有 1 张单据,业务分类选择"非成本核算业务",业务描述处可输入文字"存货盘盈"。业务描述完成后,点击右下角"确定"按钮,系统将提示"保存成功!"。

简易存货盘盈盘亏报告表

2023 年 04 月 30 日

企业名称：常州凯祥家电有限责任公司　　　　单位：元

存货名称	计量单位	单价	数量		盘盈		盘亏		差异原因
			账存	实存	数量	金额	数量	金额	
T586	千克		2 340	2 340					
T540	千克		5 100	5 100					
T445	千克	80.00	13 500	13 540	40	3 200.00			计量不准
T330	千克		11 500	11 500					
单位主管部门批复处理意见：	情况属实								

批准人：林天一　　　　部门负责人：钱月平　　　　制单：李康杰

图 3-189　预览存货盘盈盘亏报告表内容页面

2. 业务审核与凭证生成

财务人员进行业务审核，并生成记账凭证，预览记账凭证内容页面，如图 3-190 所示。

记账凭证

记字第 057 号　　制单日期：2023-04-30　　附单据数：1

摘要	总账科目	明细科目	借方金额	贷方金额	现金流量表项目
发现存货盘盈	原材料	T445	3200.00		请选择
	待处理财产损溢	待处理流动资产损溢		3200.00	请选择
票号： 日期：选择日期	单据： 数量：- +	合计	3200.00	3200.00	

备注　项目客户：　　部门业务员：　　个人：

记账：　　审核：　　出纳：　　制单：李康杰

图 3-190　预览[业务 57]生成的记账凭证内容页面

【业务58】 核销存货盘盈

1. 票据整理

财务人员根据存货盘盈盘亏核销报告表初步判断本业务为存货清查结果处理,预览存货盘盈盘亏核销报告表内容页面,如图3-191所示。

图3-191 预览存货盘盈盘亏核销报告表内容页面

从存货盘盈盘亏核销报告表可知,[业务57]中的T445盘盈是由于计量不准导致,相关部门已经审批同意,应当计入管理费用。本业务只有1张单据,业务分类选择"非成本核算业务",业务描述处可输入文字"核销存货盘盈"。业务描述完成后,点击右下角"确定"按钮,系统将提示"保存成功!"。

2. 业务审核与凭证生成

财务人员进行业务审核,并生成记账凭证,预览记账凭证内容页面,如图3-192所示。

图3-192 预览[业务58]生成的记账凭证内容页面

【业务59】 销售材料，款已收

1. 票据整理

财务人员根据销售单初步判断本业务为销售业务，预览销售单内容页面，如图 3-193 所示。

图 3-193 预览销售单内容页面

从上述销售单可知，购买方名称为镇江圣优机械制造有限责任公司，销售单日期为 4 月 30 日，合同标的物是 T330、T445，为本公司材料，T330 的销售数量为 500 千克，含税金额为 73 450 元，T445 的销售数量为 500 千克，含税金额为 50 850 元，合同总金额为 124 300 元。财务人员搜索关键字"镇江圣优"，系统将过滤出银行客户专用回单及增值税专用发票。预览销售发票内容页面，如图 3-194 所示。

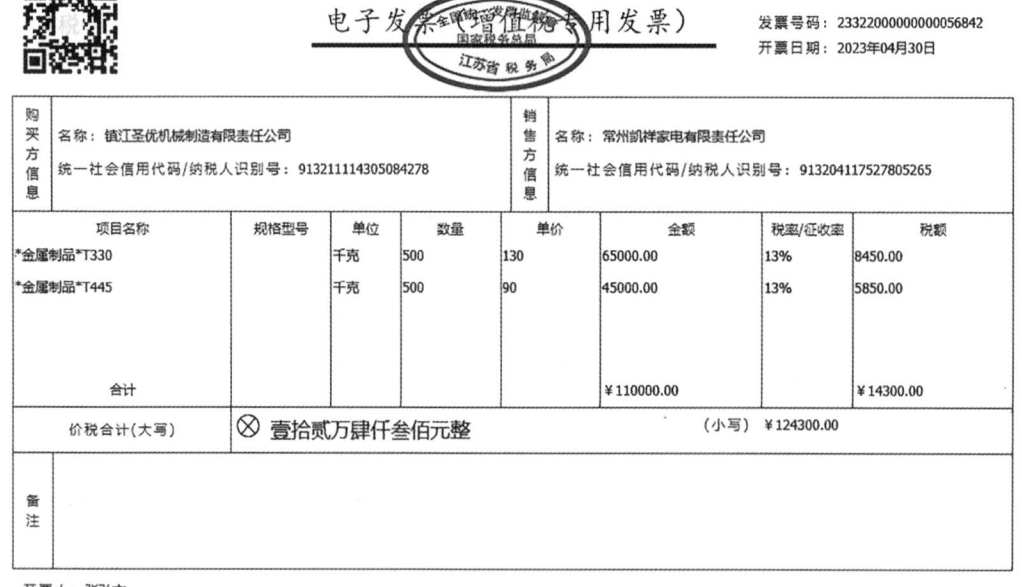

图 3-194 预览销售发票内容页面

从上述销售发票可知，购买方为镇江圣优机械制造有限责任公司，开票日期为 4 月 30 日，合同标的物是 T330、T445，T330 的销售数量为 500 千克，不含税金额为 65 000 元，税额为 8 450 元，T445 的销售数量为 500 千克，不含税金额为 45 000 元，税额为 5 850 元，价税合计金额为 124 300 元。发票与上述销售单为同一笔业务，确认勾选。预览银行客户专用回单内容页面，如图 3-195 所示。

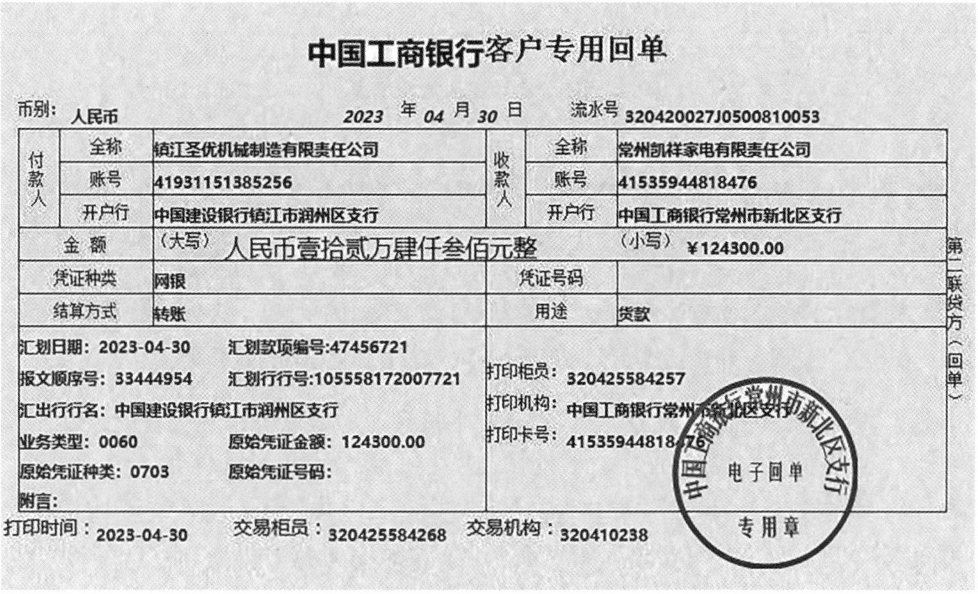

中国工商银行客户专用回单

币别：人民币　　2023 年 04 月 30 日　　流水号 320420027J0500810053

付款人	全称	镇江圣优机械制造有限责任公司	收款人	全称	常州凯祥家电有限责任公司
	账号	41931151385256		账号	41535944818476
	开户行	中国建设银行镇江市润州区支行		开户行	中国工商银行常州市新北区支行
金额		（大写）人民币壹拾贰万肆仟叁佰元整		（小写）	¥124300.00
凭证种类		网银	凭证号码		
结算方式		转账	用途		货款

汇划日期：2023-04-30　汇划款项编号:47456721
报文顺序号：33444954　汇划行行号:105558172007721
汇出行行名：中国建设银行镇江市润州区支行
业务类型：0060　原始凭证金额：124300.00
原始凭证种类：0703　原始凭证号码：
附言：

打印柜员：320425584257
打印机构：中国工商银行常州市新北区支行
打印卡号：41535944818476

中国工商银行常州市新北区支行　电子回单　专用章

第二联贷方（回单）

打印时间：2023-04-30　交易柜员：320425584268　交易机构：320410238

图 3-195　预览银行客户专用回单内容页面

从上述回单可知，经网银转账方式，凯祥公司收到了镇江圣优机械制造有限责任公司的货款 124 300 元。综上分析，销售材料业务的单据包括销售单、销售发票和银行客户专用回单，财务人员均已找出并确认勾选。本业务分类选择“非成本核算业务”，业务描述处可输入文字“30 日，销售材料款已收”。业务描述完成后，点击右下角“确定”按钮，系统将提示“保存成功！”。

2. 业务审核与凭证生成

财务人员进行业务审核，并生成记账凭证，预览记账凭证内容页面，如图 3-196 所示。

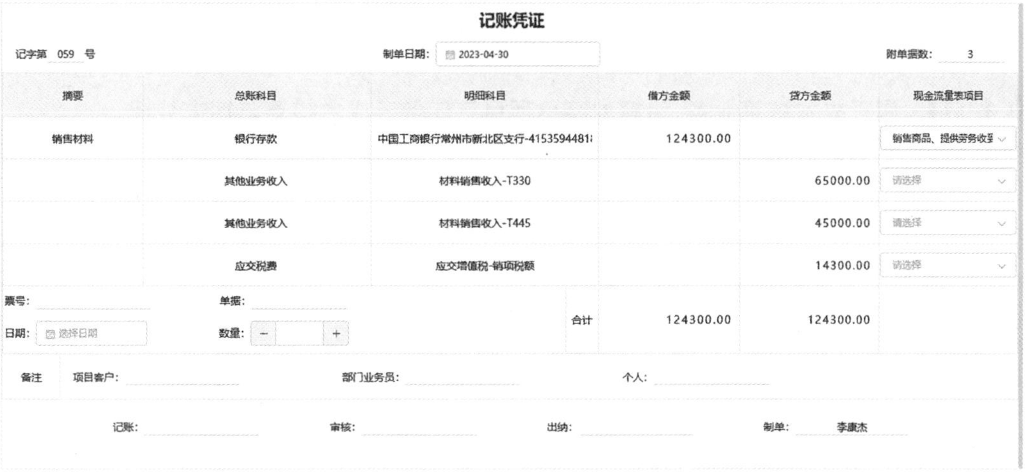

记账凭证

记字第 059 号　　制单日期：2023-04-30　　附单据数：3

摘要	总账科目	明细科目	借方金额	贷方金额	现金流量表项目
销售材料	银行存款	中国工商银行常州市新北区支行-41535944818	124300.00		销售商品、提供劳务收到
	其他业务收入	材料销售收入-T330		65000.00	请选择
	其他业务收入	材料销售收入-T445		45000.00	请选择
	应交税费	应交增值税-销项税额		14300.00	请选择
票号：　日期：选择日期	单据：　数量：	合计	124300.00	124300.00	

备注　项目客户：　部门业务员：　个人：

记账：　审核：　出纳：　制单：李康杰

图 3-196　预览[业务 59]生成的记账凭证内容页面

【业务 60】 交易性金融资产公允价值变动

1. 票据整理

财务人员根据金融资产公允价值变动损益计算表初步判断本业务为交易性金融资产公允价值变动，预览计算表内容页面，如图 3-197 所示。

金融资产公允价值变动损益计算表

2023-04-30　　　　单位：元

证券代码	证券名称	持有数量	账面价值	收盘价	市值	公允价值变动
832245	轻化股份	50000.00	250000	5.40	270000.00	20000.00
合计			250000.00		270000.00	20000.00

制表：李康杰　　　　审核：钱月平

图 3-197　预览金融资产公允价值变动损益计算表内容页面

本业务只有 1 张单据，业务分类选择“非成本核算业务”，业务描述处可输入文字“公允价值变动”。业务描述完成后，点击右下角“确定”按钮，系统将提示“保存成功!”。

2. 业务审核与凭证生成

财务人员进行业务审核，并生成记账凭证，预览记账凭证内容页面，如图 3-198 所示。

记账凭证

记字第 060 号　　制单日期：2023-04-30　　附单据数：1

摘要	总账科目	明细科目	借方金额	贷方金额	现金流量表项目
期末计算金融资产公允价值变	交易性金融资产	股票-轻化股份-公允价值变动	20000.00		请选择
	公允价值变动损益	交易性金融资产公允价值变动		20000.00	请选择
票号：　日期：选择日期	单据：　数量：− +	合计	20000.00	20000.00	

备注　项目客户：　部门业务员：　个人：

记账：　审核：　出纳：　制单：李康杰

图 3-198　预览[业务 60]生成的记账凭证内容页面

【业务 61】 属于成本核算业务，讲解内容见项目三任务三成本核算与期末处理。

【业务 62】 结转非货币性福利

1. 票据整理

财务人员根据产品福利发放表初步判断为分配福利费业务，预览产品福利发放清单内容页面，如图 3-199 所示。

产品福利发放清单

2023-04-30　　　　　　　　　　　　　　　　　　　　　　　　　　　　　单位：元

部门	员工类型	E02 数量	E02 金额	合计
办公室		3	1728.90	1728.90
财务部		3	1728.90	1728.90
采购部		2	1152.60	1152.60
专设销售机构		5	2881.50	2881.50
生产车间	车间管理人员	1	576.30	576.30
生产车间	车间生产工人	14	8068.20	8068.20
合计		28.00	16136.40	16136.40

制表：李康杰　　　　　　　　　　　　　　　　　　　　　　　　　　审核：钱月平

图 3-199　预览产品福利发放清表内容页面

从上述发放表可知，待分配金额 16 136.40 元，财务人员搜索关键字"福利分配表"，筛选出 1 张单据，预览产品福利分配表内容页面，如图 3-200 所示。

产品福利分配表

日期：2023-04-30　　　　　　　　　　　　　　　　　　　　　　　　单位：元

项目	项目明细	直接计入	分配计入 生产工时（小时）	分配计入 分配率	分配计入 分配金额	合计
管理费用		4610.40				4610.40
销售费用		2881.50				2881.50
制造费用		576.30				576.30
生产成本	E01		1920	2.5213	4840.90	4840.90
生产成本	E02		1280	2.5213	3227.30	3227.30
合计		8068.20	3200		8068.20	16136.40

制表：李康杰　　　　　　　　　　　　　　　　　　　　　　　　　　审核：钱月平

图 3-200　预览产品福利分配表内容页面

从上述分配表可知，分配金额合计 16 136.40 元，与上述发放表属同一笔业务，确认勾选。财务人员搜索关键字"工时"，筛选出工时记录共 5 张单据，确认勾选其中 1 张。综上分析，结转职工福利费业务的单据包括产品福利发放清单和产品福利分配表，财务人员均已找出并确认勾选。本业务分类选择"非成本核算业务"，业务描述处可输入文字"结转非货币性福利"。业务描述完成后，点击右下角"确定"按钮，系统将提示"保存成功！"。

2. 业务审核与凭证生成

财务人员进行业务审核，并生成记账凭证，预览记账凭证内容页面，如图 3-201 所示。

记账凭证

记字第 062 号　　制单日期：2023-04-30　　附单据数：3

摘要	总账科目	明细科目	借方金额	贷方金额	现金流量表项目
结转非货币性福利	管理费用	职工福利费	4610.40		请选择
	销售费用	职工福利费	2881.50		请选择
	制造费用	职工福利费	576.30		请选择
	生产成本	基本生产成本-E01-直接人工	4840.90		请选择
	生产成本	基本生产成本-E02-直接人工	3227.30		请选择
	应付职工薪酬	非货币性福利		16136.40	请选择
票号：　单据： 日期：选择日期　数量：- +		合计	16136.40	16136.40	

备注　项目客户：　部门业务员：　个人：

记账：　审核：　出纳：　制单：李康杰

图 3-201　预览[业务 62]生成的记账凭证内容页面

【业务 63】 计提固定资产折旧

1. 票据整理

财务人员根据固定资产累计折旧计算表初步判断为计提折旧业务，预览计算表，如图 3-202 所示。

固定资产累计折旧计算表

2023-04-30　　单位：元

固定资产类别	使用部门	名称	单位	数量	单位成本	原值（元）	投入使用日期	预计使用年限	月折旧率	本月折旧额（元）
房屋及建筑物	办公室	办公楼	幢	1	6000000.00	6000000.00	2014-05-01	20	0.0040	24000.00
生产设备	生产车间	N	台	4	300000.00	1200000.00	2017-07-01	10	0.0080	9600.00
生产设备	生产车间	R	台	6	30000.00	180000.00	2015-10-01	10	0.0080	1440.00
生产设备	生产车间	M	台	2	800000.00	1600000.00	2016-12-01	10	0.0080	12800.00
运输工具	办公室	大众轿车	辆	1	100000.00	100000.00	2020-06-01	4	0.0200	2000.00
电子设备	办公室	美的空调	台	2	4000.00	8000.00	2020-08-01	3	0.0267	213.60
电子设备	财务部	美的空调	台	1	4200.00	4200.00	2020-12-01	3	0.0267	112.14
电子设备	财务部	联想电脑	台	2	3500.00	7000.00	2020-12-01	3	0.0267	186.90
电子设备	采购部	电脑HP	台	3	4000.00	12000.00	2020-06-01	3	0.0267	320.40
电子设备	专设销售机构	电脑DELL	台	4	4500.00	18000.00	2020-11-01	3	0.0267	480.60
电子设备	生产车间	电脑DELL	台	2	5000.00	10000.00	2020-11-01	3	0.0267	267.00
合计						9139200.00				51420.64

制表：李康杰　　审核：钱月平

图 3-202　预览固定资产累计折旧计算表内容页面

本业务只有 1 张单据，业务分类选择“非成本核算业务”，业务描述处可输入文字“计提折旧费”。业务描述完成后，点击右下角“确定”按钮，系统将提示“保存成功！”。

2. 业务审核与凭证生成

财务人员进行业务审核，并生成记账凭证，预览记账凭证内容页面，如图 3-203 所示。

记账凭证

记字第 063 号　　制单日期：2023-04-30　　附单据数：1

摘要	总账科目	明细科目	借方金额	贷方金额	现金流量表项目
计提折旧	管理费用	折旧费	26833.04		请选择
	制造费用	折旧费	24107.00		请选择
	销售费用	折旧费	480.60		请选择
	累计折旧			51420.64	请选择
票号： 日期：选择日期	单据： 数量： - +	合计	51420.64	51420.64	

备注　项目客户：　　部门业务员：　　个人：

记账：　　审核：　　出纳：　　制单：李康杰

图 3-203　预览[业务 63]生成的记账凭证内容页面

【业务 64】　无形资产摊销

1. 票据整理

财务人员根据无形资产摊销表初步判断为计提摊销业务，预览摊销表内容页面，如图 3-204 所示。

无形资产摊销表

2023-04-30　　单位：元

名称	账面原值	摊销期限（年）	月摊销额	类型	使用部门
土地使用权	1200000.00	50	2000.00	土地使用权	办公室
合计	1200000.00		2000.00		

制表：李康杰　　审核：钱月平

图 3-204　预览无形资产摊销表内容页面

本业务只有 1 张单据，业务分类选择"非成本核算业务"，业务描述处可输入文字"无形资产摊销"。业务描述完成后，点击右下角"确定"按钮，系统将提示"保存成功！"。

2. 业务审核与凭证生成

财务人员进行业务审核，并生成记账凭证，预览记账凭证内容页面，如图 3-205 所示。

记账凭证

记字第 064 号　　制单日期：2023-04-30　　附单据数：1

摘要	总账科目	明细科目	借方金额	贷方金额	现金流量表项目
无形资产摊销	管理费用	无形资产摊销费	2000.00		请选择
	累计摊销	土地使用权-土地使用权		2000.00	请选择
票号： 日期：选择日期	单据： 数量： - +	合计	2000.00	2000.00	

备注　项目客户：　　部门业务员：　　个人：

记账：　　审核：　　出纳：　　制单：李康杰

图 3-205　预览[业务 64]生成的记账凭证内容页面

【业务 65】~【业务 69】 为成本核算业务,讲解内容见项目三任务三成本核算与期末处理。

【业务 70】 计提短期借款利息

1. 票据整理

财务人员根据银行借款利息计算表初步判断为计提短期借款利息业务,预览计算单内容页面,如图 3-206 所示。

银行借款利息计算单

2023-04-30　　　　　　　　　　　　　　　　　　　　　　　　　　　　　单位:元

借款种类	借款金额	贷款年利率	月利息额	备注
3个月周转借款	300000.00	6%	1500.00	2023-02-01借入（合同号:170590000130127）
合计			1500.00	

制表:李康杰　　　　　　　　　　　　　　　　　　　　　　　　　　　审核:钱月平

图 3-206　预览银行借款利息计算表内容页面

本业务只有 1 张单据,业务分类选择"非成本核算业务",业务描述处可输入文字"计提短期借款利息"。业务描述完成后,点击右下角"确定"按钮,系统将提示"保存成功!"。

2. 业务审核与凭证生成

财务人员进行业务审核,并生成记账凭证,预览记账凭证内容页面,如图 3-207 所示。

图 3-207　预览[业务 70]生成的记账凭证内容页面

【业务 71】和【业务 72】 为成本核算业务,讲解内容见项目三任务三成本核算与期末处理。

【业务 73】 计提坏账准备

1. 票据整理

财务人员根据坏账准备计算表初步判断为计提坏账准备业务,预览计算表内容页面,如图 3-208 所示。

坏账准备计算表

2023-04-30　　　　　　　　　　　　　　　　　　　　　　　　　　　　　单位:元

项目	应收款项期末余额	计提比例	坏账准备期初余额	借方发生额	贷方发生额	应补提金额	应冲减金额
应收账款坏账准备	5409500.80	5%	170178.00			100297.04	
合计	5409500.80		170178.00			100297.04	

制表:李康杰　　　　　　　　　　　　　　　　　　　　　　　　　　　审核:钱月平

图 3-208　预览坏账准备计算表内容页面

本业务只有 1 张单据，业务分类选择"非成本核算业务"，业务描述处可输入文字"计提坏账准备"。业务描述完成后，点击右下角"确定"按钮，系统将提示"保存成功！"。

2. 业务审核与凭证生成

财务人员进行业务审核，并生成记账凭证，预览记账凭证内容页面，如图 3-209 所示。

图 3-209　预览[业务 73]生成的记账凭证内容页面

【业务 77】～【业务 80】　属于期末业务，讲解内容见项目三任务三成本核算与期末处理。

任务三　成本核算与期末处理

【任务描述】

财务人员在票据整理时，将归整的部分经济业务分类选择为"成本核算业务"类型，这些经济业务将转入"成本核算"菜单中。财务人员先将经济业务进行成本核算，再进行业务审核，最后生成记账凭证。将全部业务生成记账凭证后，财务人员应根据本期发生的经济业务进行期末处理，并生成记账凭证。

一、成本核算

【业务流程】

成本核算流程，如图 3-210 所示。

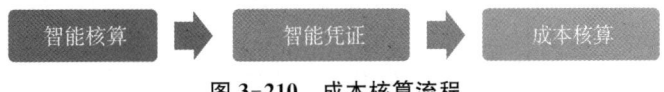

图 3-210　成本核算流程

【业务操作】

对于成本核算业务，首先要在票据整理时先选择"成本核算业务"类型，然后打开"智能核算"-"智能凭证"-"成本核算"菜单，进入成本核算页面，进行相应表单的处理。下面以凯祥公司的成本核算业务为例进行介绍。

【业务 61】 结转发出材料成本

1. 票据整理

财务人员搜索关键字"领料单",筛选出 3 张领料单,全部勾选确认。本业务分类选择"成本核算业务",业务描述处可输入文字"结转发出材料成本"。业务描述完成后,点击右下角"确定"按钮。系统将提示"保存成功!"。

2. 成本核算、业务审核与凭证生成

(1)成本核算。财务人员点击成本核算,进入成本核算页面(图 3-211),点击操作列的"成本核算"按钮,进入成本核算界面。在成本核算界面,财务人员找到红色方框区域,根据本期业务实际情况,下拉选择或者模糊输入实训表单名称,并填写实训单据。结转发出材料成本业务的实训表单为"发出材料单位成本计算表""原材料发出汇总表"和"材料共同耗用分配表",其中"材料共同耗用分配表"不属于必选计算表的范畴。成本核算界面的绿色方框区域,是当前成本核算时需用到的背景单据,财务人员结合当期需要用到的期初、本期数据,进行成本核算。财务人员可点击左下角的"增加行"或"减少行"按钮,实现实训单据增行、减行的效果。实训单据可复制到 Excel 上核算成本,也可将 Excel 核算成本的结果粘贴到系统。

财务人员选择发出材料成本计算表表单,填写内容页面,如图 3-212 所示。

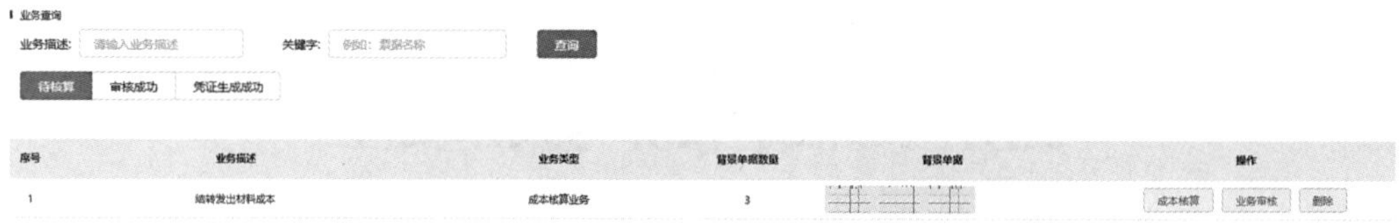

图 3-211 成本核算-待核算页面

发出材料单位成本计算表

导出到EXCEL

日期:2023-04-30　　　　　　　　　　　　　　　　　　　　　　　　　　　　　　　　　　单位:元

材料名称	单位	期初数量	期初金额	本期入库数量	本期入库金额	单位成本
T330	千克	4500	540000.00	7000	841040	120.09
T445	千克	3800	304000.00	9740	780370	80.09
T540	千克	3200	112000.00	1900	67020	35.10
合计			956000.00		1688430.00	

制表:李康杰　　　　　　　　　　　　　　　　　　　　　　　　　　　　　　　　　　　审核:钱月平

图 3-212 预览发出材料成本计算表内容页面

财务人员继续添加原材料发出汇总表表单,填写内容页面,如图 3-213 所示。

(2)业务审核。当前业务实训单据填写完成后,财务人员先点击右下角的"确定"按钮保存当前数据,再点击"返回"按钮,返回到"待核算"的页面,然后点击本业务的"业务审核"按钮,跳转到成本核算业务审核详情页面,即可开展业务审核。预览成本核算业务审核页面,如图 3-214 所示。

原材料发出汇总表

导出到EXCEL
日期：2023-04-30   单位：元

领用部门	领料用途	产品	T330		T445		T540		合计
			数量	金额	数量	金额	数量	金额	
生产车间	生产产品直接领用	E01	3500	420315.00	2800	224252.00	1750	61425.00	705992.00
生产车间	生产产品直接领用	E02	4200	504378.00	6300	504567.00	840	29484.00	1038429.00
专设销售机构	销售材料领用		500	60045.00	500	40045.00			100090.00
合计			8200	984738	9600	768864	2590	90909	1844511

制表：李康杰   审核：钱月平

图 3-213　预览原材料发出汇总表内容页面

图 3-214　成本核算业务审核详情页面

审核过程中，若发现实训单据填写错误，可点击右上角"返回"按钮，返回到"成本核算"菜单-"待核算"页面，重新核算材料发出成本。若用非系统管理员身份进入操作系统，实训表单的制表人身份与审核实训表单的审核人身份不属于同一操作员账号，则点击左上方的"退回"按钮，将单据退回到制单人处，由其修改实训表单内容后，再次提交审核。

审核完成后，财务人员点击上图左上方的"通过"按钮，系统将提示"确定将业务审核通过吗？"，点击"确定"按钮，将结转发出材料成本业务审核通过。审核通过提示页面，如图 3-215 所示。

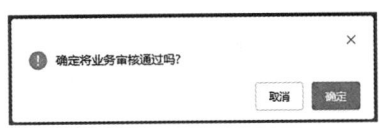

图 3-215　业务审核通过提示页面

审核通过的业务将转入"成本核算"菜单-"审核成功"页面。成本核算业务审核成功页面，如图 3-216 所示。

图 3-216　成本核算业务审核成功页面

（3）凭证生成。财务人员点击图 3-216 操作列的"凭证生成"按钮，生成记账凭证。记账凭证生成成功页面，如图 3-217 所示。

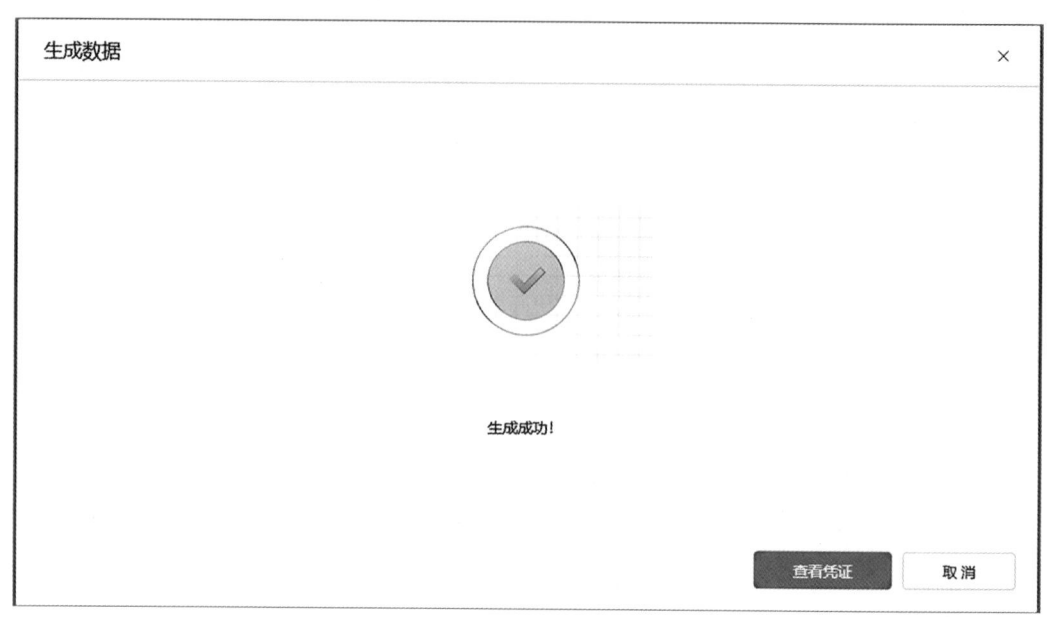

图 3-217　记账凭证生成成功页面

点击"查看凭证"按钮，可查看结转发出材料成本业务的记账凭证和原始凭证。预览记账凭证内容页面，如图 3-218 所示。

摘要	总账科目	明细科目	借方金额	贷方金额	现金流量表项目
结转发出材料成本	生产成本	基本生产成本-E01-直接材料	705992.00		请选择
	生产成本	基本生产成本-E02-直接材料	1038429.00		请选择
	其他业务成本	材料销售成本-T330	60045.00		请选择
	其他业务成本	材料销售成本-T445	40045.00		请选择
	原材料	T330		984738.00	请选择
	原材料	T445		768864.00	请选择
	原材料	T540		90909.00	请选择
		合计	1844511.00	1844511.00	

图 3-218　预览[业务 61]生成的记账凭证内容页面

【业务65】 计提工资

1. 票据整理

财务人员选择工资明细表和生产工时明细表,全部勾选,业务分类选择"成本核算业务",业务描述处可输入文字"计提工资"。业务描述完成后,点击右下角"确定"按钮,系统将提示"保存成功!"。

2. 成本核算、业务审核与凭证生成

财务人员点击"成本核算",选择表单"工资分配表",将实训单据复制到 Excel 上进行核算,再将结果粘贴到系统,预览工资分配表内容页面,如图 3-219 所示。

工资分配表

导出到EXCEL
日期:2023-04-30   单位:元

应借科目		直接计入	分配计入			合计
			生产工时(小时)	分配率	分配金额	
管理费用		53480.00				53480.00
销售费用		28000.00				28000.00
制造费用		8000.00				8000.00
生产成本	E01		1920	19.6875	37800.00	37800.00
生产成本	E02		1280	19.6875	25200.00	25200.00
合计		89480.00	3200.00		63000.00	152480.00

制表:李康杰   审核:钱月平

图 3-219 预览工资分配表内容页面

财务人员先点击右下角的"确定"按钮保存当前数据,再点击"返回"按钮,返回到"待核算"的页面,然后点击"业务审核"按钮进行审核,并生成凭证,预览记账凭证内容页面,如图 3-220 所示。

图 3-220 预览[业务65]生成的记账凭证内容页面

【业务66】 计提社会保险费

1. 票据整理

财务人员勾选生产工时明细表,业务分类选择"成本核算业务",业务描述处可输入文字"计提社会保险费"。业务描述完成后,点击右下角"确定"按钮,系统将提示"保存成功!"。

2. 成本核算、业务审核与凭证生成

财务人员点击"成本核算",选择表单"四险计算表",将实训单据复制到 Excel 上进行核算,再将结果粘贴到系统,预览四险计算表内容页面,如图 3-221 所示。

四险计算表

导出到EXCEL
日期：2023-04-30　　　　　　　　　　　　　　　　　　　　　　　　　　　　　　　　单位：元

项目	医疗保险	养老保险	失业保险	工伤保险	四险合计
管理费用	4706.24	8556.80	267.40	213.92	13744.36
销售费用	2464.00	4480.00	140.00	112.00	7196.00
制造费用	704.00	1280.00	40.00	32.00	2056.00
生产成本-E01	3326.40	6048.00	188.93	151.30	9714.63
生产成本-E02	2217.60	4032.00	126.07	100.70	6476.37
合计	13418.24	24396.80	762.40	609.92	39187.36

制表：李康杰　　　　　　　　　　　　　　　　　　　　　　　　　　　　　　　　　审核：钱月平

图 3-221　预览四险计算表内容页面

财务人员先点击右下角的"确定"按钮保存当前数据,再点击"返回"按钮,返回到"待核算"的页面,然后点击"业务审核"按钮进行审核,并生成凭证,预览记账凭证内容页面,如图 3-222 所示。

记账凭证

记字摘 066 号　　　　　制单日期：2023-04-30　　　　　　　　　附单据数：2

摘要	总账科目	明细科目	借方金额	贷方金额	现金流量表项目
计提四险	管理费用	社会保险费	13744.36		请选择
	销售费用	社会保险费	7196.00		请选择
	制造费用	社会保险费	2056.00		请选择
	生产成本	基本生产成本-E01-直接人工	9714.63		请选择
	生产成本	基本生产成本-E02-直接人工	6476.37		请选择
	应付职工薪酬	社会保险费-医疗保险		13418.24	请选择
	应付职工薪酬	社会保险费-工伤保险		609.92	请选择
	应付职工薪酬	设定提存计划-养老保险		24396.80	请选择
	应付职工薪酬	设定提存计划-失业保险		762.40	请选择
		合计	39187.36	39187.36	

票号：　　　单据：
日期：选择日期　　数量：　- 　+
备注　项目客户：　　　部门业务员：　　　个人：
记账：　　　审核：　　　出纳：　　　制单：李康杰

图 3-222　预览[业务 66]生成的记账凭证内容页面

【业务67】 计提住房公积金

1. 票据整理

财务人员勾选生产工时明细表,业务分类选择"成本核算业务",业务描述处可输入文字"计提住房公积金"。业务描述完成后,点击右下角"确定"按钮,系统将提示"保存成功!"。

2. 成本核算、业务审核与凭证生成

财务人员点击成本核算,选择表单"住房公积金计算表",将实训单据复制到 Excel 上进行核算,再将结果粘贴到系统,预览住房公积金计算表内容页面,如图 3-223 所示。

住房公积金计算表

导出到EXCEL
日期:2023-04-30   单位:元

项目	住房公积金
管理费用	5348.00
销售费用	2800.00
制造费用	800.00
生产成本-E01	3780.10
生产成本-E02	2519.90
合计	15248.00

制表:李康杰   审核:钱月平

图 3-223　预览住房公积金计算表内容页面

财务人员先点击右下角的"确定"按钮,保存当前数据;再点击"返回"按钮,返回到"待核算"页面;然后点击"业务审核"按钮进行审核,并生成凭证,预览记账凭证内容页面,如图 3-224 所示。

记账凭证

记字第 067 号　　　　制单日期 2023-04-30　　　　附单据数:2

摘要	总账科目	明细科目	借方金额	贷方金额	现金流量表项目
计提住房公积金	管理费用	住房公积金	5348.00		请选择
	销售费用	住房公积金	2800.00		请选择
	制造费用	住房公积金	800.00		请选择
	生产成本	基本生产成本-E01-直接人工	3780.10		请选择
	生产成本	基本生产成本-E02-直接人工	2519.90		请选择
	应付职工薪酬	住房公积金		15248.00	请选择
		合计	15248.00	15248.00	

票号:　　　　单据:
日期:选择日期　　　数量: - +
备注:　项目客户:　　　部门业务员:　　　个人:
记账:　　　审核:　　　出纳:　　　制单:李康杰

图 3-224　预览[业务 67]生成的记账凭证内容

【业务 68】 计提工会经费

1. 票据整理

财务人员勾选工会经费计提资料单据,业务分类选择"成本核算业务",业务描述处可输入文字"计提工会经费"。业务描述完成后,点击右下角"确定"按钮,系统将提示"保存成功!"。

2. 成本核算、业务审核与凭证生成

财务人员点击成本核算,选择表单"工会经费计算表",将实训单据复制到 Excel 上进行核算,再将结果粘贴到系统,预览工会经费计算表内容页面,如图 3-225 所示。

工会经费计算表

导出到EXCEL
日期:2023-04-30　　　　　　　　　　　　　　　　　　　　　　　　　　　　　　　　单位:元

项目	工会经费金额
管理费用	1069.60
销售费用	560.00
制造费用	160.00
生产成本-E01	756.00
生产成本-E02	504.00
合计	3049.60

制表:李康杰　　　　　　　　　　　　　　　　　　　　　　　　　　　　　　审核:钱月平

图 3-225　预览工会经费计算表内容页面

财务人员先点击右下角的"确定"按钮,保存当前数据;再点击"返回"按钮,返回到"待核算"的页面;然后点击"业务审核"按钮进行审核,并生成凭证,预览记账凭证内容页面,如图 3-226 所示。

记账凭证

记字第 068 号　　　制单日期:2023-04-30　　　　　　　　　　　　　　　附单据数:2

摘要	总账科目	明细科目	借方金额	贷方金额	现金流量表项目
计提工会经费	管理费用	工会经费	1069.60		请选择
	销售费用	工会经费	560.00		请选择
	制造费用	工会经费	160.00		请选择
	生产成本	基本生产成本-E01-直接人工	756.00		请选择
	生产成本	基本生产成本-E02-直接人工	504.00		请选择
	应付职工薪酬	工会经费		3049.60	请选择
		合计	3049.60	3049.60	

票号:　　单据:
日期:选择日期　　数量:- +
备注:项目客户:　　部门业务员:　　个人:
记账:　　审核:　　出纳:　　制单:李康杰

图 3-226　预览[业务 68]生成的记账凭证内容页面

【业务 69】 计提职工教育经费

1. 票据整理

财务人员勾选职工教育经费计提资料单据,业务分类选择"成本核算业务",业务描述处可输入文字"计提职工教育经费"。业务描述完成后,点击右下角"确定"按钮,系统将提示"保存成功!"。

2. 成本核算、业务审核与凭证生成

财务人员点击成本核算,选择表单"职工教育经费计算表",将实训单据复制到 Excel 上进行核算,再将结果粘贴到系统,预览职工教育经费计算表内容页面,如图 3-227 所示。

职工教育经费计算表

导出到EXCEL
日期：2023-04-30   单位：元

项目	职工教育经费金额
管理费用	4278.40
销售费用	2240.00
制造费用	640.00
生产成本-E01	3024.00
生产成本-E02	2016.00
合计	12198.40

制表：李康杰   审核：钱月平

图 3-227　预览职工教育经费计算表内容页面

财务人员先点击右下角的"确定"按钮，保存当前数据；再点击"返回"按钮，返回到"待核算"的页面；然后点击"业务审核"按钮进行审核，并生成凭证，预览记账凭证内容页面，如图 3-228 所示。

记账凭证

记字第 069 号　　　　制单日期：2023-04-30　　　　　　　　　　　　　　附单据数：2

摘要	总账科目	明细科目	借方金额	贷方金额	现金流量表项目
计提职工教育经费	管理费用	职工教育经费	4278.40		请选择
	销售费用	职工教育经费	2240.00		请选择
	制造费用	职工教育经费	640.00		请选择
	生产成本	基本生产成本-E01-直接人工	3024.00		请选择
	生产成本	基本生产成本-E02-直接人工	2016.00		请选择
	应付职工薪酬	职工教育经费		12198.40	请选择
		合计	12198.40	12198.40	

票号：　　　单据：
日期：　　　数量：

备注　　项目客户：　　　　　　部门业务员：　　　　　　个人：

记账：　　　　审核：　　　　出纳：　　　　制单：李康杰

图 3-228　预览[业务 69]生成的记账凭证内容页面

【业务 71】 分配并支付水费

1. 票据整理

财务人员根据增值税专用发票上的货物名称"自来水"初步判断本业务为支付水费，预览发票内容页面，如图 3-229 所示。

从上述发票可知，本月水费为 5 910 元，税额为 177.30 元，合计 6 087.30 元，开票日期为 4 月 30 日。财务人员搜索关键字"江苏水务"，筛选出 2 张单据，其中 1 张增值税普通发票，预览发票内容页面，如图 3-230 所示。

图 3-229 预览增值税专用发票内容页面

图 3-230 预览增值税发票内容页面

从上述发票可知,本月发生污水处理费共计 2 935.30 元。预览银行客户专用回单内容页面,如图 3-231 所示。

图 3-231 预览银行客户专用回单内容页面

上述银行客户专用回单收款方为江苏水务股份有限公司,金额为 9 022.60 元,为上述 2 张发票金额合计,与上述增值税发票为同一笔业务,确认勾选。财务人员搜索关键字"耗用量",筛选出 2 张单据,其中 1 张为水费耗用量,预览外购水费各部门耗用量明细表内容页面,如图 3-232 所示。

图 3-232 预览水费耗用量明细表内容页面

综上分析,分配水费业务的单据包括增值税普通发票 2 张、银行客户专用回单和外购水费各部门耗用量明细表,财务人员均已找出并确认勾选。本业务分类选择"成本核算业务",业务描述处可输入文字"30 日,支付水费"。业务描述完成后,点击右下角"确定"按钮,系统将提示"保存成功!"。

2. 成本核算、业务审核与凭证生成

财务人员点击成本核算,选择表单"水费分配表",将实训单据复制到 Excel 上进行核算,再将结果粘贴到系统,预览水费分配表内容页面,如图 3-233 所示。

水费分配表

导出到EXCEL
日期：2023-04-30
单位：元

部门	实际用量	水费分摊金额	污水处理费分摊金额	合计
办公室	40	120.00	59.60	179.60
财务部	40	120.00	59.60	179.60
采购部	30	90.00	44.70	134.70
专设销售机构	60	180.00	89.40	269.40
生产车间	1800	5400.00	2682	8082.00
合计	1970	5910	2935.30	8845.30

制表：李康杰　　　　审核：钱月平

图 3-233　预览水费分配表内容页面

财务人员先点击右下角的"确定"按钮，保存当前数据；再点击"返回"按钮，返回到"待核算"的页面；然后点击"业务审核"按钮进行审核，并生成凭证，预览记账凭证内容页面，如图 3-234 所示。

记账凭证

记字算 071 号　　　制单日期：2023-04-30　　　附单据数：5

摘要	总账科目	明细科目	借方金额	贷方金额	现金流量表项目
支付并分配水费	管理费用	水电费	493.90		请选择
	销售费用	水电费	269.40		请选择
	制造费用	水电费	8082.00		请选择
	应交税费	应交增值税-进项税额	177.30		请选择
	银行存款	中国工商银行常州市新北区支行-4135944481		9022.60	购买商品、接受劳务支付
		合计	9022.60	9022.60	

票号：　　　单据：
日期：选择日期　　数量：- +
备注：　项目客户：　　部门业务员：　　个人：
记账：　　审核：　　出纳：　　制单：李康杰

图 3-234　预览[业务 71]生成的记账凭证内容页面

【业务 72】　分配电费

1. 票据整理

财务人员根据增值税专用发票上的货物名称"售电"，初步判断本业务为分配电费，预览发票内容页面，如图 3-235 所示。

从上述发票可知，凯祥公司本月电费为 5 137 元，税额为 667.81 元，合计 5 804.81 元，开票日期为 4 月 30 日。电费为先预付后使用，所以无支付凭证。财务人员搜索关键字"耗用量"，筛选出 1 张电费耗用量明细表，预览外购电费各部门耗用量明细表内容页面，如图 3-236 所示。

综上分析，分配电费业务的单据包括增值税专用发票和外购电费各部门耗用量明细表，财务人员均已找出并确认勾选。本业务分类选择"成本核算业务"，业务描述处可输入文字"30 日，支付电费"。业务描述完成后，点击右下角"确定"按钮，系统将提示"保存成功！"。

项目三 智能凭证管理 171

		电子发票（增值税专用发票）				发票号码：23322000000000046954			
						开票日期：2023年04月30日			
购买方信息	名称：常州凯祥家电有限责任公司				销售方信息	名称：常州电力股份有限公司			
	统一社会信用代码/纳税人识别号：913204117527805265					统一社会信用代码/纳税人识别号：913232048502032562			
项目名称	规格型号	单位	数量	单价	金额		税率/征收率		税额
*供电*售电					5137.00		13%		667.81
合计					￥5137.00				￥667.81
价税合计（大写）	⊗ 伍仟捌佰零肆元捌角壹分					（小写）￥5804.81			
备注									

开票人：李新

图 3-235 预览增值税专用发票内容页面

外购电费各部门耗用量明细表

2023-04-30　　　　　　　单位：元

部门	耗用量（度）
办公室	280
财务部	280
采购部	160
专设销售机构	350
生产车间	3600
合计	4670

制表：李康杰　　　审核：钱月平

图 3-236 预览电费耗用量明细表内容页面

2. 成本核算、业务审核与凭证生成

财务人员点击成本核算，选择表单"电费分配表"，将实训单据复制到 Excel 上进行核算，再将结果粘贴到系统，预览电费分配表内容页面，如图 3-237 所示。

电费分配表

导出到EXCEL

日期：2023-04-30　　　　　　　　　　　　　　　　　　　　　　　　　　　单位：元

部门	实际用量	分配率	分配金额
办公室	280	1.10	308.00
财务部	280	1.10	308.00
采购部	160	1.10	176.00
专设销售机构	350	1.10	385.00
生产车间	3600	1.10	3960
合计	4670		5137

制表：李康杰　　　　　　　　　　　　　　　　　　　　　　　　　　　　审核：钱月平

图 3-237 预览电费分配表内容页面

财务人员先点击右下角的“确定”按钮，保存当前数据；再点击“返回”按钮，返回到“待核算”的页面；然后点击“业务审核”按钮进行审核，并生成凭证，预览记账凭证内容页面，如图 3-238 所示。

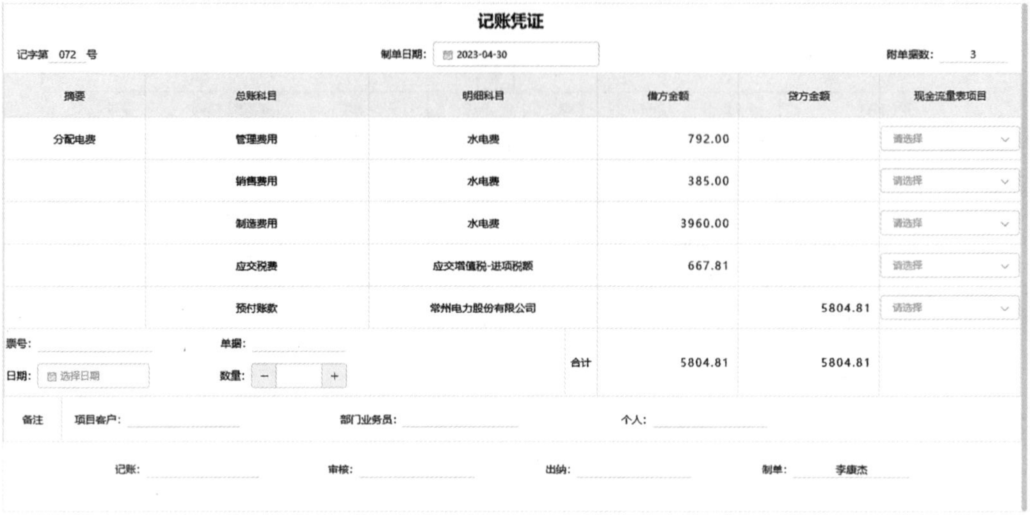
记账凭证

记字第 072 号　　制单日期：2023-04-30　　附单据数：3

摘要	总账科目	明细科目	借方金额	贷方金额	现金流量表项目
分配电费	管理费用	水电费	792.00		请选择
	销售费用	水电费	385.00		请选择
	制造费用	水电费	3960.00		请选择
	应交税费	应交增值税-进项税额	667.81		请选择
	预付账款	常州电力股份有限公司		5804.81	请选择
票号：　日期：选择日期	单据：　数量：	合计	5804.81	5804.81	

备注　项目客户：　部门业务员：　个人：

记账：　审核：　出纳：　制单：李康杰

图 3-238　预览[业务 72]生成的记账凭证内容页面

【业务 74】　结转制造费用

1. 票据整理

财务人员勾选生产工时明细表，业务分类选择“成本核算业务”，业务描述处可输入文字“分配制造费用”。业务描述完成后，点击右下角“确定”按钮，系统将提示“保存成功!”。

2. 成本核算、业务审核与凭证生成

财务人员点击成本核算，选择表单“制造费用分配表”，将实训单据复制到 Excel 上进行核算，本期制造费用发生额可通过“智能核算-智能账簿-总账”进行搜索，录入账户名称“制造费用”，取得本期发生额进行分配，再将结果粘贴到系统，预览制造费用分配表内容页面，如图 3-239 所示。

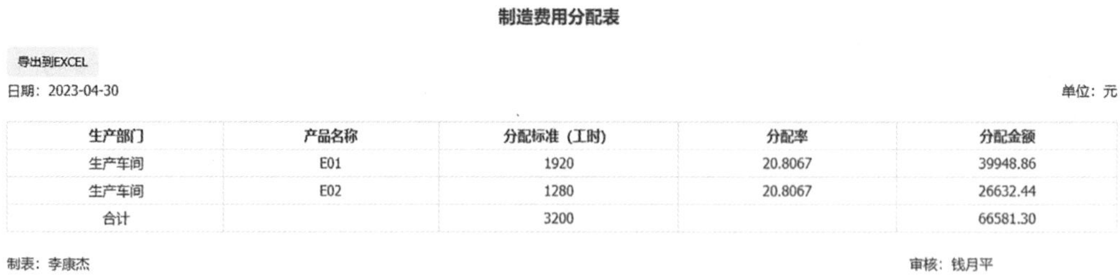
制造费用分配表

导出到EXCEL

日期：2023-04-30　　单位：元

生产部门	产品名称	分配标准（工时）	分配率	分配金额
生产车间	E01	1920	20.8067	39948.86
生产车间	E02	1280	20.8067	26632.44
合计		3200		66581.30

制表：李康杰　　审核：钱月平

图 3-239　预览制造费用分配表内容页面

财务人员先点击右下角的“确定”按钮，保存当前数据；再点击“返回”按钮，返回到“待核算”的页面；然后点击“业务审核”按钮进行审核，并生成凭证，预览记账凭证内容页面，如图 3-240 所示。

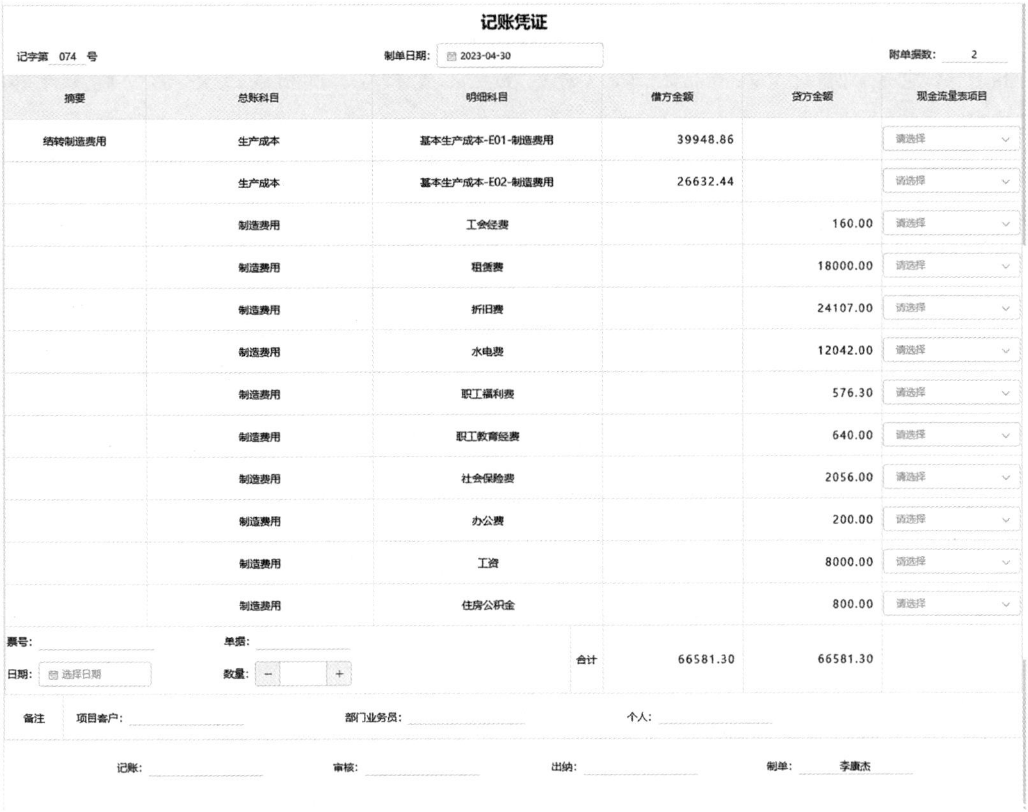

记账凭证

记字第 074 号　　制单日期：2023-04-30　　附单据数：2

摘要	总账科目	明细科目	借方金额	贷方金额	现金流量表项目
结转制造费用	生产成本	基本生产成本-E01-制造费用	39948.86		请选择
	生产成本	基本生产成本-E02-制造费用	26632.44		请选择
	制造费用	工会经费		160.00	请选择
	制造费用	租赁费		18000.00	请选择
	制造费用	折旧费		24107.00	请选择
	制造费用	水电费		12042.00	请选择
	制造费用	职工福利费		576.30	请选择
	制造费用	职工教育经费		640.00	请选择
	制造费用	社会保险费		2056.00	请选择
	制造费用	办公费		200.00	请选择
	制造费用	工资		8000.00	请选择
	制造费用	住房公积金		800.00	请选择
票号： 日期：选择日期	单据： 数量：- +	合计	66581.30	66581.30	

备注　项目客户：　部门业务员：　个人：

记账：　审核：　出纳：　制单：李康杰

图 3-240　预览[业务 74]生成的记账凭证内容页面

【业务 75】 完工产品入库

【知识链接】

当月发生的生产费用和月初、月末在产品及当月完工产成品成本四项费用的关系可用下列公式表达：

① 月初在产品成本＋当月发生生产费用＝当月完工产品成本＋月末在产品成本

或：

② 月初在产品成本＋当月发生生产费用－月末在产品成本＝当月完工产品成本

生产费用在完工产品与在产品之间的分配，在成本计算工作中是一个重要而又比较复杂的问题。企业应当根据在产品数量的多少、各月在产品数量变化的大小、各项费用比重的大小，以及定额管理基础的好坏等具体条件，选择既合理又简便的分配方法。常用的方法有以下六种：

(1) 不计算在产品成本法(即在产品成本为零)。这种方法适用于月末在产品数量很小的情况。算不算在产品成本对完工产品成本影响不大，为了简化核算工作，可以不计算在产品成本，即在产品成本是零。当月发生的产品生产费用就是完工产品的成本。

(2) 在产品成本按年初数固定计算法。这种方法适用于月末在产品数量很小，或者在产品数量虽大但各月之间在产品数量变动不大，月初、月末在产品成本的差额对完工产品成本影响不大的情况。为简化核算工作,各月在产品成本可以固定按年初数计算。采用这种方法,某种产品当月发生的生产费用就是当月完工产品的成本。年终时,根据实地盘点的在产品数量,重新调整计算在产品成本,以避免在产品成本与实际出入过大,影响成本计算的正确性。

(3) 在产品成本按其所耗用的原材料费用计算。采用这种方法的在产品成本按所耗用的原材料费用计算,其他费用全部由完工产品成本负担。这种方法适合于原材料费用在产品成本中所占比重较大,而且原材料是在生产开始时一次就全部投入的情况。为了简化核算工作,月末在产品可以只计算原材料费用,其他费用全部由完工产品负担。

(4) 约当产量法。约当产量是指在产品按其完工程度折合成完工产品的产量。按约当产量比例分配的方法,就是将月末结存的在产品,按其完工程度折合成约当产量,然后将产品应负担的全部生产费用,按完工产品产量和在产品约当产量的比例进行分配的一种方法。这种方法的计算公式如下:

① 在产品约当产量＝在产品数量×完工程度
② 单位成本＝(月初在产品成本＋当月发生生产费用)÷(产成品产量＋月末在产品约当产量)
③ 产成品成本＝单位成本×产成品产量
④ 月末在产品成本＝单位成本×月末在产品约当产量

(5) 在产品成本按定额成本计算法。这种方法是事先经过调查研究、技术测定或按定额资料,对各个加工阶段上的在产品,直接确定一个定额单位成本,月终根据在产品数量,分别乘以各项定额单位成本,即可计算出月末在产品的定额成本。将月初在产品成本加上当月发生费用,减去月末在产品的定额成本,就可算出产成品的总成本。产成品总成本除以产成品产量,即产成品单位成本。这种方法的计算公式如下:

① 月末在产品成本＝月末在产品数量×在产品定额单位成本
② 产成品总成本＝(月初在产品成本＋当月发生费用)－月末在产品成本
③ 产成品单位成本＝产成品总成本÷产成品产量

(6) 按定额比例分配完工产品和月末在产品成本的方法(定额比例法)。如果各月月末在产品数量变动较大,但制定了比较准确的消耗定额,生产费用可以在完工产品和月末在产品之间用定额消耗量或定额费用作比例分配。通常,材料费用按定额消耗量比例分配,而其他费用按定额工时比例分配。这种方法的计算公式如下(以按定额成本比例分配为例):

① 材料费用分配率＝(月初在产品实际材料成本＋当月投入的实际材料成本)÷(完工产品定额材料成本＋月末在产品定额材料成本)
② 完工产品应分配的材料成本＝完工产品定额材料成本×材料费用分配率
③ 月末在产品应分配的材料成本＝月末在产品定额材料成本×材料费用分配率
④ 工资(费用)分配率＝[月初在产品实际工资(费用)＋当月投入的实际工资(费用)]÷(完工产品定额工时＋月末在产品定额工时)
⑤ 完工产品应分配的工资(费用)＝完工产品定额工时×工资(费用)分配率
⑥ 月末在产品应分配的工资(费用)＝月末在产品定额工时×工资(费用)分配率

1. 票据整理

财务人员勾选产品产量明细表，业务分类选择“成本核算业务”，业务描述处可输入文字“完工产品入库”。业务描述完成后，点击右下角“确定”按钮，系统将提示“保存成功!”。

2. 成本核算、业务审核与凭证生成

财务人员点击成本核算，选择表单“产品成本计算表”，将实训单据复制到 Excel 上进行核算，本期生产成本发生额可通过“智能核算”-“智能账簿”-“明细账”进行搜索，录入账户名称“生产成本”，取得本期发生额进行分配，按照期初政策，采用约当产量法分配在产品和完工产品成本，再将结果粘贴到系统，预览产品成本计算表内容页面，如图 3-241 所示。

产品成本计算表												
生产部门	产品名称	成本项目	月初在产品成本	本月生产费用	生产成本合计	完工产品产量	在产品产量	在产品约当产量	产量合计	单位成本	完工产品成本	在产品成本
生产车间	E01	直接材料	16000	705992	721992	3510	70	70	3580	201.673743	707874.84	14117.16
生产车间	E01	直接人工	1250	59915.63	61165.63	3510	70	63	3573	17.118844	60087.14	1078.49
生产车间	E01	制造费用	850	39948.86	40798.86	3510	70	63	3573	11.418657	40079.49	719.37
小计			18100	805856.49	823956.49					230.211244	808041.47	15915.02
生产车间	E02	直接材料	12000	1038429	1050429	4190	20	20	4210	249.508076	1045438.84	4990.16
生产车间	E02	直接人工	410	39943.57	40353.57	4190	20	17	4207	9.592006	40190.51	163.06
生产车间	E02	制造费用	70	26632.44	26702.44	4190	20	17	4207	6.347145	26594.54	107.9
小计			12480	1105005.01	1117485.01					265.447227	1112223.89	5261.12
合计			30580	1910861.5	1941441.5						1920265.36	21176.14

图 3-241　预览产品成本计算表内容页面

财务人员先点击右下角的“确定”按钮，保存当前数据；再点击“返回”按钮，返回到“待核算”的页面；然后点击“业务审核”按钮进行审核，并生成凭证，预览记账凭证内容页面，如图 3-242 所示。

记账凭证

记字第 075 号　　制单日期：2023-04-30　　附单据数：2

摘要	总账科目	明细科目	借方金额	贷方金额	现金流量表项目
完工产品入库	库存商品	E01	808041.47		请选择
	库存商品	E02	1112223.89		请选择
	生产成本	基本生产成本-E01-直接材料		707874.84	请选择
	生产成本	基本生产成本-E01-直接人工		60087.14	请选择
	生产成本	基本生产成本-E01-制造费用		40079.49	请选择
	生产成本	基本生产成本-E02-直接材料		1045438.84	请选择
	生产成本	基本生产成本-E02-直接人工		40190.51	请选择
	生产成本	基本生产成本-E02-制造费用		26594.54	请选择
票号：　日期：选择日期	单据：　数量：- +	合计	1920265.36	1920265.36	

备注　项目客户：　部门业务员：　个人：

记账：　审核：　出纳：　制单：李康杰

图 3-242　预览[业务 75]生成的记账凭证内容页面

【业务 76】　结转产品销售成本

1. 票据整理

财务人员勾选 4 张出库单，业务分类选择“成本核算业务”，业务描述处可输入文字“结转产品销售成本”。业务描述完成后，点击右下角“确定”按钮，系统将提示“保存成功!”。

2. 成本核算、业务审核与凭证生成

财务人员点击成本核算,选择表单"库存商品单位成本计算表",将实训单据复制到Excel上进行核算,采用月末一次加权平均法计算本期发出产品单位成本,再将结果粘贴到系统,预览库存商品单位成本计算表内容页面,如图3-243所示。

库存商品单位成本计算表

导出到EXCEL
日期:2023-04-30 单位:元

产品名称	期初结存		本期入库		本期发出库存商品单位成本
	数量	金额	数量	金额	
E01	4600	1039600.00	3510	808041.47	227.82
E02	2800	733600.00	4190	1112223.89	264.07
合计		1773200		1920265.36	

制表:李康杰 审核:钱月平

图 3-243 预览库存商品单位成本计算表内容页面

财务人员继续选择表单"发出产品成本结转表",在Excel上进行计算,预览发出产品成本结转表内容页面,如图3-244所示。

发出产品成本结转表

导出到Excel
日期:2023-04-30 单位:元

领用部门	用途	E01		E02		合计
		数量	金额	数量	金额	
专设销售机构	销售领用	6664	1518192.48	5696	1504142.72	3022335.2
合计		6664	1518192.48	5696	1504142.72	3022335.20

制表:李康杰 审核:钱月平

图 3-244 预览发出产品成本结转表内容页面

财务人员先点击右下角的"确定"按钮,保存当前数据;再点击"返回"按钮,返回到"待核算"的页面;然后点击"业务审核"按钮进行审核,并生成凭证,预览记账凭证内容页面,如图3-245所示。

图 3-245 预览[业务76]生成的记账凭证内容页面

二、期末处理

【业务流程】

期末处理流程,如图 3-246 所示。

图 3-246　期末处理流程

【业务操作】

期末处理主要包括计算增值税、计算附加税费、计算所得税费用、月末结转损益类账户等 4 笔业务。期末处理业务由系统根据前面已生成记账凭证的数据,自动汇总相关科目并生成实训单据,从而生成记账凭证。

【业务 77】　计算应交增值税

进入案例企业账套后,财务人员打开"智能核算"-"智能凭证"-"期末处理"菜单。进入到期末处理页面,期末处理页面,如图 3-247 所示。

图 3-247　期末处理页面

财务人员点击"去处理"按钮,系统将自动汇总相关科目的金额生成实训表单。若前期业务有所调整,则点击"重新生成"按钮,重新获取相关科目的金额。涉及本期需要减免增值税的项目需要手动进行填写,如凯祥公司[业务 30]中支付税控备维护费可以抵减本期增值税应纳税额 280 元,需填写在"应纳税额减征额"项目,填完后点击右下角"保存"按钮,保存当前实训单据。保存成功后,点击右上角"返回"按钮,返回到期末处理页面。预览应交增值税计算表内容页面,如图 3-248 所示。

图 3-248　期末处理增值税单据内容页面

财务人员点击"凭证生成"按钮,可生成计算增值税业务的记账凭证,如图3-249所示。

图3-249 预览[业务77]生成的记账凭证内容页面

需要说明的是:

(1)当期末处理实训单据数据完全正确且样本库中有相应样本的情况下,将自动生成正确的记账凭证,否则将生成空白记账凭证。

(2)凭证号由系统根据财务人员生成记账凭证的先后顺序自动填写。在实操过程中,若前面记账凭证存在跳号、重号或者按照经济业务先后逻辑顺序不正确等情形的,在生成第一笔期末处理业务时,系统会将检索到异常的情况提示财务人员,要求财务人员进行凭证号整理后再生成期末处理的记账凭证。

【业务78】 计算附加税费

财务人员按照[业务77]的操作方法,完成计算附加税费的业务。预览税金及附加计算表内容页面和生成的记账凭证内容页面,分别如图3-250和图3-251所示。

税金及附加计算表

复制表格

日期:2023-04-30　　　　　　　　　　　　　　　　　　　　　　　　　　　　　　　　　单位:元

税(费)种	计税依据(增值税)	税率(征收率)	本期应交税费
应交城市维护建设税	468575.47	7%	32800.28
应交教育费附加	468575.47	3%	14057.26
应交地方教育附加	468575.47	2%	9371.51
合计			56229.05

制表:李康杰　　　　　　　　　　　　　　　　　　　　　　　　　　　　　　　　　审核:钱月平

图3-250 税金及附加计算表内容页面

图 3-251　预览[业务 78]生成的记账凭证内容页面

【业务 79】　计算应预缴企业所得税

财务人员按照[业务 77]的操作方法，完成计算应预缴企业所得税的业务。期末处理企业所得税单据内容页面和生成的记账凭证，分别如图 3-252 和图 3-253 所示。

图 3-252　期末处理企业所得税单据内容页面

图 3-253　预览[业务 79]生成的记账凭证内容页面

【业务80】 月末结转损益类账户

财务人员按照[业务77]的操作方法，完成月末结转损益类账户的业务。预览损益类账户发生额结转表内容页面和生成的记账凭证，分别如图3-254和图3-255所示。

损益类账户发生额结转表

复制表格

日期：2023-04-30　　　　　　　　　　　　　　　　　　　　　　　　　　　　　　　　单位：元

科目名称	本期借方发生额	本期贷方发生额
主营业务收入-商品销售收入-E02		2827950
主营业务收入-商品销售收入-E01		2747220
其他业务收入-材料销售收入-T330		65000
其他业务收入-材料销售收入-T445		45000
公允价值变动损益-交易性金融资产公允价值变动		20000
投资收益-交易手续费	47.17	
主营业务成本-商品销售成本-E01	1507257.12	
主营业务成本-商品销售成本-E02	1494636.2	
其他业务成本-材料销售成本-T330	60045	
其他业务成本-材料销售成本-T445	40045	
税金及附加-城市维护建设税	32800.28	
税金及附加-教育费附加	14057.26	
税金及附加-地方教育附加	9371.51	
销售费用-工会经费	560	
销售费用-广告宣传费	50000	
销售费用-折旧费	480.6	
销售费用-水电费	654.4	
销售费用-职工福利费	2881.5	
销售费用-职工教育经费	2240	
销售费用-社会保险费	7196	
销售费用-办公费	800	
销售费用-工资	28000	
销售费用-样品费	9492	
销售费用-住房公积金	2800	
管理费用-工会经费	1069.6	
管理费用-办公费	7400.00	
管理费用-无形资产摊销费	2000	
管理费用-物业管理费	1500	
管理费用-折旧费	26833.04	
管理费用-水电费	1285.9	
管理费用-职工福利费	4610.4	
管理费用-职工教育经费	4278.4	
管理费用-社会保险费	13744.36	
管理费用-汽车加油费	1200	
管理费用-汽车通行费	625	
管理费用-工资	53480	
管理费用-住房公积金	5348	
管理费用-咨询服务费	5000	
管理费用-差旅费	2975.06	
管理费用-盘盈利得		3200
财务费用-利息支出	1500	
信用减值损失-坏账损失	100297.04	
营业外支出-非流动资产处置损失	1900	
所得税费用-当期所得税费用	552489.79	
合计	4050900.63	5708370

制表：李康杰　　　　　　　　　　　　　　　　　　　　　　　　　　　　　　　　审核：钱月平

图3-254　期末结转损益类账户单据内容页面

记账凭证

记字第 080 号　　制单日期：2023-04-30　　附单据数：1

摘要	总账科目	明细科目	借方金额	贷方金额	现金流量表项目
月末结转收入类账户	主营业务收入	商品销售收入-E02	2827950.00		请选择
	主营业务收入	商品销售收入-E01	2747220.00		请选择
	其他业务收入	材料销售收入-T330	65000.00		请选择
	其他业务收入	材料销售收入-T445	45000.00		请选择
	公允价值变动损益	交易性金融资产公允价值变动	20000.00		请选择
	投资收益	交易手续费		47.17	请选择
	管理费用	盘盈利得		3200.00	请选择
	主营业务成本	商品销售成本-E01		1507257.12	请选择
	主营业务成本	商品销售成本-E02		1494636.20	请选择
	其他业务成本	材料销售成本-T330		60045.00	请选择
	其他业务成本	材料销售成本-T445		40045.00	请选择
	税金及附加	城市维护建设税		32800.28	请选择
	税金及附加	教育费附加		14057.26	请选择
	税金及附加	地方教育费附加		9371.51	请选择
	销售费用	工会经费		560.00	请选择
	销售费用	广告宣传费		50000.00	请选择
	销售费用	折旧费		480.60	请选择
	销售费用	水电费		654.40	请选择
	销售费用	职工福利费		2881.50	请选择
	销售费用	职工教育经费		2240.00	请选择
	销售费用	社会保险费		7196.00	请选择
	销售费用	办公费		800.00	请选择
	销售费用	工资		28000.00	请选择
	销售费用	样品费		9492.00	请选择
	销售费用	住房公积金		2800.00	请选择
	管理费用	工会经费		1069.60	请选择
	管理费用	办公费		7400.00	请选择
	管理费用	无形资产摊销费		2000.00	请选择
	管理费用	物业管理费		1500.00	请选择
	管理费用	折旧费		26833.04	请选择
	管理费用	水电费		1285.90	请选择
	管理费用	职工福利费		4610.40	请选择
	管理费用	职工教育经费		4278.40	请选择
	管理费用	社会保险费		13744.36	请选择
	管理费用	汽车加油费		1200.00	请选择
	管理费用	汽车通行费		625.00	请选择
	管理费用	工资		53480.00	请选择
	管理费用	住房公积金		5348.00	请选择
	管理费用	咨询服务费		5000.00	请选择
	管理费用	差旅费		2975.06	请选择
	财务费用	利息支出		1500.00	请选择
	信用减值损失	坏账损失		100297.04	请选择
	营业外支出	非流动资产处置损失		1900.00	请选择
	所得税费用	当期所得税费用		552489.79	请选择
	本年利润			1657469.37	请选择
		合计	5708370.00	5708370.00	

图 3-255　预览[业务 80]生成的记账凭证内容

三、凭证查询

【业务流程】

查询凭证流程，如图 3-256 所示。

图 3-256 查询凭证流程

【业务操作】

凭证查询，可汇总查询"凭证生成"菜单中的"非成本核算业务""成本核算业务"和"期末处理业务"的记账凭证和原始凭证。财务人员可通过日期、摘要和科目三种方式查询记账凭证和原始凭证。

进入案例企业账套后，财务人员打开"智能核算"-"智能凭证"-"凭证查询"菜单，进入凭证查询页面，如图 3-257 所示。

图 3-257 凭证查询页面

任务四 机器学习与模型训练

【任务描述】

了解机器学习基本方法，以及如何清洗数据及训练基本的模型。

一、认知机器学习

机器学习在 20 世纪 90 年代由亚瑟·塞缪尔提出，称为"它是一个研究领域，它赋予计算机在没有明确编程的情况下进行自我学习的能力"，这意味着将知识或者数据灌输给计算机而无需对其进行硬编码。

为什么我们需要机器学习？在当今大数据时代，互联网数据每天都在增长，并且超过 80% 的数据是非结构化的，即音频、视频、照片、文档和图表等。在当前如此大的数据体量中，寻找解决方式对于人类大脑来说是不可能的，所以，需要机器学习帮助人们在最短的时间内获得大量数据。

机器学习是人工智能 AI 的一个子领域。应用人工智能 AI，我们可以设计一个能够根据人工输入的数据学习、识别对应数据的内部规则，使机器可以从过去的数据中学习并预测未来的解决方案。许多科技巨头，如 Facebook、谷歌，都在使用机器学习技术。

目前，机器学习广泛应用于社会的各行各业，从医疗保健到工业，无处不在。比如在金融行业，机器学习用于预测非法行为和欺诈，以及预测未来的股市上涨或下跌。在医疗保健行业，机器学习模型可以预测和筛查疾病。在软件行业，机器学习可以根据客户的喜好和兴趣向其提供建议。在电子商务行业，机器学习用于为客户预测合适的商品。在汽车行业，机器学习用于自动驾驶。

机器学习分为监督学习、无监督学习和强化学习三种类型。

1. 监督学习

监督学习是指先给模型输入一个数据集，并且标记数据集对应记录的标准答案，机器根据给定的数据集和答案来预测后面的结果。此类算法实现了预测分析，它根据已标记的数据集训练模型并输出预测结果。监督学习主要有回归和分类两大类，被广泛运用到现实世界的场景中，如根据之前几个季度的数据预测企业下一季度的销售量。

以让机器学会如何识别苹果和香蕉为例，先准备一大堆苹果和香蕉的照片，当使用监督学习的时候，需要给这些照片打上对应标签。监督学习识别苹果和香蕉的逻辑过程，如图 3-258 所示。

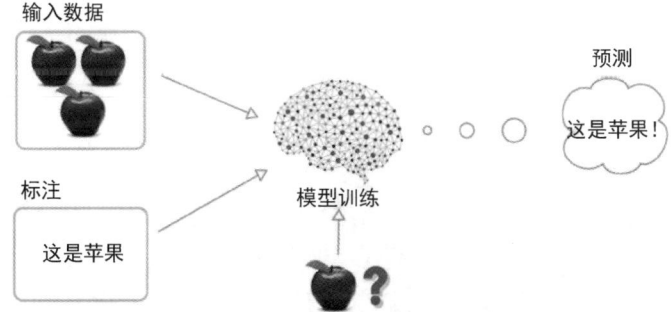

图 3-258　监督学习识别苹果和香蕉的逻辑过程

监督学习具体应用于财务工作中，可以将百万条企业经营数据进行结构化，并给这些数据打上标签，如对发票的记账联打上销售业务的标签，对发票的发票联打上采购业务的标签。通过不断训练机器学习模型，当新的经营数据被输入时，模型将根据训练结果为发票单据打上相应的标签，从而对其进行分类。

2. 无监督学习

无监督学习是一种通过使用未标记的数据来训练算法的机器学习类型。机器学习模型通过无监督学习的算法探索数据中的内在规律，并输出结果。在无监督学习中，数据是未标记的，直接将原始信息输入模型，无需对数据进行预处理，并且无法预知数据的输出。机器学习模型通过学习数据的特征，推断出对应的结果。

无监督学习适用于识别具有相似属性的客户群体,并在相应的营销活动中进行精准投放。无监督学习还适用于自然语言处理、电商购买推荐和异常值检测等领域。例如,将一堆苹果和香蕉的照片提供给机器学习模型,无需为这些照片打上标签,模型可以自动识别对应的规律并将照片进行分类。无监督学习识别苹果和香蕉的逻辑过程,如图3-259所示。

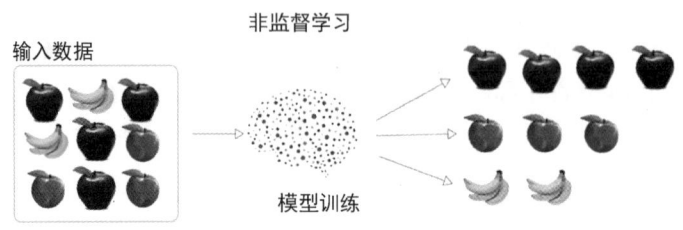

图 3-259 无监督学习识别苹果和香蕉的逻辑过程

无监督学习应用于具体财务工作中时,可以先将企业经营数据进行结构化,但不需要对数据进行标记,机器学习算法可以自动学习不同单据、会计分录以及金额计算之间的关系。通过持续学习,模型可以自动学习并达到一定的准确度。当新的经营业务数据输入时,无监督学习根据模型结果自动对单据进行分类,并生成相应的会计分录。

3. 强化学习

强化学习是通过模仿带有明确目标和积分系统的游戏进行学习的方法。例如,小鼠寻找水源及奶酪的游戏,如图3-260所示。游戏中,以小鼠在迷宫中寻找奶酪作为终极奖励,如果找到奶酪就获得奖励(+1 000分),沿途设有水源奖励或电击处罚。小鼠沿着路线寻找的过程中,会在途经之处获取水的奖励(1滴水+10分)。同时,小鼠还需要注意避开可能导致电击的区域(被电击1次-100分)。通过探索和学习,小鼠学会避开电击区域,并沿着水源寻找终极奖励。

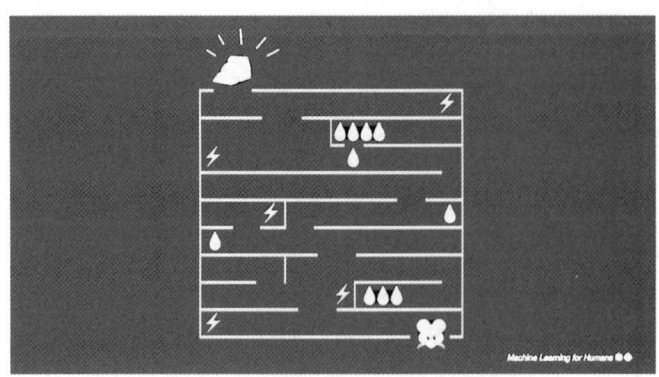

图 3-260 小鼠寻找水源及奶酪游戏示意图

目前,大型会计师事务所已纷纷投资机器学习以探索其在审计与合规、智能记账、税务管理等领域的各种应用。相信未来随着机器学习应用于财会行业的公开数据不断增加,智能记账将会更加广泛地应用于不同规模的企事业单位。

二、训练机器学习模型

在智能财税云平台中,机器学习模型涉及的模块有票据审核模块和票据整理模块、业务审核模块和凭证生成模块。

1. 票据审核模块

在票据审核模块中,将由系统根据学习到的原理自主完成原始凭证的审核,对于机器审核判断不通过的,则需要人工干预审核。不通过原因有两种:一种是新业务的原始凭证,机器尚未学习到处理的规则;另一种是机器审核时判断该票据有误,需要人工干预。机器审核票据页面如图3-261所示。

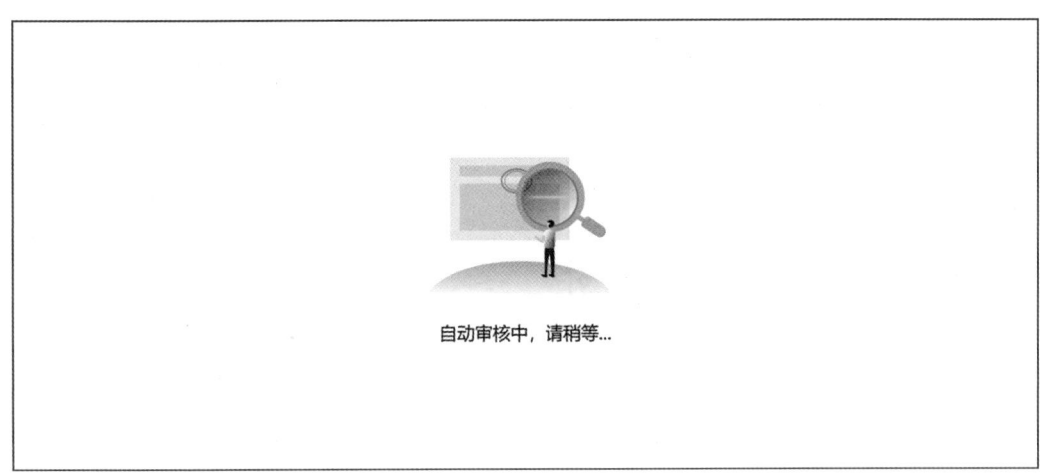

图3-261 机器审核票据页面

审核通过后,系统将统计机器审核的原始凭证张数、总用时、审核成功的票据数量和票据,以及需要人工干预的票据数量和票据。机器审核票据结果页面,如图3-262所示。

图3-262 机器审核票据结果页面

2. 票据整理模块及业务审核模块

在票据整理模块,机器将根据以往学习到的经验和处理规则,自动将常规经济业务的原始凭证进行归整,再自动地完成业务审核,最后生成记账凭证。对于企业新发生的业务,机器尚未学习到票据整理规则和思维逻辑时,则需要人工干预票据归整。机器也会不断地学习人工在票据归整时的逻辑和规则,并服务于日后的自动整理工作。财务人员只需点击票据整理页面的"自动整理"按钮,便能一键完成常规业务的自动票据整理、自动业务审核和自动生成记账凭证。系统在整理前会提示财务人员是否由机器自动完成票据整理、业务审核及生成凭证，自动整理提示框页面，如图 3-263 所示。财务人员点击“确定”按钮后，将交由机器自动完成票据整理、业务审核和生成记账凭证，机器自动整理结果页面、机器自动业务审核结果页面和机器自动生成记账凭证结果页面，分别如图 3-264 至图 3-266 所示。

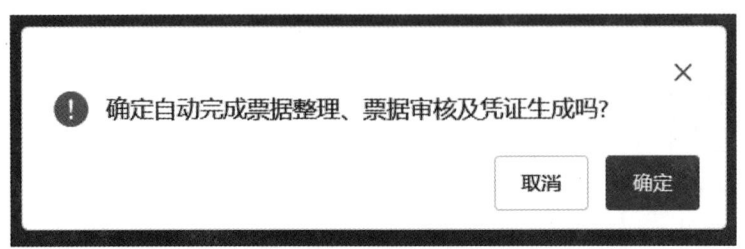

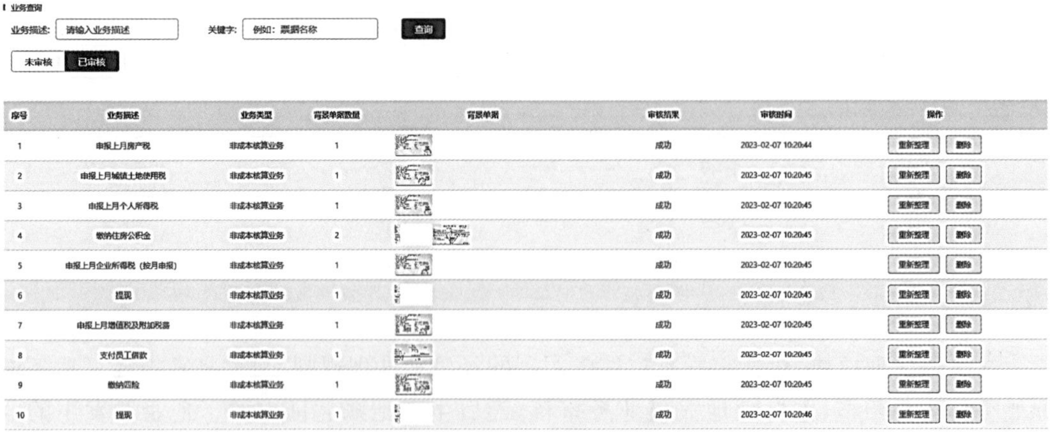

图 3-263　自动整理提示框页面

业务查询

业务描述：请输入业务描述　关键字：例如：票据名称　查询

自动整理　新增业务

序号	业务描述	业务类型	背景单据数量	背景单据	整理时间	操作
1	申报上月房产税	非成本核算业务	1	添加	2023-02-07 10:20:44	删除
2	申报上月城镇土地使用税	非成本核算业务	1	添加	2023-02-07 10:20:45	删除
3	申报上月个人所得税	非成本核算业务	1	添加	2023-02-07 10:20:45	删除
4	缴纳住房公积金	非成本核算业务	2	添加	2023-02-07 10:20:45	删除
5	申报上月企业所得税（按月申报）	非成本核算业务	1	添加	2023-02-07 10:20:45	删除
6	提现	非成本核算业务	1	添加	2023-02-07 10:20:45	删除
7	申报上月增值税及附加税费	非成本核算业务	1	添加	2023-02-07 10:20:45	删除
8	支付员工借款	非成本核算业务	1	添加	2023-02-07 10:20:45	删除
9	缴纳四险	非成本核算业务	1	添加	2023-02-07 10:20:45	删除
10	提现	非成本核算业务	1	添加	2023-02-07 10:20:46	删除

图 3-264　机器自动整理结果页面

业务查询

业务描述：请输入业务描述　关键字：例如：票据名称　查询

未审核　已审核

序号	业务描述	业务类型	背景单据数量	背景单据	审核结果	审核时间	操作
1	申报上月房产税	非成本核算业务	1		成功	2023-02-07 10:20:44	重新整理　删除
2	申报上月城镇土地使用税	非成本核算业务	1		成功	2023-02-07 10:20:45	重新整理　删除
3	申报上月个人所得税	非成本核算业务	1		成功	2023-02-07 10:20:45	重新整理　删除
4	缴纳住房公积金	非成本核算业务	2		成功	2023-02-07 10:20:45	重新整理　删除
5	申报上月企业所得税（按月申报）	非成本核算业务	1		成功	2023-02-07 10:20:45	重新整理　删除
6	提现	非成本核算业务	1		成功	2023-02-07 10:20:45	重新整理　删除
7	申报上月增值税及附加税费	非成本核算业务	1		成功	2023-02-07 10:20:45	重新整理　删除
8	支付员工借款	非成本核算业务	1		成功	2023-02-07 10:20:45	重新整理　删除
9	缴纳四险	非成本核算业务	1		成功	2023-02-07 10:20:45	重新整理　删除
10	提现	非成本核算业务	1		成功	2023-02-07 10:20:46	重新整理　删除

图 3-265　机器自动业务审核结果页面

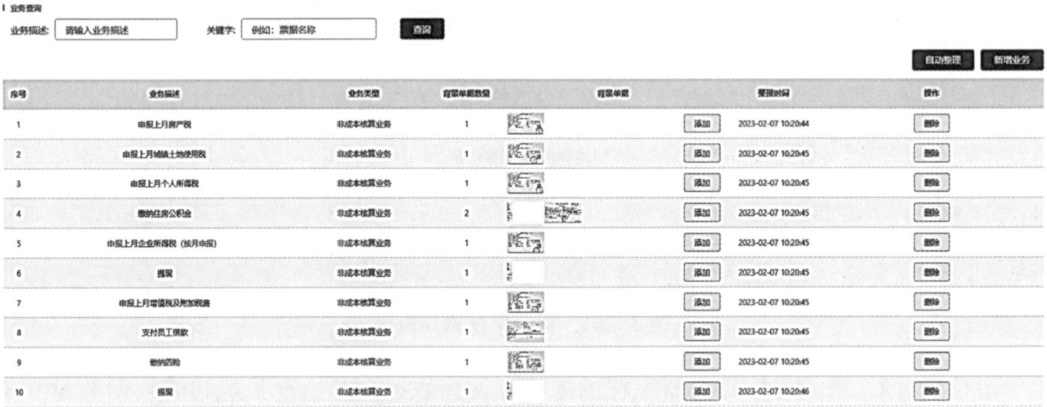

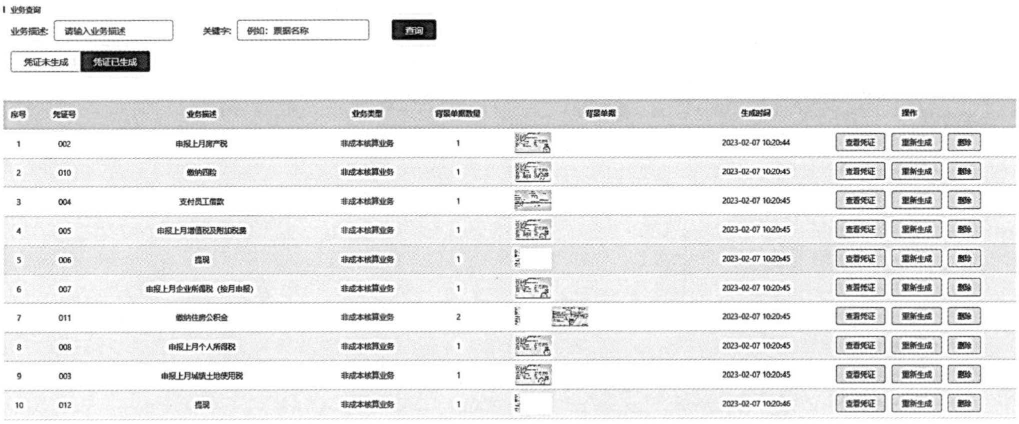

图 3-266 机器自动生成记账凭证结果页面

3. 凭证生成模块

在凭证生成模块,机器会运用以往学习的账务处理经验,自动结合当前经济业务的内容生成记账凭证。但机器生成记账凭证也需要人工核实其正确性,若记账凭证生成不正确,将直接影响后面的账簿、报表和申报表,甚至影响财务指标的计算和企业的财务决策等。机器生成记账凭证,还需要人工监控和及时地纠正机器处理的结果,不断地加强训练机器学习的逻辑思维和处理经济业务的规则。机器生成记账凭证成功页面,如图 3-267 所示。

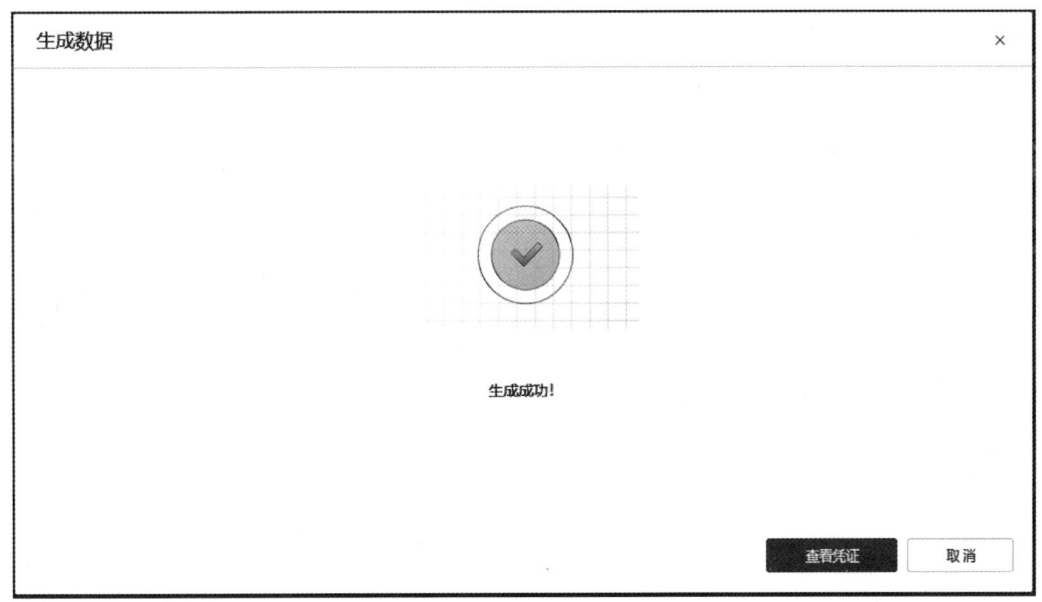

图 3-267 机器生成记账凭证成功页面

若生成记账凭证不成功,机器将提示生成记账凭证不成功的原因,财务人员需根据机器提示的不同情形对应处理,主要有以下两种情况:第一种是财务人员归整票据出现错误,包括漏整理票据、多整理票据和错误整理票据三种。这种情况下,财务人员需要将该笔业务重新归整。机器判断票据归整不正确时提示页面,如图 3-268 所示。第二种是财务人员归整票据正确,但是,该类业务缺少机器学习的模型,需要人工干预填写记账凭证,并交给机器去学习处理规则。机器判断缺少样本时提示页面,如图 3-269 所示。

图 3-268　机器判断票据归整不正确时提示页面

图 3-269　机器判断缺少样本时提示页面

完成全部业务后,财务人员可点击"智能凭证"-"机器学习",查看通过机器学习生成的记账凭证和手动生成的记账凭证,查看机器学习结果页面,如图 3-270 所示。

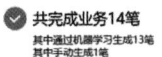

图 3-270　查看机器学习结果页面

三、机器训练模型库

在智能财税云平台中,机器学习库用来存储所学习的样本。对于样本库中没有的记账凭证,经过手工填写后,将其加入机器学习样本库中进行训练,以便在后续遇到相同或类似业务,机器能够智能生成记账凭证。其操作方法分为:第一步加入样本;第二步模型训练;第三步模型评估,至此完成训练。

1. 加入样本

对于模型库中没有的记账凭证,经过手工填写后,点击加入机器学习模型,将进入加入样本界面,选择需要加入机器学习模型的记账凭证样本后,点击"下一步"按钮,即完成加入样本步骤。加入样本库页面,如图 3-271 所示。

图 3-271　加入样本库页面

2. 模型训练

点击"开始训练"按钮,启动模型训练。模型训练会先将选取的样本数据加入样本库,再根据机器学习模型算法从样本库数据进行随机抽取并训练,并根据样本数量估算耗时。模型训练页面,如图 3-272 所示。

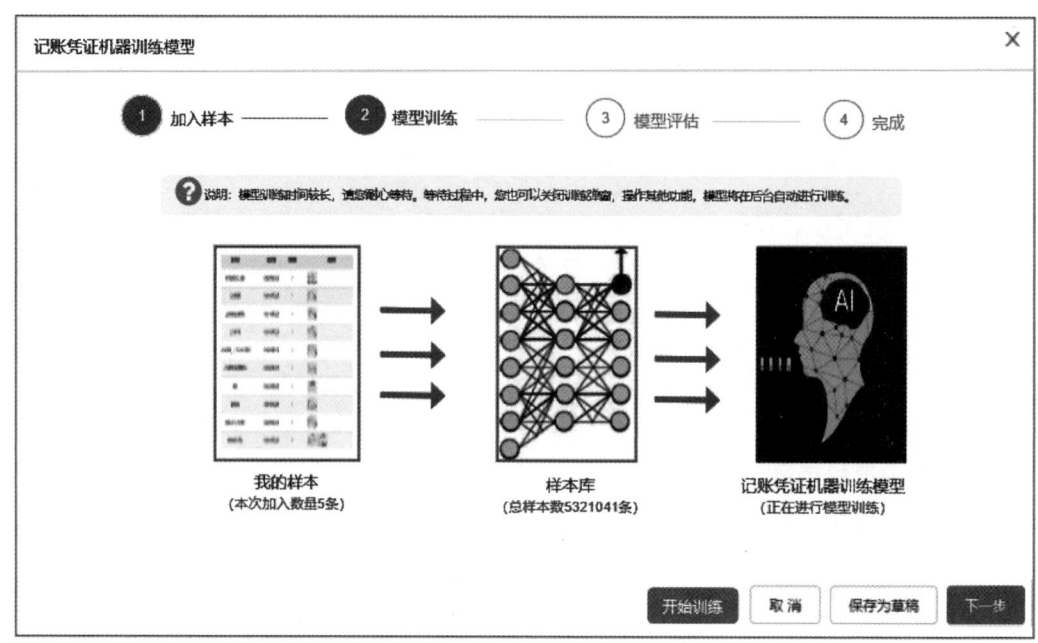

图 3-272 模型训练页面

模型训练结束后,会显示模型训练结果,并提示模型训练结果的统计及失败原因说明。模型生成结果页面,如图 3-273 所示。

图 3-273 模型生成结果页面

3. 模型评估

模型评估会由机器自动计算模型准确性，由维护人员手工确认该模型是否匹配并是否进行手动修正，确定是否上线使用。模型评估步骤完成后，点击"下一步"按钮，结束当前记账凭证模型训练操作。模型评估预览页面，如图 3-274 所示。

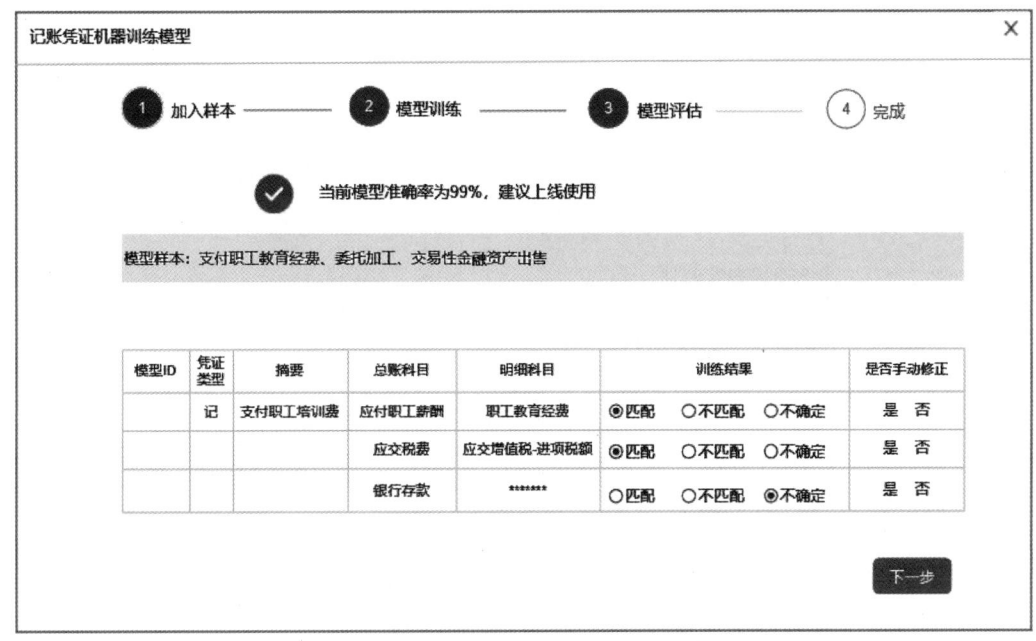

图 3-274　模型评估预览页面

项目四　智能账表管理

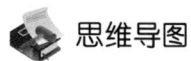思维导图

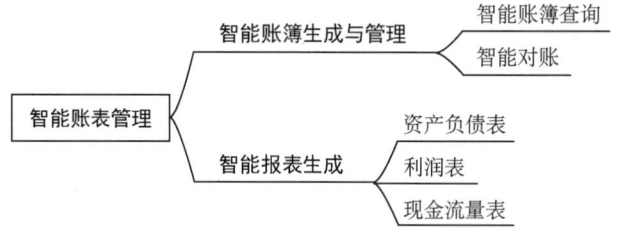

图 4-1　智能账表管理思维导图

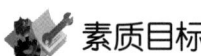实训目标

1. 熟练掌握查询账簿的方法；
2. 熟练掌握智能对账业务的处理和系统的操作方法；
3. 熟练掌握账表生成的操作方法。

能力目标

1. 训练学生业财融合的逻辑思维；
2. 训练学生的业务处理能力和账表识读能力。

素质目标

1. 培养学生的内控风险意识；
2. 培养学生客观公正,诚实守信的职业道德。

任务一　智能账簿生成与管理

党的二十大报告中提出,中国式现代化是全体人民共同富裕的现代化。共同富裕是中国特色社会主义的本质要求,也是一个长期的历史过程。我们坚持把实现人民对美好生活的向往作为现代化建设的出发点和落脚点,着力维护和促进社会公平正义,着力促进全体人民共同富裕,坚决防止两极分化。

【任务描述】

系统自动根据智能凭证模块中记账凭证的数据实时生成会计账簿的内容,财务人员可

以根据需要进行账簿查询。

智能对账是将基本户的银行存款日记账与银行对账单进行核对。核对工作由系统完成,并展示核对不符的事项,财务人员对不符事项加以审核和判断,并编制银行存款余额调节表。

一、智能账簿查询

【业务流程】

智能账簿查询流程,如图4-2所示。

图4-2 智能账簿查询流程

【业务操作】

在智能财税云平台中,所有账簿数据根据智能凭证模块生成的记账凭证实时生成。进入案例企业账套后,财务人员打开"智能核算"-"智能账簿"菜单,可以直接查询生成的总账、明细账和日记账。下面以银行存款日记账为例进行介绍,点击"日记账",进入到查询日记账页面,日记账查询页面,如图4-3所示。

图4-3 日记账查询页面

日记账包括银行存款日记账和库存现金日记账。日记账查询页面的"起始时间""结束时间"为本公司当期经济业务发生的时间。银行存款日记账根据不同存款户进行查询,实则也是查询银行存款明细账簿数据。在日记账查询页面的明细科目处下拉选择对应的明细科目,点击"搜索"按钮。银行存款日记账簿查询结果页面,如4-4所示。依照上述方法依次完成库存现金日记账、明细分类账簿与总分类账簿的查询工作。

2023 年		凭证		摘要	对方科目	借方	贷方	余额
月	日	种类	号数					
04	01			期初余额				83480000.00
04	07	记	015	扣缴上月税费	应交税费		12600.00	83467400.00
04	07	记	016	扣缴上月税费	应交税费		11250.00	83456150.00
04	09	记	018	扣缴上月税费	应交税费等		474772.12	82981377.88
04	09	记	019	提取备用金	库存现金		5000.00	82976377.88
04	09	记	020	扣缴企业所得税	应交税费		253260.00	82723117.88

图4-4 银行存款日记账簿查询结果页面

二、智能对账

【业务流程】

智能对账流程,如图 4-5 所示。

图 4-5　智能对账流程

【业务操作】

进入案例企业账套后,财务人员打开"智能核算"-"智能账簿"-"对账"菜单。进入到智能对账页面。智能对账页面,如图 4-6 所示。

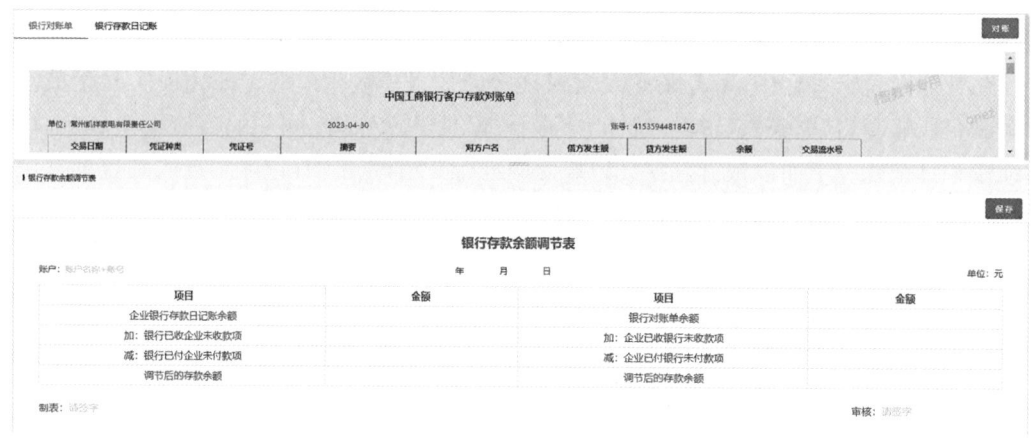

图 4-6　智能对账页面

智能对账页面分为上、下两部分,上半部分是银行对账单与银行存款日记账,下半部分是银行存款余额调节表。对账模块中银行存款日记账的内容,是实时获取智能凭证模块中记账凭证的数据,且与会计账簿模块银行存款日记账基本户的内容保持一致。银行对账单可以采用"票据上传"功能进行导入,具体方法见项目三任务一。点击图 4-6 右上角"对账"按钮,由系统自动完成核对工作。系统将自动展示对账不符情况,对账不符情况页面,如图 4-7 所示。

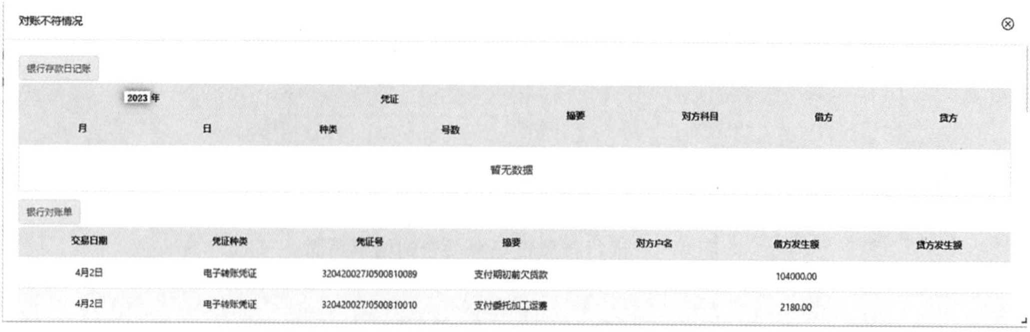

图 4-7　对账不符情况页面

对账不符有两种情况:第一种情况是真正存在的未达账项,由于银行的入账和企业财务人员账务处理存在的时间差导致。第二种情况是由于企业财务人员在账务处理时,涉及银行存款日记账的记账凭证存在错误,导致银行存款日记账的取数不正确,从而引起的对账不符,这种情况不属于未达账项,属于账务处理错误,需由财务人员找出错误记账凭证进行更正。

财务人员根据未达账项,编制银行存款余额调节表。编制完成后,点击右上角"保存"按钮,保存编制的内容,编制完成的银行存款余额调节表内容页面,如图 4-8 所示。

银行存款余额调节表

账户:中国工商银行常州市新北区支行-41535944818476　　2023 年 04 月 30 日　　单位:元

项目	金额	项目	金额
企业银行存款日记账余额	85680436.63	银行对账单余额	85556136.63
加:银行已收企业未收款项		加:企业已收银行未收款项	124300
减:银行已付企业未付款项		减:企业已付银行未付款项	
调节后的存款余额	85680436.63	调节后的存款余额	85680436.63

制表:李康杰　　　　　　　　　　　　　　　　　　　　　　　　　　审核:钱月平

图 4-8　编制银行存款余额调节表内容页面

任务二　智能报表生成

【任务描述】

财务人员完成对账工作后,进入智能报表模块,该模块可由系统自动生成资产负债表、利润表和现金流量表。

一、资产负债表

【业务流程】

资产负债表生成流程,如图 4-9 所示。

图 4-9　资产负债表生成流程

【业务操作】

进入案例企业账套后,财务人员打开"智能核算"—"智能报表"—"资产负债表"菜单。进入到资产负债表页面,点击左上角"生成"按钮,系统根据科目及期初余额表的数据与本期生成的记账凭证数据自动生成期末的资产负债表。预览资产负债表内容页面,如图 4-10 所示。

资产	期末余额	上年年末余额	负债和所有者权益（或股东权益）	期末余额	上年年末余额
流动资产：			流动负债：		
货币资金	93027794.23	略	短期借款	300000.00	略
交易性金融资产	270000.00		交易性金融负债		
衍生金融资产			衍生金融负债		
应收票据			应付票据		
应收账款	5139025.76		应付账款	575170.00	
应收款项融资			预收款项		
预付款项	6195.19		合同负债		
其他应收款			应付职工薪酬	206737.76	
存货	2316225.30		应交税费	1077586.33	
合同资产			其他应付款	500.00	
持有待售资产			持有待售负债		
一年内到期的非流动资产			一年内到期的非流动负债		
其他流动资产	60365.88		其他流动负债	114840.00	
流动资产合计	100819606.36		流动负债合计	2274834.09	
非流动资产			非流动负债		
债权投资			长期借款		
其他债权投资			应付债券		
长期应收款			其中：优先股		
长期股权投资			永续债		
其他权益工具投资			租赁负债		
其他非流动金融资产			长期应付款		
投资性房地产			预计负债		
固定资产	4942159.38		递延收益		
在建工程			递延所得税负债		
生产性生物资产			其他非流动负债		
油气资产			非流动负债合计		
使用权资产			负债合计	2274834.09	
无形资产	1182000.00		所有者权益（或股东权益）：		
开发支出			实收资本（或股本）	30000000.00	
商誉			其他权益工具		
长期待摊费用			其中：优先股		
递延所得税资产			永续债		
其他非流动资产			资本公积		
非流动资产合计	6124159.38		减：库存股		
			其他综合收益		
			专项储备		
			盈余公积	8600000.00	
			未分配利润	66068931.65	
			所有者权益（或股东权益）合计	104668931.65	
资产总计	106943765.74		负债和所有者权益（或股东权益）总计	106943765.74	

图 4-10　预览资产负债表内容页面

二、利润表

【业务流程】

利润表生成流程，如图 4-11 所示。

图 4-11　利润表生成流程

【业务操作】

进入案例企业账套后,财务人员打开"智能核算"—"智能报表"—"利润表"菜单。进入到利润表页面,点击左上角"生成"按钮,系统根据本期生成的记账凭证数据自动生成本期的利润表。预览利润表内容页面,如图 4-12 所示。

项目	本期金额	本年累计
一、营业收入	5685170.00	略
减:营业成本	3101983.32	
税金及附加	56229.05	
销售费用	105104.50	
管理费用	128149.76	
研发费用		
财务费用	1500.00	
其中:利息费用	1500.00	
利息收入		
加:其他收益		
投资收益(损失以"-"号填列)	-47.17	
其中:对联营企业和合营企业的投资收益		
以摊余成本计量的金融资产终止确认收益(损失以"-"号填列)		
净敞口套期收益(损失以"-"号填列)		
公允价值变动收益(损失以"-"号填列)	20000.00	
信用减值损失(损失以"-"号填列)	-100297.04	
资产减值损失(损失以"-"号填列)		
资产处置收益(损失以"-"号填列)		
二、营业利润(亏损以"-"号填列)	2211859.16	
加:营业外收入		
减:营业外支出	1900.00	
三、利润总额(亏损总额以"-"号填列)	2209959.16	
减:所得税费用	552489.79	
四、净利润(净亏损以"-"号填列)	1657469.37	
(一)持续经营净利润(净亏损以"-"号填列)	1657469.37	
(二)终止经营净利润(净亏损以"-"号填列)		
五、其他综合收益的税后净额		
(一)不能重分类进损益的其他综合收益		
1. 重新计量设定受益计划变动额		
2. 权益法下不能转损益的其他综合收益		
3. 其他权益工具投资公允价值变动		
4. 企业自身信用风险公允价值变动		
……		
(二)将重分类进损益的其他综合收益		
1. 权益法下可转损益的其他综合收益		
2. 其他债权投资公允价值变动		
3. 金融资产重分类计入其他综合收益的金额		
4. 其他债权投资信用减值准备		
5. 现金流量套期储备		
6. 外币财务报表折算差额		
7. 自用房地产或者作为存货的房地产转换为以公允价值模式计量的投资性房地产在转换日公允价值大于账面价值部分		
六、综合收益总额	1657469.37	
七、每股收益:		
(一)基本每股收益		
(二)稀释每股收益		

图 4-12 预览利润表内容页面

三、现金流量表

【业务流程】

现金流量表生成流程,如图 4-13 所示。

图 4-13　现金流量表生成流程

【业务操作】

进入案例企业账套后,财务人员打开"智能核算"—"智能报表"—"现金流量表"菜单。进入到现金流量表页面,点击左上角"生成"按钮,系统根据本期生成的记账凭证数据自动生成本期的现金流量表。预览现金流量表内容页面,如图 4-14 所示。

项目	本期金额	本年累计
一、经营活动产生的现金流量:		略
销售商品、提供劳务收到的现金	5148100.50	
收到的税费返还		
收到其他与经营活动有关的现金		
经营活动现金流入小计	5148100.50	
购买商品、接受劳务支付的现金	1585483.30	
支付给职工以及为职工支付的现金	229335.20	
支付的各项税费	751882.12	
支付其他与经营活动有关的现金	88584.15	
经营活动现金流出小计	2655284.77	
经营活动产生的现金流量净额	2492815.73	
二、投资活动产生的现金流量:		
收回投资收到的现金		
取得投资收益收到的现金		
处置固定资产、无形资产和其他长期资产收回的现金净额	4685.00	
处置子公司及其他营业单位收到的现金净额		
收到其他与投资活动有关的现金		
投资活动现金流入小计	4685.00	
购建固定资产、无形资产和其他长期资产支付的现金	285606.50	
投资支付的现金	250050.00	
取得子公司及其他营业单位支付的现金净额		
支付其他与投资活动有关的现金		
投资活动现金流出小计	535656.50	
投资活动产生的现金流量净额	-530971.50	
三、筹资活动产生的现金流量:		
吸收投资收到的现金		
取得借款收到的现金		
收到其他与筹资活动有关的现金		
筹资活动现金流入小计		
偿还债务支付的现金		
分配股利、利润或偿付利息支付的现金	1550.00	
支付其他与筹资活动有关的现金		
筹资活动现金流出小计	1550.00	
筹资活动产生的现金流量净额	-1550.00	
四、汇率变动对现金及现金等价物的影响		
五、现金及现金等价物净增加额	1960294.23	
加:期初现金及现金等价物余额	91067500.00	
六、期末现金及现金等价物余额	93027794.23	

图 4-14　预览现金流量表内容页面

项目五　智能数据分析

思维导图

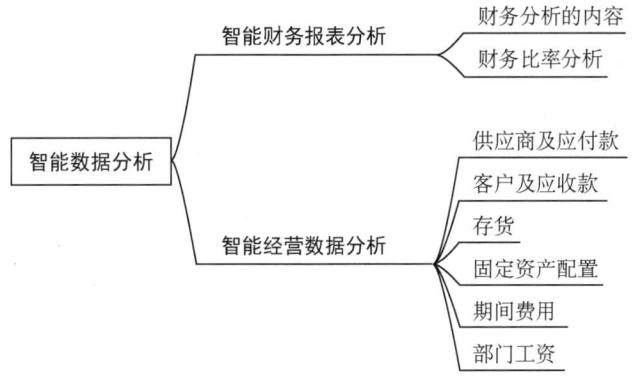

图 5-1　智能数据分析思维导图

实训目标

1. 掌握智能财务分析各项指标的计算公式；
2. 掌握智能经营数据分析的取数逻辑和原理。

能力目标

1. 掌握企业盈利能力、营运能力、偿债能力与发展能力的分析关键点；
2. 学会判断指标的异常波动情况并能进行异常因素分析。

素质目标

1. 培养学生初步的经营管理意识；
2. 引导学生树立高质量发展的理念。

任务一　智能财务报表分析

党的二十大报告指出,高质量发展是全面建设社会主义现代化国家的首要任务。发展是党执政兴国的第一要务。没有坚实的物质技术基础,就不可能全面建成社会主义现代化强国。习近平总书记在报告中还强调,必须完整、准确、全面贯彻新发展理念,坚持社会主义市场经济改革方向,坚持高水平对外开放,加快构建以国内大循环为主体、国内国际双循环相互促进的新发展格局。

【任务描述】

智能财务报表分析包括分析企业的盈利能力、营运能力、偿债能力和发展能力。财务报表指标的计算由系统自动根据智能报表模块的数据完成。财务人员需确保记账凭证数据正确,财务报表依据正确的记账凭证生成,最终财务指标依据正确的财务报表结果自动计算。财务人员需根据财务指标的计算结果与历史的经验值相比较,从而对企业的盈利能力、营运能力、偿债能力和发展能力加以分析(注:实际工作中,一般以一个会计纳税年度的财务数据,或者更多历史财务数据为依据进行财务指标分析与财务评价。本案例企业只提供1个月的经营业务数据,在进行财报分析时存在一定的狭隘性,本项目内容仅用于说明财务指标计算方法和分析思路)。

【业务流程】

智能财务报表分析流程,如图5-2所示。

图5-2 智能财务报表分析流程

【业务操作】

进入案例企业账套后,财务人员打开"智能分析"-"智能财务分析"-"财务指标分析"菜单,进入财务指标分析页面。财务人员需核对指标结果数据的正确性,并根据系统计算的指标结果,与历史的经验值比较,形成分析结论报告。完成分析结论报告后,点击右下角的"保存"按钮,保存当前报告数据。财务指标分析页面,如图5-3所示。

图5-3 财务指标分析页面

一、财务分析的内容

(一)盈利能力分析

获取利润是企业的主要经营目标之一,也反映了企业的综合实力。企业要生存和发展,必须争取获得较高的利润,这样才能在竞争中立于不败之地。投资者和债权人都十分关心企业的盈利能力,盈利能力强可以提高企业偿还债务的能力,提升企业的信誉。对企业盈利能力的分析不能仅看其获取利润的绝对数,还应分析其相对指标,这些都可以通过财务分析来实现。

(二) 营运能力分析

营运能力反映了企业对资产的利用和管理能力。企业的生产经营过程就是利用资产取得收益的过程。资产是企业生产经营活动的经济资源,对资产的利用和管理能力直接影响到企业的收益,它体现了企业的经营能力。对营运能力进行分析,可以了解企业资产的保值和增值情况,分析企业资产的利用效率、管理水平、资金周转状况和现金流量状况等,为评价企业的经营管理水平提供依据。

(三) 偿债能力分析

偿债能力是指企业偿还到期债务的能力,分为长期偿债能力和短期偿债能力。通过对企业财务报告等会计资料进行分析,可以了解企业资产的流动性、负债水平以及偿还债务的能力,从而评价企业的财务状况和财务风险,为管理者、投资者和债权人提供企业偿债能力的财务信息。

(四) 发展能力分析

无论是企业的管理者还是投资者、债权人,都十分关心企业的发展能力,因为这关系到他们的切身利益。通过对企业发展能力进行分析,可以判断企业的发展潜力,预测企业的经营前景,从而为企业管理者和投资者进行经营决策和投资决策提供重要的依据,避免因决策失误给其带来重大的经济损失。

二、财务比率分析

凯祥公司财务指标分析主要包括分析企业的盈利能力、营运能力、偿债能力和发展能力。

(一) 盈利能力

盈利能力的主要分析指标包括销售毛利率、销售净利率、成本费用利润率、盈利现金比率、总资产报酬率和股东回报率。

1. 销售毛利率

【知识链接】

销售毛利率也称毛利率,是指企业的销售毛利与营业收入净额的比率。其计算公式为:

销售毛利率＝销售毛利÷营业收入净额×100％＝(营业收入净额－营业成本)÷营业收入净额×100％

上式中的销售毛利是企业营业收入净额和营业成本的差额,根据当期利润表数据计算得出。营业收入净额是指营业收入扣除销售退回、销售折扣与折让后的净额。销售毛利率反映了企业的营业成本与营业收入的比例关系,销售毛利率越大,说明企业销售成本在营业收入净额中所占的比重越小,企业通过销售获取利润的能力越强。

根据本期的利润表数据计算,凯祥公司本期的销售毛利率为:

销售毛利率＝(5 685 170－3 101 983.32)÷5 685 170×100％＝45.44％

由计算可知,凯祥公司本期销售毛利率为45.44％,说明每100元的营业收入可以为公司创造45.44元的毛利。

已知凯祥公司的销售毛利率历史经验值为43%。与历史经验值比较，凯祥公司本期的销售毛利率指标偏高，企业的盈利能力增强。

2. 销售净利率

【知识链接】

销售净利率是企业净利润与营业收入净额的比率。其计算公式为：

销售净利率＝净利润÷营业收入净额×100%

销售净利率说明了企业净利润占营业收入净额的比例，它可以评价企业通过销售赚取利润的能力。销售净利率表明企业每100元营业收入可实现的净利润是多少。该比率越高，说明企业通过扩大销售获取报酬的能力越强。

根据本期的利润表数据计算，凯祥公司本期的销售净利率为：

销售净利率＝1 657 469.37÷5 685 170×100%＝29.15%

由计算可知，凯祥公司本期销售净利率为29.15%，说明每100元的营业收入可为公司创造29.15元的净利润。评价企业的销售净利率时，应比较企业历年的指标，从而判断企业销售净利率的变化趋势。但是，销售净利率受行业特点影响较大，因此，还应该结合不同行业的具体情况进行分析。

已知凯祥公司的销售净利率历史经验值为25%。与历史经验值比较，凯祥公司本期的销售净利率指标偏高，企业的盈利能力增强。

3. 成本费用利润率

【知识链接】

成本费用利润率是指企业利润总额与成本费用总额的比率。它反映企业生产过程中发生的耗费与获得的报酬之间的关系。其计算公式为：

成本费用利润率＝利润总额÷成本费用总额×100%

上式中的成本费用是企业为了取得利润而付出的代价，主要包括营业成本、税金及附加、管理费用、销售费用、财务费用和研发费用。该指标表明企业每付出1元成本费用可获得多少利润，体现了经营耗费所带来的经营成果，成本费用利润率越高，说明企业利润就越大，企业的盈利能力越强。因此，通过这个比率我们可以评价企业盈利能力的高低，也可以评价企业对成本费用的控制能力和经营管理水平。

根据本期的利润表数据计算，凯祥公司本期的成本费用利润率为：

成本费用利润率＝2 209 959.16÷(3 101 983.32＋56 229.05＋128 149.76＋105 104.50＋1 500)×100%＝65.13%

由计算可知，凯祥公司本期成本费用利润率为65.13%，说明企业每耗费100元，可以获得65.13元的利润总额。

已知凯祥公司的成本费用利润率历史经验值为60%，与历史经验值比较，凯祥公司本期的成本费用利润率指标偏高，企业的盈利能力增强。

4. 盈利现金比率

【知识链接】

盈利现金比率是指企业本期经营活动产生的现金净流量和净利润的比率。它能够很好地反映企业的盈利情况。其计算公式为：

盈利现金比率＝经营活动产生的现金流量净额÷净利润×100％

一般而言，当企业当期净利润大于0时，盈利现金比率应当大于1。该指标越大，表明企业经营活动产生的净利润对现金的贡献越大。但是，指标的分母变动较大，致使该指标的数值变动也比较大，因此对于该指标，应根据企业实际效益状况有针对性进行分析。

根据本期的现金流量表和利润表数据计算，凯祥公司本期的盈利现金比率为：

盈利现金比率＝2 492 815.73÷1 657 469.37×100％＝150.40％

已知凯祥公司的盈利现金比率历史经验值为142％，与历史经验值比较，凯祥公司本期的盈利现金比率指标偏高，企业的盈利能力增强。

5. 总资产报酬率

【知识链接】

总资产报酬率是指企业息税前利润与平均总资产之间的比率。该指标用于评价企业运用全部资产的总体获利能力，是评价企业资产运营效益的重要指标。其计算公式为：

① 总资产报酬率＝（净利润＋所得税费用＋利息支出）÷平均总资产×100％

上式①中的平均总资产公式为：

② 平均总资产＝（期初资产总额＋期末资产总额）÷2

总资产报酬率表示企业全部资产获取收益的水平，全面反映了企业的获利能力和投入产出状况，该指标越高，表明企业投入产出的水平越好，企业的资产运营越有效。评价总资产报酬率时，需要与前期的比率、与同行业其他企业的比率进行比较评价，也可以对总资产报酬率进行因素分析。

根据本期的利润表和资产负债表数据计算，凯祥公司本期的总资产报酬率为：

总资产报酬率＝（1 657 469.37＋552 489.79＋1 500）÷[（104 457 216.02＋106 943 015.02）÷2]×100％＝2.09％

已知凯祥公司的总资产报酬率历史经验值为1.60％，与历史经验值比较，凯祥公司本期的总资产报酬率指标偏高，企业投入产出的水平提升，企业的资产运营能力增强。

6. 股东回报率

【知识链接】

股东回报率也称权益净利率、净资产净利率，是指企业一定时期的净利润与股东权益平均总额的比率。股东回报率的比较对象，可以是其他公司的同期数据，也可以是本公司的历史数据。其计算公式为：

① 股东回报率＝净利润÷平均股东权益×100％

上式①中的平均股东权益公式为：

② 平均股东权益＝（期初股东权益总额＋期末股东权益总额）÷2

股东回报率是评价企业盈利能力的一个重要财务比率，它反映了企业股东获取投资报酬的高低。该比率越高，说明企业的盈利能力越强。

根据本期的利润表和资产负债表数据计算，凯祥公司本期的股东回报率为：

股东回报率＝1 657 469.37÷[（103 011 462.28＋104 668 931.65）÷2]×100％＝1.60％

已知凯祥公司的股东回报率历史经验值为 1.30%，与历史经验值比较，凯祥公司本期的股东回报率指标偏高，企业的盈利能力增强。

根据凯祥公司本期财务数据系统自动算出盈利能力指标，如图 5-4 所示。

盈利能力指标　营运能力指标　偿债能力指标　发展能力指标

月份/指标	销售毛利率	销售净利率	成本费用利润率	盈利现金比率	总资产报酬率	股东回报率
2023-04	45.44%	29.15%	65.13%	150.40%	2.09%	1.60%

图 5-4　凯祥公司盈利能力指标计算结果

结合凯祥公司盈利能力财务指标历史经验值，本期盈利能力指标分析结果，如图 5-5 所示。

(二) 指标分析

1. 销售毛利率与经验值相比 【◉ 偏高　○ 偏低　】，企业的盈利能力【◉ 增强　○ 减弱　】
2. 销售净利率与经验值相比 【◉ 偏高　○ 偏低　】，企业的盈利能力【◉ 增强　○ 减弱　】
3. 成本费用利润率与经验值相比 【◉ 偏高　○ 偏低　】，企业的盈利能力【◉ 增强　○ 减弱　】
4. 盈利现金比率与经验值相比 【◉ 偏高　○ 偏低　】，企业的盈利能力【◉ 增强　○ 减弱　】
5. 总资产报酬率与经验值相比 【◉ 偏高　○ 偏低　】，企业投入产出的水平【◉ 增强　○ 减弱　】，企业的资产运营能力【◉ 增强　○ 减弱　】
6. 股东回报率与经验值相比 【◉ 偏高　○ 偏低　】，企业的盈利能力【◉ 增强　○ 减弱　】

(三) 综合分析

☑ 1. 该公司的盈利能力进一步增强　☐ 2. 该公司的盈利能力进一步减弱　☑ 3. 该公司的销售能力在提高，现销能力强

☐ 4. 该公司的销售能力在减弱，现销能力弱

图 5-5　凯祥公司本期盈利能力指标分析结果

(二) 营运能力

营运能力的主要分析指标包括存货周转率、应收账款周转率、营业周期、流动资产周转率、非流动资产周转率和总资产周转率。

1. 存货周转率

【知识链接】

存货周转率是指营业收入或营业成本与平均存货的比率。在计算存货周转率时，使用"营业收入"还是"营业成本"作为周转额，要看分析的目的。在短期偿债能力分析中，为了评估资产的变现能力，需要计算存货转换为现金的金额和时间，应采用"营业收入"。在分解总资产周转率时，为系统分析各项资产的周转情况并识别主要的影响因素，应统一使用"营业收入"计算周转率。如果是为了评估存货管理的业绩，应当使用"营业成本"计算存货周转率，使其分子和分母保持口径一致。实际上，两种周转率的差额是毛利引起的，用哪一种计算方法都能达到分析的目的。凯祥公司主要考核存货的管理水平，使用"营业成本"作为周转额。

存货周转率有三种计算方法，计算公式分别如下：

① 存货周转次数＝营业收入÷平均存货

② 存货周转天数＝365÷存货周转次数
③ 存货与收入比＝平均存货÷营业收入

上式①③中的平均存货公式为：

④ 平均存货＝（期初存货总额＋期末存货总额）÷2

存货周转次数，表明1年中存货周转的次数，或者说明每1元存货投资支持的营业收入。存货周转天数表明周转一次需要的时间，也就是存货转换成现金平均需要的时间。存货与收入比，表明每1元营业收入需要的存货投资。

根据本期的利润表和资产负债表数据计算，凯祥公司本期的存货周转率为：

本期存货周转率＝3 101 983.32÷[（3 461 780＋2 316 225.3）÷2＝1.07（次）

本期存货周转天数＝30÷1.07＝28.04（天）

由于凯祥公司的账套本期只有1个月的经济业务，计算本期存货周转天数时，以30天为1个周转期限。

已知凯祥公司的存货周转率历史经验值为0.8次，与历史经验值比较，凯祥公司本期的存货周转率指标偏高，企业存货周转速度加快，存货的占用水平降低，存货的流量性有所增强，企业的变现能力有所提升。

存货周转率指标不是越高越好，存货周转天数指标也不是越少越好。存货过多会浪费资金，存货过少不能满足流转需要。在特定的生产经营条件下，需要存在一个最佳的存货水平，所以，存货不是越少越好。

2. 应收账款周转率

【知识链接】

应收账款周转率是指营业收入与平均应收账款的比率。它有应收账款周转次数、应收账款周转天数和应收账款与收入比三种表示形式，计算公式分别如下：

① 应收账款周转次数＝营业收入÷平均应收账款
② 应收账款周转天数＝365÷应收账款周转次数
③ 应收账款与收入比＝平均应收账款÷营业收入

上式①③中的平均应收账款公式为：

④ 平均应收账款＝（期初应收账款总额＋期末应收账款总额）÷2

应收账款周转次数，表明1年中应收账款周转的次数，或者说每1元应收账款投资支持的营业收入。应收账款周转天数又称应收账款收现期，表明从销售开始到收回现金所需要的平均天数。应收账款与收入比，表明每1元营业收入所需要的应收账款投资。

根据本期的利润表和资产负债表数据计算，凯祥公司本期的应收账款周转率为：

本期应收账款周转率＝5 685 170.00÷[（3 403 560＋5 139 025.76）÷2]＝1.33（次）

本期应收账款周转天数＝30÷1.33＝22.56（天）

已知凯祥公司的应收账款周转率历史经验值为1.1次，与历史经验值比较，凯祥公司本期的应收账款周转率指标偏高，企业应收账款周转速度加快，企业的变现能力有所提升。

应收账款周转率指标不是越高越好，应收账款周转天数指标也不是越少越好。应收账款是赊销引起的，如果赊销有可能比现销更有利，则周转天数指标就不是越少越好。此外，收现时间的长短与公司的信用政策有关。改变公司的信用政策,通常会引起公司的应收账款周转天数的变化。信用政策的评价涉及多种因素,不能仅仅考虑周转天数的长短。总之,应当深入应收账款内部进行分析,并且要注意应收账款与其他指标的联系,才能正确使用应收账款周转率,用于有关评价。

3. 营业周期

【知识链接】

营业周期指标等于存货周转天数与应收账款周转天数之和。

凯祥公司本期的营业周期为:

本期营业周期=28.04+22.56=50.60(天)

已知凯祥公司的营业周期历史经验值为 64.77 天,与历史经验值比较,凯祥公司本期的营业周期指标偏低,企业营业周期速度有所加快,存货与应收账款的周转速度均有所加快,企业的变现能力有所提升。

4. 流动资产周转率

【知识链接】

流动资产周转率是指营业收入与平均流动资产的比率。它有三种计算方法,计算公式分别如下:

① 流动资产周转次数=营业收入÷平均流动资产

② 流动资产周转天数=365÷流动资产周转次数

③ 流动资产与收入比=平均流动资产÷营业收入

上式①③中的平均流动资产公式为:

④ 平均流动资产=(期初流动资产总额+期末流动资产总额)÷2

流动资产周转次数,表明 1 年中流动资产周转的次数,或者说明每 1 元流动资产投资支持的营业收入。流动资产周转天数表明流动资产周转 1 次需要的时间,也就是流动资产转换成现金平均需要的时间。流动资产与营业收入比,表明每 1 元销售收入需要的流动资产投资。

根据本期的利润表和资产负债表数据计算,凯祥公司本期的流动资产周转率为:

本期流动资产周转率=5 685 170.00÷[(98 526 486+100 819 606.36)÷2]=0.06(次)

已知凯祥公司的流动资产周转率历史经验值为 0.04 次,与历史经验值比较,凯祥公司本期的流动资产周转率指标偏高,企业流动资产周转速度有所加快,企业流动资产利用效果有所增强。

5. 非流动资产周转率

【知识链接】

非流动资产周转率是指营业收入与平均非流动资产的比率。它有三种计算方法,计算公式分别如下:

① 非流动资产周转次数=营业收入÷平均非流动资产

② 非流动资产周转天数=365÷非流动资产周转次数

③ 非流动资产与营业收入比=平均非流动资产÷营业收入

上式①③中的平均非流动资产公式为：

④ 平均非流动资产＝(期初非流动资产总额＋期末非流动资产总额)÷2

非流动资产周转次数，表明1年中非流动资产周转的次数，或者说明每1元非流动资产投资支持的营业收入。非流动资产周转天数表明非流动资产周转1次需要的时间，也就是非流动资产转换成现金平均需要的时间。非流动资产与营业收入比，表明每1元营业收入需要的非流动资产投资。

非流动资产周转率反映非流动资产的管理效率，主要用于投资预算和项目管理，以确定投资与竞争战略是否一致，收购和剥离政策是否合理等。

根据本期的利润表和资产负债表数据计算，凯祥公司本期的非流动资产周转率为：

本期非流动资产周转率＝5 685 170.00÷[(5 930 730.02＋6 124 159.38)÷2]＝0.94(次)

已知凯祥公司的非流动资产周转率历史经验值为0.68次，与历史经验值比较，凯祥公司本期的非流动资产周转率指标偏高，企业非流动资产周转速度有所加快，企业非流动资产利用效果有所增强。

6. 总资产周转率

【知识链接】

总资产周转率是指营业收入与平均总资产的比率。它有三种计算方法，计算公式分别如下：

① 总资产周转次数＝营业收入÷平均总资产

② 总资产周转天数＝365÷总资产周转次数

③ 总资产与收入比＝平均总资产÷营业收入

上式①③中的平均总资产公式为：

④ 平均总资产＝(期初总资产总额＋期末总资产总额)÷2

总资产次数，表明1年中总资产周转的次数，或者说明每1元总资产投资支持的营业收入。总资产周转天数表明总资产周转1次需要的时间，也就是总资产转换成现金平均需要的时间。总资产与营业收入比，表明每1元营业收入需要的总资产投资。

总资产由各项资产组成，在营业收入既定的情况下，总资产周转率的驱动因素是各项资产。通过驱动因素分析，可以了解总资产周转率变动是由哪些资产项目引起的，以及哪些是影响较大的因素，为进一步分析指出方向。

根据本期的利润表和资产负债表数据计算，凯祥公司本期的总资产周转率为：

本期总资产周转率＝5 685 170.00÷[(104 457 216.02＋106 943 765.74)÷2]＝0.05(次)

已知凯祥公司的总资产周转率历史经验值为0.03次，与历史经验值比较，凯祥公司本期的总资产周转率指标偏高，企业总资产周转速度有所加快，企业总资产利用效果有所增强。

根据凯祥公司本期财务数据系统自动算出营运能力指标，如图5-6所示。

盈利能力指标　营运能力指标　偿债能力指标　发展能力指标

月份/指标	营业周期	存货周转率	流动资产周转率	非流动资产周转率	总资产周转率
2023-04	50.60	1.07	0.06	0.94	0.05

图 5-6　凯祥公司营运能力指标计算结果

结合凯祥公司营运能力财务指标历史经验值,本期营运能力指标分析结果,如图 5-7 所示。

(二) 指标分析

1.营业周期与经验值相比【○偏高 ◉偏低】,企业营业周期速度【◉加快 ○减缓】,存货与应收账款的周转速度【◉加快 ○减缓】,企业的变现能力【◉提升 ○降低】

2.存货周转率与经验值相比【◉偏高 ○偏低】,企业存货周转速度【◉加快 ○减缓】,存货的占用水平【○高 ◉低】,存货的流量性【◉强 ○弱】,企业的变现能力【◉提升 ○降低】

3.流动资产周转率与经验值相比【◉偏高 ○偏低】,企业流动资产周转速度【◉加快 ○减缓】,企业流动资产利用效果【◉增强 ○减弱】

4.非流动资产周转率与经验值相比【◉偏高 ○偏低】,企业非流动资产周转速度【◉加快 ○减缓】,企业非流动资产利用效果【◉增强 ○减弱】

5.总资产周转率与经验值相比【◉偏高 ○偏低】,企业总资产周转速度【◉加快 ○减缓】,企业总资产利用效果【◉增强 ○减弱】

(三) 综合分析

☑ 1.该公司的存货管理能力有所加强,公司存货占用水平低,公司的存货管理效率有所提高

☐ 2.该公司的存货管理能力有所减弱,公司存货占用水平高,公司的存货管理效率有所降低

☑ 3.该公司的应收账款管理能力有所加强,公司现销能力强,公司的应收账款管理效率有所提高

☐ 4.该公司的应收账款管理能力有所减弱,公司现销能力弱,公司的应收账款管理效率有所降低

☑ 5.该公司流动资产周转率等指标低,其主要原因是公司货币资金的利用效率低

☐ 6.该公司流动资产周转率等指标高,其主要原因是公司货币资金的利用效率高

图 5-7　凯祥公司本期营运能力指标分析结果

(三) 偿债能力

债务按到期时间分为短期债务和长期债务,偿债能力分析由此分为短期偿债能力分析和长期偿债能力分析两部分。

1. 短期偿债能力

短期偿债能力的主要分析指标包括营运资本、流动比率、速动比率、现金比率和现金流量比率。

(1) 营运资本。

【知识链接】

营运资本是指流动资产超过流动负债的部分。其计算公式如下:

营运资本＝流动资产－流动负债

根据本期的资产负债表数据计算,凯祥公司本期的营运资本为:

营运资本＝100 819 606.36－2 274 834.09＝98 544 772.27(元)

计算营运资本使用的"流动资产"和"流动负债",数据通常可以直接取自资产负债表。资产负债表的资产和负债分为流动项目和非流动项目,并按流动性强弱排序,为计算营运资本和分析流动性提供了便利。

如果流动资产与流动负债相等,并不足以保证短期偿债能力没有问题,因为,债务的到期与流动资产的现金生成,不可能同步同量。为维持经营,企业不可能清算全部流动资产来偿还流动负债,必须维持最低水平的现金、存货和应收账款等。因此,企业必须保持流动资产大于流动负债,即保有一定数额的营运资本作为安全边际。营运资本越多,流动负债的偿还越有保障,短期偿债能力越强。

(2) 流动比率。

【知识链接】

流动比率是指流动资产与流动负债的比值,其计算公式如下:

流动比率=流动资产÷流动负债

流动比率假设全部流动资产都可用于偿还流动负债,表明每1元流动负债有多少流动资产作为偿债保障。流动比率是相对数,排除了企业规模的影响,更适合同业比较以及本企业不同历史时期的比较。此外,由于流动比率计算简单,而被广泛应用。

流动比率有其局限,流动比率假设全部流动资产都可以变为现金并用于偿债,全部流动负债都需要还清。实际上,有些流动资产的账面金额与变现金额有较大的差异,如产成品等;经营性流动资产是企业持续经营所必需的,不能全部用于偿债;经营性应付项目可以滚动存续,无需动用现金全部结清。因此,流动比率是对短期偿债能力的粗略估计。

根据本期的资产负债表数据计算,凯祥公司本期的流动比率为:

本期流动比率=100 819 606.36÷2 274 834.09=44.32

凯祥公司的流动比率基准值为2,与基准值比较,凯祥公司本期的流动比率指标偏高,企业短期偿债能力很强。

(3) 速动比率。

【知识链接】

构成流动资产的各项目,流动性差别很大。其中,货币资金、交易性金融资产、衍生金融资产、应收票据、应收账款、应收款项融资、其他应收账款、合同资产及持有待售资产,可以在较短时间内变现,称为速动资产;存货、预付款项、一年内到期的非流动资产及其他流动资产,称为非速动资产。

速动比率是指速动资产与流动负债的比值,其计算公式如下:

速动比率=速动资产÷流动负债

速动比率假设速动资产是可偿债资产,表明每1元流动负债有多少速动资产作为偿债保障。速动比率与流动比率一样,不同行业的速动比率差别较大。例如,大量现销的商店几乎没有应收款项,速动比率低于1亦属正常。相反,一些应收款项较多的企业,速动比率可能要大于1。

影响速动比率可信性的重要因素是应收款项的变现能力。账面上的应收款项未必都能收回变现,实际坏账可能比计提的准备要多;季节性的变化,可能使报表上的应收款项金额不能反映平均水平。

根据本期的资产负债表数据计算,凯祥公司本期的速动比率为:

本期速动比率＝98 436 819.99÷2 274 834.09＝43.27

凯祥公司的速动比率基准值为1，与基准值比较，凯祥公司本期的速动比率指标偏高，企业短期偿债能力很强。

(4) 现金比率。

【知识链接】

速动资产中，流动性最强、可直接用于偿债的资产是现金。与其他速动资产不同，现金本身可以直接偿债，而其他速动资产需要等待不确定的时间，才能转换为不确定金额的现金。现金比率是现金与流动负债的比值，现金比率表明每1元流动负债有多少现金作为偿债保障，其计算公式如下：

现金比率＝货币资金÷流动负债

根据本期的资产负债表数据计算，凯祥公司本期的现金比率为：

本期现金比率＝93 027 794.23÷2 274 834.09＝40.89

凯祥公司的现金比率基准值为1，与基准值比较，凯祥公司本期的现金比率指标偏高，企业迅速偿债能力很强。

(5) 现金流量比率。

【知识链接】

现金流量比率是指经营活动现金流量净额与平均流动负债的比值，其计算公式如下：

现金流量比率＝经营活动现金流量净额÷平均流动负债

上式公式中的"经营活动现金流量净额"，通常使用现金流量表中的"经营活动产生的现金流量净额"。它代表企业创造现金的能力，且已经扣除了经营活动自身所需的现金流出，是可以用来偿债的现金流量。

现金流量比率表明每1元流动负债的经营活动现金流量的保障程度。该比率越高，偿债能力越强。

用经营活动现金流量净额代替可偿债资产存量，与流动负债进行比较以反映偿债能力，更具说服力。因为一方面，它克服了可偿债资产未考虑未来变化及变现能力等问题；另一方面，实际用以支付债务的通常是现金，而不是其他可偿债资产。

根据本期的现金流量表和资产负债表数据计算，凯祥公司本期的现金流量比率为：

本期现金流量比率＝2 492 815.73÷[(1 445 753.74＋2 274 834.09)÷2]＝1.34

凯祥公司的现金流量比率基准值大于0.5，与基准值比较，凯祥公司本期的现金流量比率指标偏高，企业经营活动产生现金净流量较多，短期偿债能力较强。

2. 长期偿债能力

长期偿债能力的主要分析指标包括资产负债率、产权比率、权益乘数和长期资本负债率。

(1) 资产负债率。

【知识链接】

资产负债率是指总负债和总资产的百分比，其计算公式如下：

资产负债率＝总负债÷总资产×100％

资产负债率反映总资产中有多大比例是通过负债取得的。它可用于衡量企业清算时对债权人利益的保障程度。资产负债率越低，企业偿债越有保证，负债越安全。资产负债率还代表企业的举债能力。一个企业的资产负债率越低,举债越容易。如果资产负债率高到一定程度,财务风险很高,就无人愿意提供贷款了,这也表明企业的举债能力已经用尽。

通常,资产在破产拍卖时的售价不到账面价值的50%,因此,如果资产负债率高于50%,则债权人的利益就缺乏保障。各类资产变现能力有显著区别,房地产的变现价值损失小,专用设备则难以变现。由此可见,不同企业的资产负债率不同,可能与其持有的资产类别相关。

根据本期的资产负债表数据计算,凯祥公司本期的资产负债率为:

本期资产负债率＝2 274 834.09÷106 943 765.74×100%＝2.13%

凯祥公司的资产负债率基准值小于100%,与基准值比较,凯祥公司本期的资产负债率指标偏低,企业长期偿债能力很强。

(2) 产权比率。

【知识链接】

产权比率是指总负债和股东权益的比率,其计算公式如下:

产权比率＝总负债÷股东权益

产权比率表明每1元股东权益配套的总负债的金额。产权比率也是常用的财务杠杆比率。财务杠杆比率表示负债的比例,与偿债能力相关。

根据本期的资产负债表数据计算,凯祥公司本期的产权比率为:

本期产权比率＝2 274 834.09÷104 668 931.65＝0.02

凯祥公司的产权比率基准值小于1,与基准值比较,凯祥公司本期的产权比率指标偏低,企业长期偿债能力很强。

(3) 权益乘数。

【知识链接】

权益乘数是指总资产和股东权益的比率,其计算公式如下:

权益乘数＝总资产÷股东权益

权益乘数表明每1元股东权益启动的总资产的金额。它与产权比率一样是一种常用的财务杠杆比率,表示负债的比例,与偿债能力相关。

根据本期的资产负债表数据计算,凯祥公司本期的权益乘数为:

本期权益乘数＝106 943 765.74÷104 668 931.65＝1.02

凯祥公司的权益乘数基准值为2,与基准值比较,凯祥公司本期的权益乘数指标偏低,所有者投入企业的资本较大,债权人权益保护程度较高,企业偿债能力较强。

(4) 长期资本负债率。

【知识链接】

长期资本负债率是指非流动负债占长期资本的百分比,其计算公式如下:

长期资本负债率＝[非流动负债÷(非流动负债＋股东权益)]×100%

长期资本负债率是反映公司资本结构的一种形式。由于流动负债的金额经常变化,非流动负债比较稳定,资本结构通常使用长期资本结构衡量。

凯祥公司本期并未涉及非流动负债金额,该公司本期的长期资本负债率为0。

凯祥公司长期资本负债率的基准值小于20%,与基准值比较,凯祥公司本期的长期资本负债率指标偏低,企业资本化程度较低,企业长期偿债压力较小。

(5) 现金流量与负债比率。

【知识链接】

现金流量与负债比率是指经营活动现金流量净额与平均负债总额的比率,其计算公式如下:

现金流量与负债比率=经营活动现金流量净额÷平均负债总额×100%

现金流量与负债比率表明企业用经营活动现金流量净额偿付全部债务的能力。该比率越高,偿还负债总额的能力越强。

根据本期的现金流量表和资产负债表数据计算,凯祥公司本期的现金流量与负债比率为:

本期现金流量与负债比率=2 492 815.73÷[(1 445 753.74+2 274 834.09)÷2]×100%=134%

凯祥公司的现金流量与负债比率基准值大于100%,与基准值比较,凯祥公司本期的现金流量与负债比率指标偏高,企业经营活动产生现金净流量较多,企业偿债能力较强。

根据凯祥公司本期财务数据系统自动算出偿债能力指标,如图5-8所示。

盈利能力指标	营运能力指标	**偿债能力指标**	发展能力指标							
		短期偿债能力					长期偿债能力			
月份/指标	营运资本	流动比率	速动比率	现金比率	现金流量比率	资产负债率(%)	产权比率	权益乘数	长期资本负债率(%)	现金流量与负债比率(%)
2023-04	98544772.27	44.32	43.27	40.89	1.34	2.13	0.02	1.02	0	134

图5-8 凯祥公司偿债能力指标计算结果

结合凯祥公司偿债能力财务指标经验标准值,本期偿债能力指标分析结果,如图5-9所示。

(二) 指标分析
1. 流动比率与经验标准值相比【●偏高 ○偏低】,企业短期偿债能力【●增强 ○减弱】
2. 速动比率与经验标准值相比【●偏高 ○偏低】,企业迅速偿债能力【●增强 ○减弱】
3. 现金比率与经验标准值相比【●偏高 ○偏低】,企业获利能力【○增加 ●降低】,企业机会成本【●增加 ○降低】,企业短期偿债能力【●很强 ○很弱】,企业偿债能力风险【○较大 ●较小】
4. 现金流量比率与经验值相比【●偏高 ○偏低】,企业经营活动产生现金净流量【●较多 ○较少】,短期偿债能力【●较强 ○较弱】
5. 资产负债率与经验标准值相比【○偏高 ●偏低】,企业长期偿债能力【●增强 ○减弱】
6. 产权比率与经验标准值相比【○偏高 ●偏低】,企业长期偿债能力【●增强 ○减弱】
7. 权益乘数与经验标准值相比【○偏高 ●偏低】,所有者投入企业的资本【●较大 ○较小】,债权人权益保护程度【●较高 ○较低】,企业偿债能力【●较高 ○较低】
8. 长期资本负债率与经验标准值相比【○偏高 ●偏低】,企业资本化程度【○较高 ●较低】,企业长期偿债压力【○较大 ●较小】
9. 现金流量与负债比率与经验值相比【●偏高 ○偏低】,企业经营活动产生现金净流量【●较多 ○较少】,企业偿债能力【●较强 ○较弱】

(三) 综合分析
☑1. 公司的短期偿债能力和长期偿债能力都在增强,可保障公司在正常经营过程中支付税费、支付职工薪酬、偿还货款等所需要的流动资金,并可保障公司在生产经营过程中偿还长期借款、长期应付款等所需要的资金
☐2. 公司的短期偿债能力和长期偿债能力都在减弱,不能支付正常经营过程中需要支付的税费、支付的职工薪酬、偿还的货款等
☑3. 企业持有现金过多,增加了企业的投资机会成本 ☐4. 企业持有现金过少,增加了企业的短缺成本 ☐5. 企业负债经营能力较弱
☑6. 企业负债经营能力较强

图5-9 凯祥公司本期偿债能力指标分析结果

(四) 发展能力

发展能力又称成长能力,是指企业在从事经营活动过程中所表现出的增长能力,如规模的扩大、盈利的持续增长和市场竞争力的增强等。

发展能力的主要分析指标包括销售增长率、利润增长率、总资产增长率、资本积累率、固定资产成新率和研发投入比率。

1. 销售增长率

【知识链接】

销售增长率是指企业本年营业收入增长额与上年营业收入总额的比率,其计算公式为:

销售增长率＝本年营业收入增长额÷上年营业收入总额×100%

上式中的本年营业收入增长额是指本年营业收入总额与上年营业收入总额的差额。销售增长率反映了企业营业收入的变化情况,是评价企业成长性与市场竞争力的重要指标。该比率大于 0,表示企业本年营业收入增加;反之,表示营业收入减少。该比率越高,说明企业营业收入的成长性越好,企业的发展能力越强。

由于案例企业凯祥公司只涉及 1 个月的经营数据,在计算凯祥公司的销售增长率时,将只计算该公司 1 个月的销售增长情况。发展能力其他分析指标的计算周期,类同销售增长比率,后文不再重复赘述。

凯祥公司上期销售收入总额为 5 079 051.00 元,根据本期的利润表数据和上期销售收入总额计算,凯祥公司本期的销售增长率为:

本期销售增长率＝(5 685 170－5 079 051)÷5 079 051×100%＝11.93%

凯祥公司的销售增长率历史经验值为 9.5%,与经验值比较,凯祥公司本期的销售增长率指标偏高,企业的销售规模增大。

2. 利润增长率

【知识链接】

利润增长率是指企业本年利润总额增长额与上年利润总额的比率,其计算公式如下:

利润增长率＝本年利润总额增长额÷上年利润总额×100%

上式中的本年利润总额增长额是指本年利润总额与上年利润总额的差额。利润增长率反映了企业盈利能力的变化,该比率越高,说明企业的成长性越好,发展能力越强。

凯祥公司上期利润总额为 1 013 040 元,根据本期的利润表数据和上期利润总额计算,凯祥公司本期的利润增长率为:

本期利润增长率＝(2 209 959.16－1 013 040.00)÷1 013 040.00×100%＝118.15%

凯祥公司的利润增长率历史经验值为 90%,与经验值比较,凯祥公司本期的利润增长率指标偏高,企业的发展能力增强。

3. 总资产增长率

【知识链接】

总资产增长率是企业本年总资产增长额与年初资产总额的比率。该比率反映了企业本年度资产规模的增长情况。其计算公式如下:

总资产增长率＝本年总资产增长额÷年初资产总额×100%

上式中的本年总资产增长额是指本年资产年末余额与年初余额的差额。资产增长率是从企业资产规模扩张方面来衡量企业的发展能力。企业资产总量对企业的发展具有重要的影响,一般来说,资产增长率越高,说明企业资产规模增长的速度越快,企业的竞争力会增强。但是,在分析企业资产数量增长的同时,也要注意分析企业资产的质量变化。

根据本期的资产负债表数据和上期资产总额计算,凯祥公司本期的总资产增长率为:

本期总资产增长率=(106 943 765.74－104 457 216.02)÷104 457 216.02×100%=2.38%

凯祥公司的总资产增长率历史经验值为2.10%,与经验值比较,凯祥公司本期的总资产增长率指标偏高,企业的发展能力增强。

4. 资本积累率

【知识链接】

资本积累率又称股权资本增长率和净资产增长率,是指企业本年股东权益增长额与年初股东权益总额的比率,其计算公式如下:

资本积累率=本年股东权益增长额÷年初股东权益总额×100%

上式中的本年股东权益增长额是指本年股东权益年末余额与年初余额的差额。股权资本增长率反映了企业当年股东权益的变化水平,体现了企业资本的积累能力,是评价企业发展潜力的重要财务指标。该比率越高,说明企业资本积累能力越强,企业的发展能力也越好。

根据本期的资产负债表数据和上期股东权益总额计算,凯祥公司本期的资本积累率为:

本期资本积累率=(104 668 931.65－103 011 462.28)÷103 011 462.28×100%=1.61%

凯祥公司的资本积累率历史经验值为1.20%,与经验值比较,凯祥公司本期的资本积累率指标偏高,企业的发展能力增强。

5. 固定年资产成新率

【知识链接】

固定资产成新率是指企业当期平均固定资产净值同固定资产原值的比率,其计算公式如下:

固定资产成新率=固定资产净值÷固定资产原值×100%

该指标反映了企业所拥有的固定资产的新旧程度,体现了企业固定资产更新的快慢和持续发展的能力。该指标高,表明企业固定资产比较新,对扩大再生产的准备比较充足,发展的可能性比较大。

根据本期的固定资产净值和原值数据计算,凯祥公司本期的固定资产成新率为:

本期固定资产成新率=4 689 309.38÷9 139 200×100%=51.31%

凯祥公司的固定资产成新率历史经验值为51.10%,与经验值比较,凯祥公司本期的固定资产成新率指标偏高,企业的发展能力增强。

6. 研发投入比率

【知识链接】

从短期来看,研发投入比率可以视为研发投入成本占当期产出的比例,用以衡量研发成本在当期对经营成本比重的影响;从长期来看,研发投入比,可以视为该项新产品研发过程中所产生的成本额占该产品在生命周期类所有的销售收入的比例。其计算公式如下:

① 当期研发投入比率＝研发成本÷当月产值×100％
② 长期研发投入比率＝研发成本÷产品销售总收入×100％

上式①②公式中的研发成本,数据取自利润表的"研发费用"项目金额和资产负债表的"开发支出"项目金额。

凯祥公司并未涉及研发项目,公司本期的研发投入比率为0。

根据凯祥公司本期财务数据系统自动算出发展能力指标,如图5-10所示。

盈利能力指标	营运能力指标	偿债能力指标	**发展能力指标**			

月份/指标	销售增长率(%)	利润增长率(%)	总资产增长率(%)	资本积累率(%)	固定资产成新率(%)	研发投入比率(%)
2023-04	11.93	118.15	2.38	1.61	51.31	0

图 5-10 凯祥公司发展能力指标计算结果

结合凯祥公司发展能力财务指标历史经验值,本期发展能力指标分析结果,如图5-11所示。

(二) 指标分析

1.销售增长率与经验值相比 【◉ 偏高　○ 偏低　】,企业的销售规模 【◉ 增大　○ 减小　】

2.利润增长率与经验值相比 【◉ 偏高　○ 偏低　】,企业的发展能力 【◉ 增强　○ 减弱　】

3.总资产增长率与经验值相比 【◉ 偏高　○ 偏低　】,企业的发展能力 【◉ 增强　○ 减弱　】

4.资本积累率与经验值相比 【◉ 偏高　○ 偏低　】,企业的发展能力 【◉ 增强　○ 减弱　】

(三) 综合分析

☑ 1.企业发展能力在逐渐增强,销售规模在逐步增大　□ 2.企业发展能力在逐渐减弱,销售规模在逐渐减小

图 5-11 凯祥公司本期发展能力指标分析结果

任务二　智能经营数据分析

【任务描述】

智能经营数据分析,支持多维度分析,包括数量、金额、指标和趋势等。允许用户添加纵横轴维度、设置分析对象度量、聚合方式等,实时生成及查询分析数据。预设多维度常见分析模型,如销售业务类、采购业务类、费用业务类、库存业务类、职工薪酬业务类、财务指标类和税务指标类模型库。学生可以根据预置的分析模型对企业数据进行分析,同时也可以创建自己的模型,形成自己的个性化模型库。

【业务流程】

智能经营数据分析流程,如图 5-12 所示。

图 5-12 智能经营数据分析流程

【业务操作】

进入案例企业账套后,财务人员打开"智能分析"-"智能财务分析"-"经营数据分析"菜单。打开经营数据分析页面。财务人员可以根据平台提供多种类型、形状、颜色丰富的可视化图表,如柱状图、折线图、饼图、漏斗图、雷达图、仪表盘、进度条、矩形树图、气泡图、拓扑图、河流图、散点图和 K 线图等进行数据分析结果的展示;可以对单个图表的大小、样式和数据等进行设置;也可以通过控制面板预览图表的整体效果,并可更改图表名称、说明等信息。本节内容将对凯祥公司 2022 年(期间为 2022 年 1 月至 2022 年 12 月)全年的经营数据从供应商及应付款、客户及应收款、存货、固定资产配置、期间费用及部门工资方面入手展开介绍。

一、供应商及应付款

供应商及应付款分析,可以帮助公司的管理层、财务部门和业务部门及时掌握供应商和应付款的情况。议价方面,增强公司在采购中的议价能力,筛选优质供应商;资金方面,以最大限度保证公司资金的正常周转,合理占用供应商应付款,以不影响企业合同和信誉为前提,做好资金筹划,提高资金使用效率。

供应商及应付款分析,主要分析同一供应商的不同月份采购额,分析同一供应商的不同月份期末余额,分析同一供应商的不同月份期末余额的账龄。本部分内容主要分析凯祥公司不同月份采购款及不同供应商的采购额。供应商及应付款分析将以"常州顺安电子有限责任公司"(以下简称顺安公司)业务往来数据为例展开介绍。

凯祥公司供应商及应付款数据分析如下:

(1)分析同一供应商,不同月份采购额。根据 2022 年 1 月至 2022 年 12 月经营数据的数据源,生成供应商顺安公司各月度采购额分析,如图 5-13 所示。

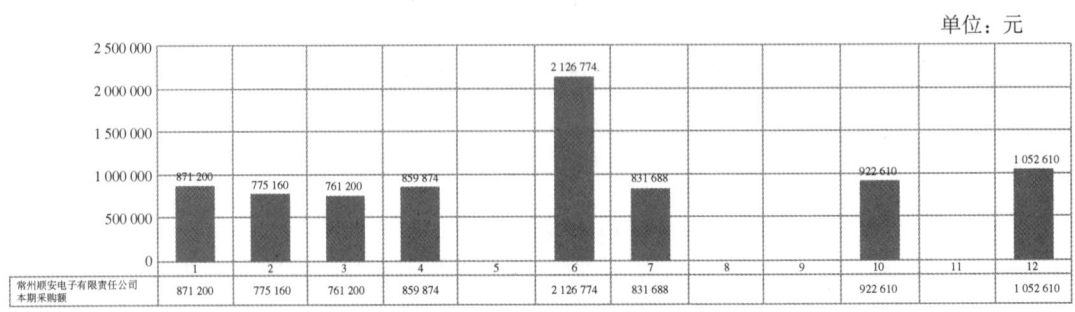

图 5-13 供应商各月度采购额分析图

分析结果如下:

从图5-13中可以看出,供应商顺安公司在过去的1年时间里面,2022年的5月、8月、9月及11月并未与本公司发生往来业务。2022年6月采购额最高,达到2 126 774元,此外月份采购额较为平均。由此可以看出,顺安公司是本公司重要供应商,与本公司的业务往来比较密切。

(2)分析同一供应商,不同月份期末应付款。供应商顺安公司各月度期末应付款分析,图5-14所示。

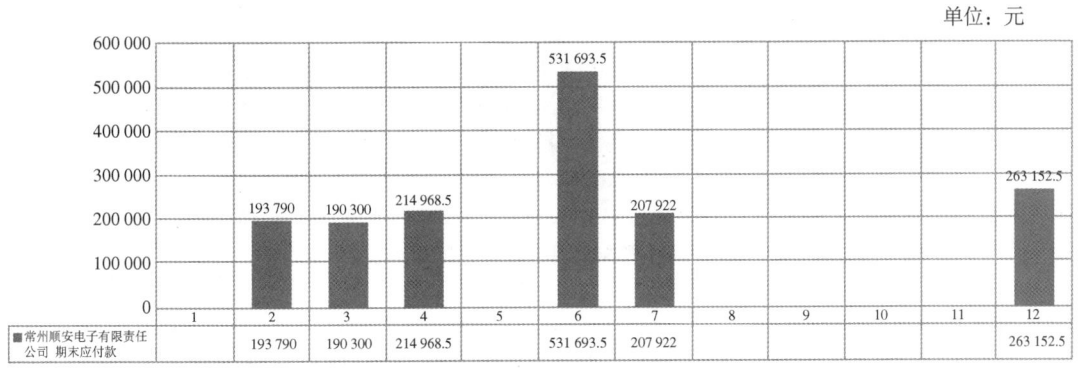

图5-14　供应商各月度期末应付款分析图

分析结果如下:

从图5-14中可以看出,在过去的1年时间里,与顺安公司签订的采购合同中,当属2022年6月的合同应付款最高,达到531 693.50元,此外各月份的期末余额分布较为均匀。本公司应做好供应商期末余额的管理,关注余额是否在合同规定的付款期限内,是否存在逾期情况,并合理安排资金偿还供应商的款项。

(3)分析公司不同月份采购额。凯祥公司各月采购额分析,如图5-15所示。

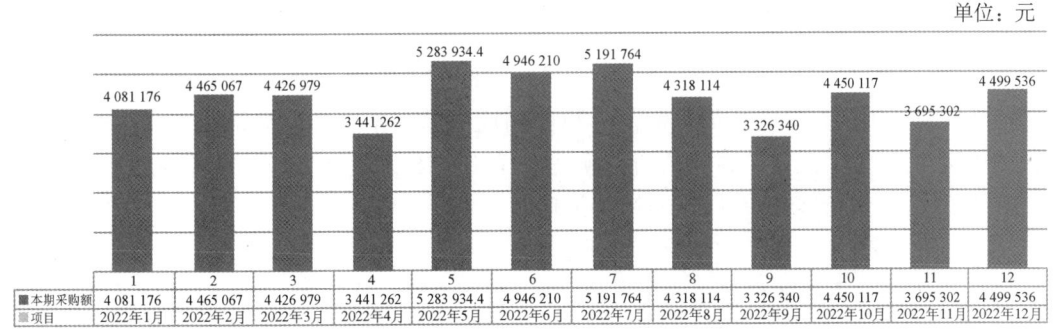

图5-15　凯祥公司各月采购额分析图

分析结果如下:

从图5-15中可以看出,在过去的1年里,凯祥公司每月的采购款可划分3个区间,分别是300万～400万元(含本数)、400万(不含本数)～500万元(含)、500万元(不含本数)以上。其中,采购额在第一个区间内的月份是2022年4月、9月和11月份。采购额在第二个区间内的月份有2022年1月、3月、6月、8月、10月和12月。采购额在第三个区间内的月份有2022年5月和7月份。2022年全年的采购额相对较为平均,起伏不大。

(4) 分析公司不同供应商的采购额。凯祥公司供应商采购额分析，如图 5-16 所示。

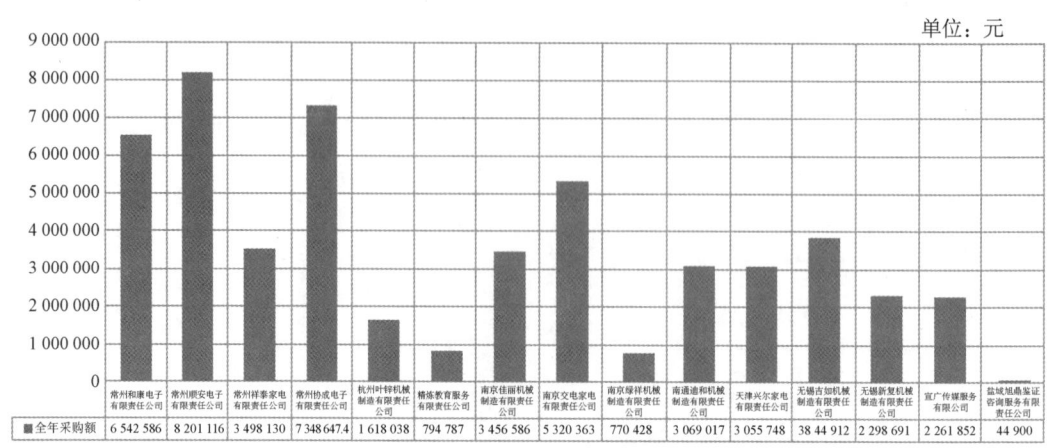

图 5-16　凯祥公司供应商采购额分析图

分析结果如下：

从图 5-16 中可以看出，凯祥公司在过去 1 年里共与 15 家公司发生采购支出，包括采购材料支出，也包括采购服务及固定资产等，采购额最高的是从顺安公司进行采购材料，采购额超过 800 万元；采购额最低的是从盐城旭鼎鉴证咨询服务有限责任公司采购服务，采购额取整数仅为 4 万元。凯祥公司上游供应商销售商品的质量，将涉及本公司原材料的质量，从而涉及本公司销售产品的质量；供应商的质量，也或多或少影响本公司的生产经营活动。与供应商保持良好、长期的业务往来关系显得尤为重要，从图 5-16 中可以知道重要供应商主要集中在常州和康电子有限责任公司、顺安公司、常州协成电子有限责任公司和南京交电家电有限责任公司等，凯祥公司应与这些重要供应商维系好关系并做好供应商管理。

二、客户及应收款

客户及应收款分析，主要分析公司不同客户之间的销售额、分析同一客户不同月份的销售额、分析公司不同月份的总销售额及分析公司应收款期末余额账龄情况等。企业可以通过分析图表清晰地看到各个客户的销售额、应收款回款额及期末应收款等情况，让企业更方便且有针对性地进行客户关系维护，销售策略制定以及应收款管理。

凯祥公司客户及应收款数据分析如下：

(1) 分析公司不同客户之间的销售额。根据 2022 年 1 月至 2022 年 12 月经营数据的数据源，生成公司客户销售额分析图，如图 5-17 所示。

分析结果如下：

从图 5-17 中可以看出，凯祥公司在过去 1 年时间里共与 9 家公司发生销售业务，销售额最高的客户是常州新佳百货有限责任公司，销售额是 26 272 500 元，销售额最低的客户是苏州香烨机械制造有限责任公司，销售额是 525 450 元。从图 5-17 中可以知道重要客户主要集中在常州国益百货有限责任公司、常州华美百货有限责任公司、常州久发百货有限责任公司、常州新佳百货有限责任公司和常州信达百货有限责任公司。在过去的 1 年里，常州新佳百货有限责任公司是本公司最大的客户，成交的交易额最大，所以，凯祥公司应当继续维

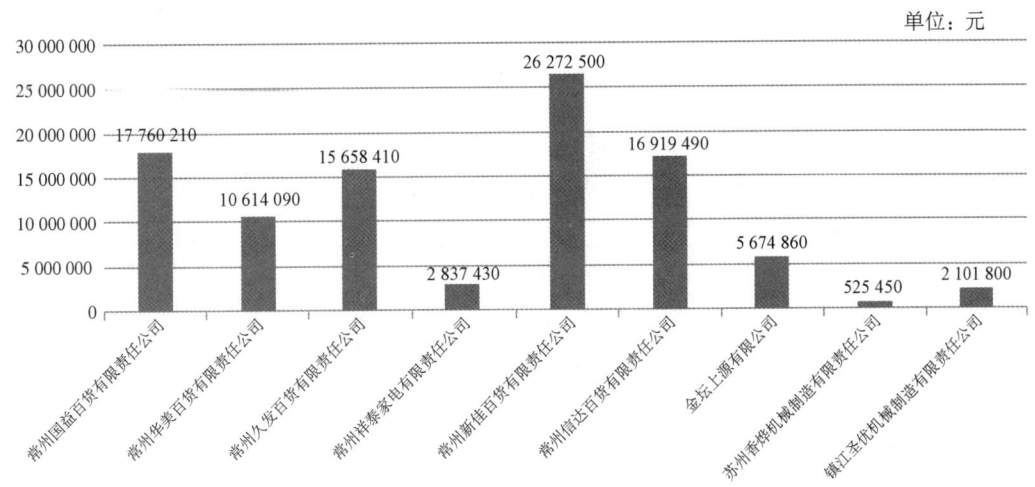

图 5-17　凯祥公司客户销售额分析图

护好与客户的良好关系,不断地提升销售服务质量和产品的质量。

(2) 分析同一客户不同月份的销售额。凯祥公司各月度销售额分析(以重要客户常州新佳百货有限责任公司为例),如图 5-18 所示。

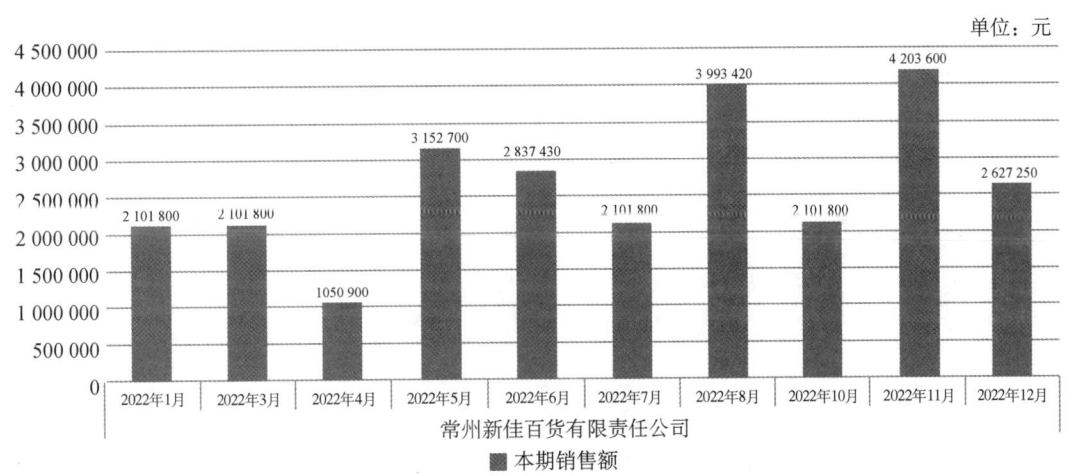

图 5-18　凯祥公司各月度销售额分析图

分析结果如下:

从图 5-18 中可以看出,凯祥公司在过去的 1 年时间里,除了 2022 年 2 月和 9 月份的其余 10 个月里,均与常州新佳百货有限责任公司发生了销售业务。在这 10 个月里,销售额最高的月份在 2022 年 11 月,销售额为 4 203 600 元,销售额最低的月份在 2022 年 4 月,销售额为 1 050 900 元。从图 5-18 中可以看到,在 2022 年 1 月、3 月、7 月、10 月以及 12 月销售额较为平均,在 2022 年 4 月份销售额明显下滑,在 2022 年 5 月、6 月、8 月及 11 月销售额明显高于其余月份。凯祥公司应查明销售额在 4 月出现下滑现象的原因,并维护好与重要客户的长期合作关系。

(3) 分析公司不同月份的总销售额。凯祥公司各月销售额分析,如图 5-19 所示。

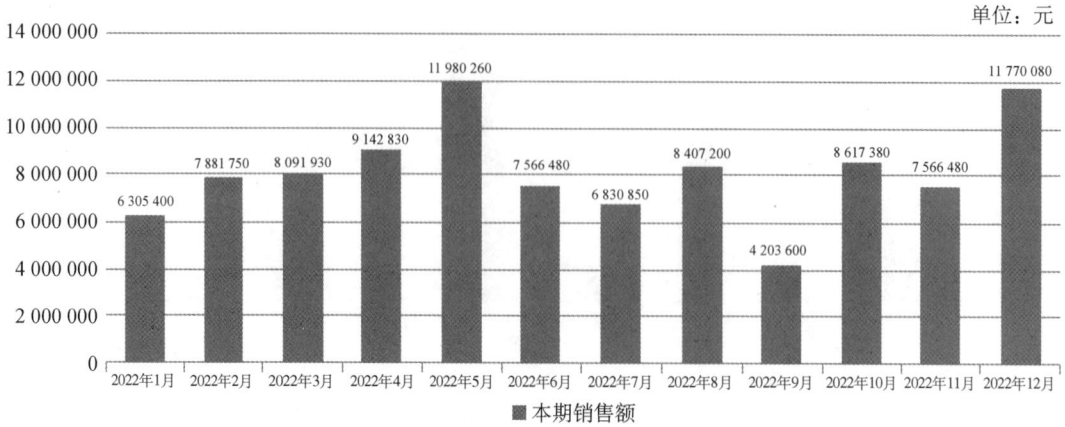

图 5-19　凯祥公司各月销售额分析图

分析结果如下：

从图 5-19 中可以看出，凯祥公司 5 月销售额最高为 11 980 260 元，9 月销售额最低为 4 203 600 元。销售额在 2022 年 1 月至 2022 年 5 月都持上升状态；在 2022 年 6 月和 9 月销售额出现了明显下滑；在 2022 年 6 月至 2022 年 8 月销售额相对较为平均；从 2022 年 9 月起至 2022 年 12 月止，销售额波动较大。凯祥公司应查明销售额在 2022 年 6 月和 9 月下滑的原因，以及在 2022 年 9 月至 2022 年 12 月期间的波动原因，并做好销售管理。

（4）分析公司应收款期末余额账龄情况。凯祥公司应收款期末余额账龄分析，如图 5-20 所示。

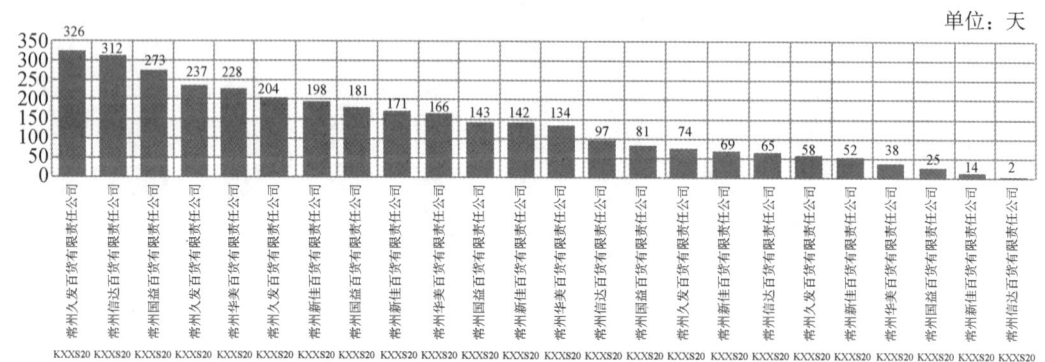

图 5-20　凯祥公司应收款期末余额账龄分析图

分析结果如下：

从图 5-20 可以看出，截至 2022 年 12 月末，尚有这些公司以及对应的合同期末应收款尚未收回。销售业务发生的时间越靠后，则应收款的账龄时间越短，销售业务发生的时间越往前，则应收款的账龄时间越长。账龄时间越长，对公司流动资金的占用越多，最终形成坏账的可能性也就越大，凯祥公司应该结合公司的销售信用政策，关注账龄天数较大的这些客户应收款，结合与客户签订的合同收款时间条款来制定催收计划，催促客户偿还本公司货款。

三、存货

存货作为企业的一项资产，是企业生产经营活动重要的物质基础，是企业生产经营的中心，其种类繁杂、数量庞大，一般占据企业流动资产总额的一半以上，并且经常处于不断销售和重置、不断耗用之中，流动性较强。存货资产管理的好坏对生产经营活动产生重大影响，对企业经营活动的变化具有特殊的敏感性。因此，企业存货数量应与企业经营活动保持平衡，既不能储存过少，也不能储存过多，如果企业存货储存过少会造成停工待料、生产中断或合同误期、销售紧张，导致失去销售良机，增加企业存货机会成本。如果企业储存存货过多，将导致由于购买存货的现金发生短缺问题，使企业资金周转困难，且会增加相应的利息负担，增加企业存货储存成本。

存货分析，主要对比分析存货各月度的入库数量、出库数量和结存数量。凯祥公司存货分析将以 E01 产品的数据为例展开介绍。

凯祥公司 2022 年存货数据分析如下：

（1）对比分析存货各月度的入库数量、出库数量和结存数量。凯祥公司 E01 产品收发存分析，如图 5-21 所示。

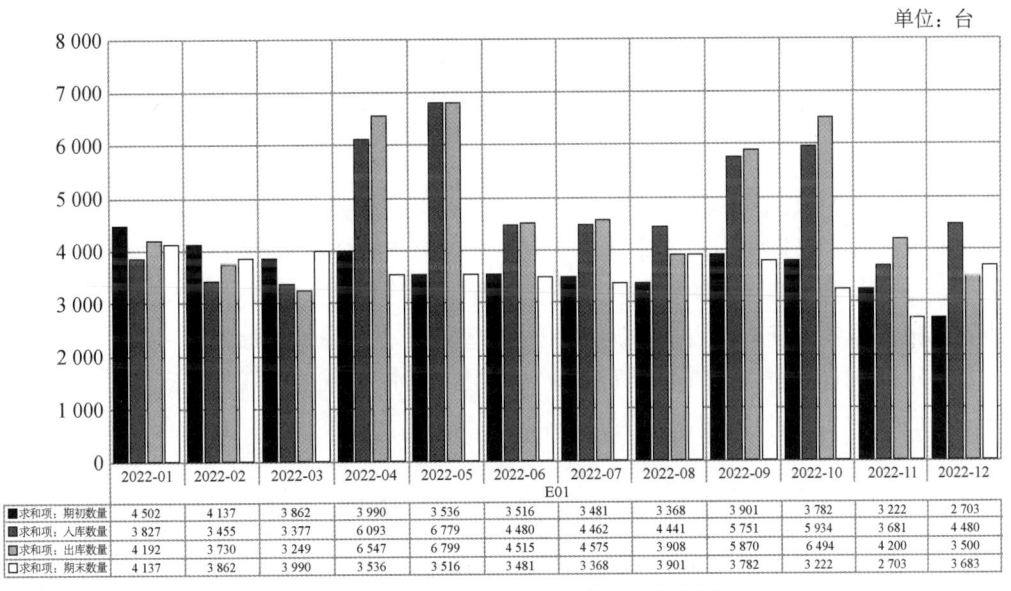

图 5-21　凯祥公司 E01 产品收发存分析图

分析结果如下：

从图 5-21 中可以看出，在 2022 年 1 月至 2022 年 12 月期间，E01 产品每个月的期初数量与期末数量大致相同，完工产品入库数量和销售出库数量也相近，说明凯祥公司在过去的 1 年里，采用的是以销定产政策。以销定产又称按需生产，能使企业产品的数量、品种和规格等按照市场的需求来安排生产，使生产能适应市场的需求变化。

E01 产品的出入库数量在 2022 年 1 月、2 月、3 月、6 月、7 月、8 月、11 月和 12 月较为平均，在 2022 年 4 月、5 月、9 月和 10 月高于平均值，说明该产品存在季节性问题，在夏季到来之前和秋季销售最好，而到了其他季节产品的出入库数量较为平稳。

四、固定资产配置

固定资产是大部分企业生产经营活动中的重要资源。对于生产型的企业固定资产在企业资产总额中占比一般是比较大的,加强企业固定资产的管理,对保护企业固定资产的完整,提高企业生产能力以及技术进步,有着重要的作用。

固定资产配置分析,主要分析各部门资产投入总额情况、各部门各资产投入情况、各部门各资产净值占原值比例情况。

凯祥公司固定资产配置数据分析如下:

(1) 分析凯祥公司各部门资产投入总额情况。凯祥公司各部门资产原值分析,如图 5-22 所示。

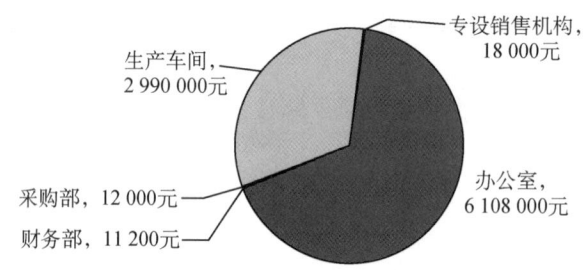

图 5-22　凯祥公司各部门资产原值分析图

分析结果如下:

从图 5-22 中可以看出,办公室资产占比最大,接下来依次是生产车间、专设销售机构、采购部和财务部。凯祥公司是一家从事家电生产与销售的公司,从资产配置上看,存在不合理之处,一般而言,生产车间的资产投入应大于管理部门的资产投入,所以,我们需要进一步分析各部门具体各项资产的占比情况,找到办公室资产占比最大的原因。

(2) 分析凯祥公司各部门各资产投入情况。凯祥公司各部门各资产原值分析,如图 5-23 所示。

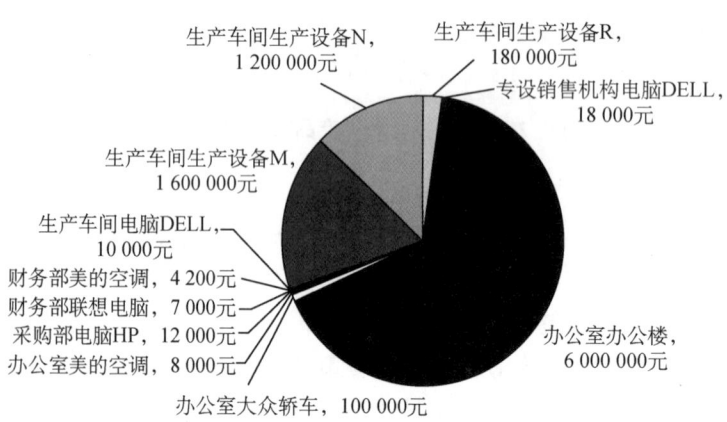

图 5-23　凯祥公司各部门各资产原值分析图

分析结果如下:

从图 5-23 中可以看出,在办公室的资产原值中,办公楼原值占比最大,对于生产型企业来说,应该加大企业的厂房建设、设备的投入等,而凯祥公司尚没有厂房等生产性资产,可能是该公司对于产品生产用的厂房使用的是租赁方式,这样从一定程度上可以降低企业的经营风险,但从资产的配置上,应做出调整,可以结合公司的产品生产和市场变化等情况,将闲置办公楼改造成厂房用于生产,或者将其出租,获取租金收入,为企业资产的使用获取更大的收益等。

(3) 分析凯祥公司各部门各资产净值占比情况。2023 年 4 月末,凯祥公司各部门各资产净值占比(%)分析,如图 5-24 所示。

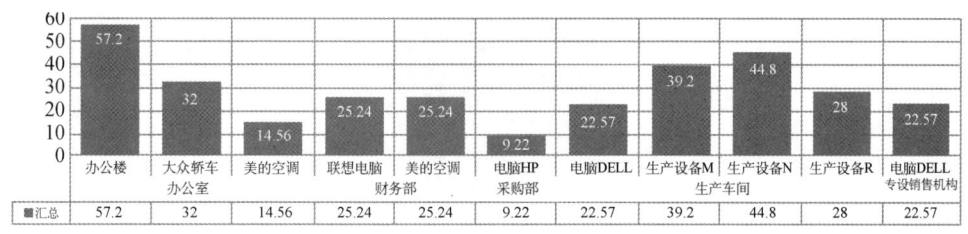

图 5-24　凯祥公司各部门各资产净值占比(%)分析图

分析结果如下:

从前面的会计政策中,我们已知凯祥公司的固定资产净残值率为 4%,从图 5-24 中可以看出,截至 2023 年 4 月末各部门各项固定资产净值占原值比例均超过 4%。若资产的净值占原值比例低于 4%或者接近 4%时,说明这项固定资产的预计使用寿命即将到期,资产的使用效率降低,此时,公司应当对固定资产进行评估,看能否继续使用,并安排资金进行投资,提高生产经营的效率和效益。从图 5-24 可以看出净值占比最低的是采购部门使用的电脑,占比为 9.22%。其次是办公室使用的美的空调,占比为 14.56%。生产车间的生产设备净值占比 39.2%、44.8%及 28%。对于生产制造业公司来说,生产设备的预期使用寿命和生产效率能够满足当下的生产需求,但也要结合公司的实际生产情况投入相关资产。凯祥公司也可根据资金周转情况,合理安排资金购入办公用设备,以提高业务人员的办公效率。

五、期间费用

期间费用是指企业在日常活动中发生的不能计入具体核算对象,而应计入当期损益的费用,是企业日常活动中发生的经济利益的流出。期间费用主要包括管理费用、销售费用和财务费用。

管理费用是指企业行政管理部门为组织和管理生产经营活动而发生的各种费用;销售费用是指企业销售商品和材料、提供劳务的过程中发生的各种费用;财务费用是指企业为筹集生产经营所需资金等而发生的费用。

对期间费用的分析可以使投资者对企业盈利能力的强弱有一个大致的判断,是评价企业管理层盈利能力的重要指标。期间费用对企业来说比较重要,由于除了毛利率,期间费用在很大程度上决定了一个企业最终的净利润率,因此期间费用率低往往意味着企业具有较高的盈利能力。

期间费用分析,主要分析管理费用、销售费用和财务费用全年费用占比情况。同时,本部分以销售费用数据为例,分析销售费用全年各明细项目投入情况。

凯祥公司 2022 年期间费用数据分析如下:

(1) 管理费用、销售费用和财务费用全年费用占比情况。凯祥公司期间费用发生额(全年)分析情况,如图 5-25 所示。

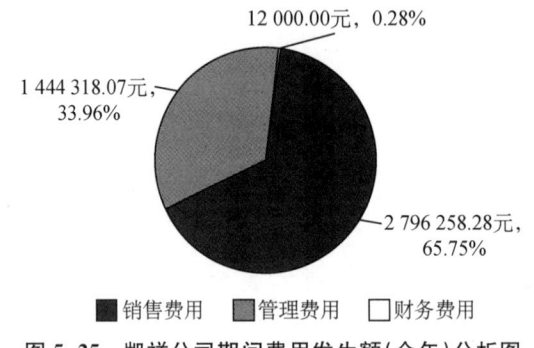

图 5-25 凯祥公司期间费用发生额(全年)分析图

分析结果如下:

从图 5-25 中可以看出,3 项期间费用中,销售费用投入最大,占期间费用总额的 65.75%,其次是管理费用,占期间费用总额的 33.96%,财务费用占期间费用总额的 0.28%。从期间费用的占比当中可以看出凯祥公司在过去 1 年里生产经营的重心是放在了企业的管理活动。凯祥公司应当细分管理费用明细项目,找到管理费用中占比较大的那几个明细项目,进一步剖析是否存在不合理的支出,需要在接下来的管理活动中加以改进;分析销售费用的明细项目,分析销售费用发生的合理性,判断是否需要改进或维持当前销售模式;凯祥公司财务费用占比最小,公司的财务风险较小,但也说明利用债权人资金生产经营的能力较弱,可适当地借入资金用于企业的生产经营,从而降低企业的经营风险,将多余的资金用于投资以获取更大的收益。

(2) 分析销售费用全年各明细项目投入情况。凯祥公司销售费用明细项目发生额(全年)分析,如图 5-26 所示。

单位:元

销售费用	办公费	差旅费	工会经费	工资	广告宣传费	社会保险费	水电费	样品费	折旧费	职工福利费	职工教育经费	住房公积金
汇总	13 195	75 531.75	5 658.44	282 922.24	2 261 852	72 711.02	7 694.63	16 200	5 767.2	3 800	22 633.78	28 292.22

图 5-26 凯祥公司销售费用明细项目发生额(全年)分析图

分析结果如下:

从图 5-26 中可以看出,在 2022 年,凯祥公司销售费用明细项目中,全年费用最高的明细项目是广告宣传费,发生额为 2 261 852 元,其次是销售部门的工资,发生额为 282 922.24 元,全年发生额最低项是职工福利费,全年发生额为 3 800 元。说明凯祥公司对于销售人员的工资投入和广告宣传费的投入较大。针对全年发生额最大的广告宣传费支出,凯祥公司应结合产品带来的效益进行重点分析。第二项发生额较大的费用是工资,销售人员的工资构成包括基本工资、岗位工资、绩效工资,各项福利,以及销售提成,分析人员可以将销售提成作为分析的重点。

凯祥公司在着重分析这两项支出时,须结合公司的销售业绩、销售规模和市场投入产出情况综合分析,关注企业的销售业绩、市场投入的资金、产品带来的效益是否成正比等,并结合分析结果确定下一年度对广告宣传费的投入决策。

六、部门工资

部门工资分析,通过对工资的数据分析能够看出企业总成本中人员成本的占比是否合理,若占比太高容易导致企业支出过高,太低容易出现人才的流失。工资的构成通常包括基本工资、岗位工资、绩效工资和福利工资等板块,针对每一个板块和针对不同部门、人员的薪酬制定情况进行分析,能够让各个部门的运转更合理,进而为公司发展提供稳定的支持。

部门工资分析,主要分析各部门工资占比情况。同时,本部分以生产车间工资为例,分析生产车间各月工资的变化情况。

凯祥公司 2022 年部门工资数据分析如下:

(1) 分析各部门全年工资占比情况。凯祥公司各部门工资(全年)分析,如图 5-27 所示。

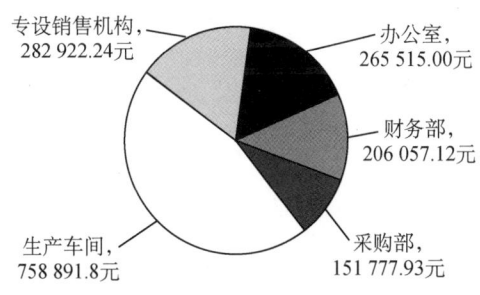

图 5-27 凯祥公司各部门工资(全年)分析图

分析结果如下:

从图 5-27 中可以看出,凯祥公司共有 5 个部门,分别是办公室、财务部、采购部、生产车间和专设销售机构,凯祥公司生产车间全年工资支出最大,其次是专设销售机构、办公室、财务部和采购部。凯祥公司是一家制造业公司,生产的产品需要流向市场销售,工资支出最大的是生产车间和专设销售机构,从部门工资结构来看是合理的。

(2) 分析生产车间各月工资的变化情况。凯祥公司生产车间部门工资分析,如图 5-28 所示。

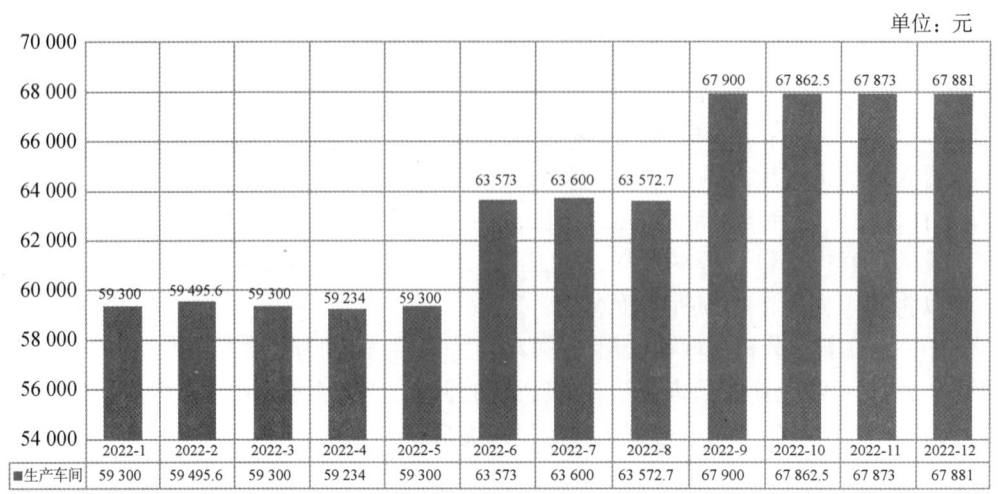

图 5-28　凯祥公司生产车间部门工资分析图

分析结果如下：

从图 5-28 中可以看出，生产车间人员的工资支出，呈现逐步上升的趋势，在 2022 年 9 月生产车间人员的工资支出最高。可能是因为生产工人的劳动能力和劳动质量有明显的提升，公司综合考虑给员工的涨薪；也可能是生产工人的生产岗位有一定的技术性，随着工人的技术提高，带来了工资的提升；也可能由于公司的经营效益好，公司给职工的福利多。具体原因应结合凯祥公司应付工资的明细项目进行分析。